编委会

—— 主 编 ——
周 英

—— 副主编 ——
杨明忠　刘 恋　王 曦　郑 杰　戴志容

—— 顾 问 ——
洪 明

—— 编 委 ——

陈丹丹	杨三斯	赵文婧	代可心	杨 利
李 芸	杨馥畅	齐腾腾	廖 圆	林 琴
袁梦男	吴 涛	李 婷	陈琴霞	李茜雯
向阳洋	马筱晓	都亚兰	李 佳	李 莹
张雪辉	张 惠	易 昆	刘杜娟	陈萌萌
王 敏	袁 佳	李 霞	林之淞	

共筑有温度的育人体系

主　编　周　英
副主编　杨明忠　刘　恋　王　曦　郑　杰　戴志容
顾　问　洪　明

四川大学出版社

图书在版编目（CIP）数据

共筑有温度的育人体系 / 周英主编. — 成都：四川大学出版社，2023.11
ISBN 978-7-5690-6379-0

Ⅰ.①共… Ⅱ.①周… Ⅲ.①小学教育－教育研究 Ⅳ.①G622.0

中国国家版本馆CIP数据核字（2023）第192340号

书　　名	共筑有温度的育人体系
	Gongzhu Youwendu de Yuren Tixi
主　　编	周　英

选题策划：王　静　徐丹红
责任编辑：王　静
责任校对：倪德君
装帧设计：墨创文化
责任印制：王　炜

出版发行：四川大学出版社有限责任公司
　　　　　地址：成都市一环路南一段24号（610065）
　　　　　电话：（028）85408311（发行部）、85400276（总编室）
　　　　　电子邮箱：scupress@vip.163.com
　　　　　网址：https://press.scu.edu.cn
印前制作：四川胜翔数码印务设计有限公司
印刷装订：成都金阳印务有限责任公司

成品尺寸：170mm×240mm
印　　张：13.75
字　　数：262千字

版　　次：2023年11月 第1版
印　　次：2023年11月 第1次印刷
定　　价：75.00元

本社图书如有印装质量问题，请联系发行部调换

版权所有 ◆ 侵权必究

扫码获取数字资源

四川大学出版社
微信公众号

序 言

伴随我国经济文化水平的不断提高,教育事业得到了快速发展。从普及教育到均衡发展再到内涵发展,中国已从教育大国迈向了教育强国,中国教育进入了一个崭新时代。随着物质生活水平的提高,人们越来越追求精神文明建设,对文化的热爱,对教育的重视日渐增强。越来越多的家庭将重心放在了孩子的教育上。人们对教育的期待已经从"有学上"转为"上好学"。但是,在错误教育观念指导下,许多家长"内卷"不断,"鸡娃"现象层出不穷。为了让教育回归正轨,回到育人初衷,国家相继出台了"双减""五项管理"等一系列干预措施,并在2022年1月1日正式颁布实施了《中华人民共和国家庭教育促进法》。一连串的整改措施、一系列的政策引领,无不在帮助当下的父母看清教育之正道,明确教育未来发展的方向。

教育孩子不是家庭单方面的责任,而是整个国家、全社会共同的责任。孩子不仅是家庭的希望,更是国家的未来。有国才有家,国好家才好。未来国家的兴盛与家庭的发展靠的是当下正在成长的孩子。所以,育人是我们共同的使命。

成都市泡桐树小学西区分校(以下简称"泡小西区")是有梦想、有担当、有追求、大格局的学校。学校深知一个家庭对孩子成长的巨大影响,因而在其十五年的办学历程中,一直将家校共育作为学校的重点工作和特色工作来抓,给家长提供充分参与孩子成长的机会,让家长参与到学校的教育教学工作中来。将活动课程化、体系化开展,如开设了家长学校培训、泡家厨房、家长讲坛、社区阅读沙龙等,一个个丰富多彩的共育活动在蓝色校园里应运而生。十五年来,泡小西区从最初服务五十多个家庭发展到今天的六千多个家庭,先后被评为"全国家校社协同育人实践基地校""全国优秀家长学校""四川省示范家长学校""青羊区爱生学校""青羊区家庭教育示范校"等,多次承办全国、省、市、区各级各类家校社协同育人活动。如此迅速的发展不仅源于校领导高瞻远瞩的视野与教育情怀,源于学校教师的团结向上与教育的初心使命,更是源于家长、社会的积极参与和支持。教育一旦形成合力,将会汇聚成一股巨大的推动力。

在新时代教育来临之际，学校被赋予了新的历史使命。作为教育主阵地，学校不仅要向学生传授知识文化与为人处事之道，同时也要指导家长开展家庭教育，协同家庭、社会共创良好的共育生态环境。泡小西区在这一使命的召唤下，提出了"创建有温度的育人体系"，这是学校在新机遇与新挑战前做出的新思考，也是发展的愿景与希望。

在和学校的交流中，我了解到围绕这一愿景，泡小西区一直在探索与实践的道路上，为了前行的步伐更加坚实有力，泡小西区还注重将教育实践经验转换成教育成果，不断沉淀与蓄力。先后编撰了《搭建有温度的智慧阶梯》《润生有温度的智慧学习》和《创建有温度的智慧学校》系列丛书，分别从课堂教学的变革、学习方式的变革、教育信息化的发展三个方面对学校十五年来在教育教学上的成果和经验进行了梳理和总结。而这本《共筑有温度的育人体系》，既是学校对以往家校共育工作的全面总结，又是对新时代教育的一次深入学习与探究。

我很期待这本书的诞生，这是一所有温度、有情怀的学校不断学习和探索的结晶，更展现出了学校奋力前进、不断追求的生命力。在当下，追求求真务实，有温度、有人情味儿的教育尤显可贵。希望泡小西区在家校社协同育人道路上探索的经验能为同行提供借鉴和思考。也希望更多的教育者、社会各界人士能加入到家校社协同育人队伍中，一同学习研究，携手并进，共同为青少年的健康成长，为国家教育事业的蓬勃发展，为中华民族的伟大复兴做出应有的贡献！

中国青少年研究中心少年儿童研究所

专家简介：洪明，中国青少年研究中心少年儿童研究所副所长，研究员，硕士生导师，国务院妇儿工委儿童工作智库专家，北京市家庭教育指导委员会委员，北京师范大学儿童发展与家庭教育研究院特聘研究员，首都师范大学教师教育学院特聘教授，代表作有《家校合育论》《回到家庭谈德育》等。

前　言

近年来，随着国家发展的需要，教育改革进一步深化。立德树人，培养德智体美劳全面发展的社会主义建设者和接班人是全社会共同的责任。要想搞好教育，单打独斗是不行的，应以家庭为起点，以学校为阵地，以社会为平台，家庭、学校、社会同心协力，共同构建家校社协同育人场域，实现优势资源互补。在协同育人的模式中，学校要发挥主导作用，探索新时代家校社协同育人之路。学校可以从以下方面促进家校社协同育人：发挥学校专业特色，指导或帮助家庭构建良好育人环境，开展家庭教育活动；发挥各方的桥梁作用，在家庭、学校与社会之间建立不同的沟通渠道和途径，促进家校社的深度融合。

在这样的背景下，在四川省家庭教育促进会、青羊区家庭教育指导中心及一线优秀教师、家长的参与和支持下，我校推出《共筑有温度的育人体系》一书，记载了学校、教师、家长等方面多年来在家校社共育实践中的故事、探索与思考。本书共分为五章，第一章为家校社协同育人的基本内涵，第二章为家校社协同育人机制构建，第三章家校社协同育人课程体系，第四章为家校社协同育人案例，第五章为未来发展目标及展望。

我们应整体构建家校社一体化工作体系，共建一个有温度的学校，共筑有温度的育人体系，更好地落实立德树人目标，促进学生健康成长和全面发展，让每个学生共享出彩机会。

成都市泡桐树小学西区分校

周　英

目　录

第一章　家校社协同育人的基本内涵……………………………（1）
  第一节　家庭教育、学校教育与社会教育的基本特征………………（1）
  第二节　家校社协同育人的基本含义……………………………（5）
  第三节　泡小西区家校社协同育人发展历程……………………（8）

第二章　家校社协同育人机制构建……………………………（12）
  第一节　家校社协同育人机制的基本含义………………………（12）
  第二节　构建家校社协同育人机制的原则………………………（13）
  第三节　构建家校社协同育人机制的策略………………………（14）
  第四节　泡小西区的家校社协同育人机制………………………（16）

第三章　家校社协同育人课程体系……………………………（22）
  第一节　教师成长课程体系………………………………………（22）
  第二节　学生成长课程体系………………………………………（30）
  第三节　家长成长课程体系………………………………………（43）

第四章　家校社协同育人案例…………………………………（52）
  第一节　家校社协同育人相关成果………………………………（54）
    凝聚家校"向心力"　画好育人"同心圆"………………………（54）
    "双减"背景下家校共育的现状及实施途径……………………（57）
    "阳光贝贝中队"社区实践活动反思………………………………（60）
    借力家长委员会专业职能，挖掘家校共育资源…………………（64）
    引进家长资源，助力泡家厨房劳动实践课………………………（67）
    整合家长资源，合力共育未来……………………………………（70）
    家校共育，转化学生的不良行为…………………………………（74）
    浅谈家校共育促学生成长…………………………………………（78）
    通过表扬培养学生的内在动机……………………………………（82）
    家校联合矫转小学生不良习惯……………………………………（87）
    小学写话教学的家校共育策略研究………………………………（91）

家校共育助力孩子快乐学习 …………………………………… （95）
技术赋能教育，智慧悦启未来
　　——教育信息技术背景下小学家校共育实施路径研究 ………（97）
用爱与真诚搭建家校沟通的桥梁 ……………………………… （100）
找回无畏勇气，直面人生课题 ………………………………… （103）
社群共建——孩子成长的大家园 ……………………………… （109）
实践取向的家校社一体化德育课程体系现状调查 …………… （112）
社校合作，教育相长 …………………………………………… （115）
整合社区资源　推进美育建设
　　——以泡小西区非遗灯彩课程为例 ……………………… （118）
校社合作在学校育人中的必要性及路径浅析 ………………… （122）
学校与社区的德育共建 ………………………………………… （126）
家校社协同育人促成长 ………………………………………… （129）

第二节　家校社协同育人实践故事 …………………………… （132）

他们的变化 ……………………………………………………… （132）
用爱守望花开
　　——同心协力，共筑孩子美好明天 ……………………… （136）
家校共育助力学生成长 ………………………………………… （140）
难忘的教师节
　　——助推学生成长，促进家校共育 ……………………… （143）
巧借评价之手，培养数学好习惯 ……………………………… （146）
家校共育案例分析 ……………………………………………… （149）
让每朵花都绽放光彩
　　——搭建家校共育"立交桥" ……………………………… （152）
爱·成长
　　——家校共享教育智慧　消除学生学习困难 …………… （154）
家校合作，共育共培
　　——小学生"不交作业"案例 …………………………… （157）
真诚永远是必杀技 ……………………………………………… （160）
彰显教育高度　用爱托起成长 ………………………………… （163）
家校联手　呵护情绪障碍儿童的成长之路 …………………… （166）
"小河豚"变形记 ……………………………………………… （171）
熠熠星河，你也在闪闪发光 …………………………………… （174）

教育，因爱而生
　　——关爱每个孩子 …………………………………………（177）
基于"疏"与"引"的小学生情绪管理教育案例 ………………（180）
和学生一起解决问题 ……………………………………………（183）
快乐教育，家校共育 ……………………………………………（188）
借助家长资源，讲好"家长讲坛" ………………………………（190）
基于PDCA思维的家校共育方法探索 …………………………（192）
家校携手，以"爱"为舟 …………………………………………（194）
同理心的陪伴，做孩子的好朋友 ………………………………（196）
纾解孩子心理压力 ………………………………………………（198）

第五章　未来发展目标及展望 ……………………………………（203）

参考文献 ……………………………………………………………（206）

后　记 ………………………………………………………………（207）

第一章　家校社协同育人的基本内涵

教育本身是一个整体，其中家庭教育是基础，是在家庭生活中完成的；学校教育是家校社协同育人的关键，可以引导家庭教育，并为社会教育奠定基础；社会教育是延伸，深刻影响家庭教育、学校教育的方向、内容及效果。家校社协同育人的提法正好自然地体现了这三种教育形式的内在逻辑关系。[①]

在学生的一生中，家庭教育是最早的教育，为其成长打好底色；进入学校后，学校教育在其成长过程中起主导作用；进入社会后，社会教育对其影响最广泛。在学生进入社会之前，最完备的教育是家庭教育与学校教育之间紧密结合。整合学校、家庭、社会整体的教育资源，联合调动、形成合力，家校社协同育人，才能培养全面发展的"四有"新人。

第一节　家庭教育、学校教育与社会教育的基本特征

一、家庭教育的基本特征

家庭教育是教育的重要组成部分，对整个社会的教育质量、当下和未来人口素质均有深刻影响。[②] 在家庭教育中，家长和其他监护人在道德、身体素质、生活技能、文化和行为习惯等方面对未成年人进行培养、引导和影响。而家庭教育一般具有以下几个基本特征。

（一）启蒙性与终身性

启蒙性是家庭教育最突出的特点，儿童时期家庭教育的启蒙性对儿童的身

---

① 孙永鸣. 新时代家校社协同育人的内涵和特征 [J]. 中国德育，2021 (18)：15-19.
② 徐靖，陶文泰. 家庭教育的三阶期望：家庭、社会和法律 [J]. 湖南师范大学教育科学学报，2023，22 (1)：143-152.

心发展以及思想形成有着重要影响。① 血缘关系、共同的生存环境让家长和孩子彼此依恋，相互依存。家长对孩子负有义务责任，给予子女关爱；而子女依恋父母，接受来自父母的教育。而自家庭建立之日起，不论其形态如何改变，家长是孩子的首任教育者和终身教育者。熊丽在《家庭教育更具决定性》一文中提出很多时候家庭教育对儿童的成长更具有决定性。② 家庭教育作为终身性教育，父母的一言一行无时无刻不在对孩子产生影响。③ 而在一个家庭里，教育者与受教育者的角色在不断转化，人在成年前要接受教育，组建家庭后自然会成为一位教育者。因此，家长对孩子的教育具有启蒙性与终身性。

（二）生活性

晓晨在《让家庭教育回归育人本位》一文中指出："家庭教育最重要的特征是生活化，而非学校教育的翻版、延伸和拓展。"④ 家庭是情感与教育关系最为密切的场所，教育融入日常生活之中。孩子能在生动具体的家庭生活中学会劳动、培育人格、感知责任、快乐生活和健康成长。

（三）及时性与可塑性

在家庭生活中，家长对孩子进行了个体化的教育，与学校教育不同并早于学校教育。家长在与孩子朝夕相处的过程中，了解到孩子的发展阶段和心理变化，并能及时地发现问题并进行纠正。此外，家庭教育作为儿童早期接受教育的一种方式，可塑性体现在个体对家庭环境的反应上，即家庭环境的差异及关注的焦点会影响到各个方面的发展。这说明家长的言谈举止和个性无时无刻不在影响着孩子。因此，家庭教育具有及时性与可塑性。

（四）弥散性与潜隐性

张维姗在《家庭教育对幼儿身心发展的影响研究》中指出：相比于幼儿园的教育而言，家庭教育具有随意性。⑤ 家长对孩子的教育，虽然是有目的与意识的，但却不一定是有计划的。家庭教育通过日常生活、集体参与、家长的言传身教及家庭教育的内容与方式的全面渗透，与实际生活密切联系，但并不一定规范。而与言教相比，在很多情况下家庭教育对孩子的影响是无形的。家长

---

① 张维姗. 家庭教育对幼儿身心发展的影响研究［J］. 智力，2022（28）：5—8.
② 熊丽. 家庭教育更具决定性［J］. 人民教育，2019（20）：36—37.
③ 张雪松. 双减政策下家校社协同育人机制的构建［J］. 齐齐哈尔师范高等专科学校学报，2022（2）：31—34.
④ 晓晨. 让家庭教育回归育人本位［J］. 宁夏教育，2022（10）：1.
⑤ 张维姗. 家庭教育对幼儿身心发展的影响研究［J］. 智力，2022（28）：5—8.

的言行举止、家庭文化氛围、家长生活方式、周围环境的布局甚至是家庭成员之间的关系构成的氛围都在影响着孩子。因此，家庭教育同时具有弥散性与潜隐性。

（五）双向互动性与权威性

家长在家庭中扮演着非常重要的角色，对孩子和其他年轻人进行教育。同时，接受教育的人也不仅仅是被动接受。他们的思想和行为都会影响家长。在教育的发展进程中，教育者与受教育者的感情交流和对思维的理解是互相影响的。所以，家庭教育具有双向互动性。同时，因为家长是家庭生活的主导者和组织者，家长在家庭中的位置和角色决定了他们在孩子心中的权威和信誉，使孩子遵守规则或命令。这使家庭教育具有了双向互动性与权威性。

二、学校教育的基本特征

学校教育是一种有目的、有计划、有组织地进行人类发展的活动，会对学生产生全方位的影响。学校教育不仅对人的身心产生影响，还会对其心理、精神产生影响，使其认识水平不断提高。同时，这也会对其态度、道德产生一定的影响。学校教育的主要特征有以下六个方面。

（一）职能的专门性

学校的教育功能是专门为人服务的，是培养人的地方。与社会教育和家庭教育相比，学校教育首先具有专门性。具体体现在其专业性质上。学校的使命是培养人，其他任务都是围绕着培养人这一目的来实现的。学校教育有专门教育者——教师，他们都是经过严格选拔和专门训练培养出来的。这些教育者不仅具有渊博的知识和高尚的品德，而且知道教育的规律并掌握行之有效的教育手段。学校里还有专门的教学设施及专门的教学工具。这一切可以充分确保学校教育教学效果。

（二）组织的严密性

教育的特征是有目的，有组织，有计划的。学校教育恰恰是教育的特色所在。学校教育是有严格的组织和制度。从宏观上讲，学校的层次结构多种多样；从微观上讲，学校由德育、教学、总务、后勤等组织构成。

（三）作用的全面性

学校教育能够全方位地促进人的发展。社会教育与家庭教育对个人成长的影响或多或少具有偶然性，其能产生作用的领域通常仅集中于某一领域。而学校教育则是一个全方位的人的教育，不仅要关注教育对象的知识、智力的发展，更要关注其身体的健康发展及其道德品质的养成。学校教育的特殊任务是培育和塑造一个全面、完整的社会人，且该责任只能由学校来承担。

（四）内容的系统性

学校为适应培养和造就全面、完整的社会人的需求，尤其重视内部的连贯性和系统性。在教育内容方面，社会教育与家庭教育总体上是断续的，甚至有计划的社会教育也常常是阶段性的。学校教育是系统的、完整的，不仅要重视知识系统，更要遵循学生的认知规律。教学内容的整体性和系统化是学校教育的主要特征。

（五）手段的有效性

学校拥有完善的教育设施和专用的教学设备，如音像、视频、实验、实习等方式，这是一种行之有效的教育方法。而社会教育与家庭教育不能充分地教育教学活动提供必要的物质基础。

（六）形式的稳定性

学校的办学形式相对稳定，它有稳定的教育场所、稳定的教育者、稳定的教育对象和稳定的教育内容及稳定的教育秩序等。稳定的学校教育对个体的发展更为有利。当然，稳定性是相对的，同时也需要相应的变革。"稳定"不是"僵化"，"相对稳定"不是"一成不变"，如果把相对稳定看作是墨守成规、僵死不变，那它必然会走向"相反"的方向。

三、社会教育的基本特征

社会教育具有广义和狭义两种基本含义。狭义上的社会教育是指学校和家庭以外的社会文化机构及与之有关的社会团体或组织对社会成员进行的教育。广义上的社会教育是一种以自觉培养人，有益于人的身心发展为目的的社会活动。它的基本特征有以下三个方面。

（一）终身性

社会是除学校、家庭之外的另一类教育环境。社会教育作为家庭教育和学校教育的补充，其影响对每个人来说都是终身的。每个人在社会中都会主动接受或被动接受某种程度的教育，并形成相应的人生观、世界观、价值观等思想和人格特质。

（二）多元化

社会教育代表着学生未来的发展方向，学生要从对社会生活各个方面的认识中找到自身发展的目标和方向，进而在家庭教育和学校教育中更加理解自身成长的意义。[①] 可以说社会教育渗透在社会生活的每个角落，只要有人就会有社会教育，其影响十分广阔。而不同的社会教育形式会导致思想道德教育方面的差异，由于行业的不同、社会地位的差异等，社会教育最终的结果也会有不同的呈现方式。这是社会教育的另一鲜明特征，即多元化。

小　结

家庭教育是学校教育和社会教育的基础，学校教育是家庭教育和社会教育的核心，社会教育是家庭教育和学校教育的延伸。家庭教育会对学校教育和社会教育产生一定的影响。对于学校教育而言，良好的家庭教育将有益于学校教育的开展；相反，粗暴的家庭教育会对学校教育产生不良的影响。对于社会教育而言，社会是由单个的小家庭及其他公共场所组合而成的"大家庭"，社会的不良影响是由社会中的各种不良因素导致的，而这些不良因素可能源于一个个小家庭，因此和谐社会的构建需要良好的家庭环境。学校教育是家庭教育和社会教育的核心，学校教育具有专门性、全面性、系统性等特征，这些特征可以弥补家庭教育和社会教育的弊端。社会教育是家庭教育和学校教育的延续和发展，也是对学校教育的补充。良好的社会教育能够强化学校教育，相反，社会教育的一些不良因素则会削弱家庭教育和学校教育。总之，三者教育之间相互影响，环环相扣，一个环节的缺失或失败将会影响整体。因此我国的教育应做到三者教育之间的通力合作。

第二节　家校社协同育人的基本含义

一、家校社协同育人含义

教育是以家庭为起点，以学校为主要阵地，以社会为发展平台的令人终身成长的活动。因此家庭教育、学校教育与社会教育的协同合作对于每个人的成长都有非常重要的影响。

[①] 裴生生. 探究家庭、学校、社会三方教育合力的形成[J]. 基础教育论坛（上旬刊），2022(13)：111-112.

家庭教育是指父母或其他监护人为促进未成年人全面健康成长，对其实施的道德品质、身体素质、生活技能、文化修养、行为习惯等方面的培育、引导和影响的教育，它会贯穿一个人成长的始终。

学校教育是教育者依据一定的社会要求，依据受教育者的身心发展规律，在固定的场所有目的、有计划、有组织地对受教育者施加影响，促使其朝着期望的方向发展变化的活动。

社会教育在广义上是指与学校教育、家庭教育并行的影响个人身心发展的社会教育活动；在狭义上是指社会文化机构对青少年和人民群众开展的各种文化和生活知识的教育活动。

"协同"意为协同工作。20世纪70年代初期，"协同学"作为一门新兴综合学科正式诞生了，其创始人为著名理论物理学家赫尔曼·哈肯教授，他认为协同学就是要系统的各部分之间互相协作，使整个系统形成一些微观及个体层次不存在的新的结构和特征。[①] 我们可以把家校社协同看作一个协同系统，家庭、学校、社会则是组成这一系统的子系统，我们需要研究系统的各部分是怎样形成协同关系，实现自组织，从而产生"1+1+1≥3"的效果。

根据协同的含义，我们可以给家校社协同育人下一个定义：这是一种协调家庭教育、学校教育和社会教育为共同的育人目标，通过加强交流、密切合作，形成教育合力，以实现最佳育人效果的教育活动。

二、家校社协同育人的特征

为推进家校社协同育人，落脚点在于要探究家、校、社之间通过协调和合作实现组织优化和资源整合，以进行更加高质量的育人。泡小西区以立德树人为内生动力，以家校社协同育人为指导理念，建设了相关机构和机制，开展了一系列家庭、学校、社会共同参与的教育活动，进行了相关研究以培养全面发展和终身发展的人。

（一）专业支持，机制完善

泡小西区成立了家校社协同育人中心，并完善相关制度，健全激励、考评及保障机制。为了更好地规划和管理家校事务，泡小西区专门成立了三级家长委员会，热心学校事务的家长志愿者可以参与其中，为家校协同育人出谋划策。

[①] 邵晓枫，郑少飞. 新形势下的家校社育人：特点、价值与机制[J]. 现代远程教育研究，2022，34（5）：82—90.

同时，学校为加强师资队伍建设，成立了由学校相关领导、心育团队教师、班主任及科任教师组成的金字塔式结构的家长、学校培训团队，并定期特邀社区相关领域负责人及知名教育专家，对家长进行家庭教育工作指导，包括线上、线下多种形式。针对不同年级的学生和家长，泡小西区提供了不同的培训内容，如泡小西区会邀请相关领域的专家为一年级学生家长讲授家校社协同育人如何教学生做好入学准备，如何培养学生的学习习惯；针对六年级毕业班的家长，泡小西区会开展小升初衔接的相关讲座和培训以抚平家长内心的焦虑，为学生顺利转变成中学打好基础。

（二）全员参与，共同成长

泡小西区家校社协同育人的培养对象不仅仅是学生，其在推动家庭、学校、社会三位一体共育的过程中，致力于促进每个参与主体的成长和发展。

在每年的家校共育论坛中，家长和教师互相分享育人的经验，针对学生在生活学习中出现的重要问题，泡小西区专门请到相关专家开展讲座，借助这一平台，教师和家长都进一步学习了如何走进学生、了解学生，并运用科学的教育方法指导和陪伴学生成长。

泡小西区的桐育园课程"家长讲坛"则会根据学生发展需要邀请相关领域的家长到校进行主题课程讲授，师生都在这一特色课程中获益匪浅，家长也体验了做教师的乐趣，这是一个教师、学生、家长三方共同成长进步的过程。

泡小西区家长开放日活动会帮助家长沉浸式体验学生日常学习生活，以深入观察学校的育人态度，既能帮助家长感受新时代的育人模式，又能加强家校之间的沟通和理解。

（三）立德树人，五育并举

育人是教育的首要价值，要改变唯分数论造成的家校社之间的功能错位就要坚持"以德为先、能力为重、全面发展"的科学成才观，泡小西区把"五育"融入家校社协同育人的实践之中，开设了德智体美劳特色亲子课程：结合思政课开设最美家庭评选等活动，对学生进行爱国情感道德修养和生命健康教育；利用阅读月、书香家庭评比活动促进亲子共读；积极开展春秋两季亲子运动会、家长运动会等活动，塑造其体魄，文明其精神；通过组织家庭歌唱比赛、博物馆参观等活动，培养学生的审美意识；让学生深入泡家厨房劳动实践课，通过汗水获得真实的成就感。

泡小西区的协同育人活动强调以人为本，在活动过程中遵循学生的身心发展规律，关注个体的差异性和发展性，同时，泡小西区也关注现代社会的发展需求，致力于将每个学生的自身发展与社会经济文化的发展、时代的发展和谐统一起来，为每个人找到适合自己的发展方向。

第三节 泡小西区家校社协同育人发展历程

自 2008 年建校以来，家校共育就是泡小西区的一大办学理念。历时十余载，学校认真贯彻落实教育教学方针，逐渐形成泡小西区的办学特色和育人目标，泡小西区家校协同育人体系走过了几个重要的发展阶段。

一、根植泡本理念，引领学校发展（2008—2010 年）

这是泡小西区家校共育的启航阶段，这一时期泡小西区继续秉承着"和谐—主体—发展"的办学方略，以和谐课程、和谐课堂、和谐教育、和谐管理、和谐家校、和谐校园为实践核心，提出以信息化推进"家校共育"的理念，拉开了学校辉煌发展的序幕。家长讲坛、家长沙龙及基于《泡泡自主管理手册》的家校评价等活动也陆续沿用并逐渐发展起来。而早在办学之初泡小西区便明确了"让每一个生命自由舒展"的教育理念，以期为学生打造自由选择和发展的平台，让每个学生充分张扬个性、发展特长、提升潜能。2010 年 12 月，泡小西区首届家校共育论坛在学校学术厅隆重召开，会上泡小西区的师生和家长代表宣读了《泡桐树娃娃宣言》《泡桐树教师宣言》《泡爸泡妈宣言》，达成了家校共育的认识，为此后家校共育的和谐发展奠定了坚实的基础。

二、结合工作实际，探寻泡西路径（2011—2018 年）

经历了前期理念、方式的吸收与内化，这一阶段泡小西区家校社协同育人的方向越来越明晰，实践越来越扎实、到位，并逐渐开辟出自己独立的发展路径。三级家长委员会制度逐渐形成并完善，颇具特色的桐育园课程体系也初具规模。

为促进学生健康快乐地成长，更好地指导家长开展家庭教育工作，泡小西区特建构"一中心、三梯队"的家校共育队伍，全力保障家庭教育工作有效实施与全面开展。而这一时期的桐育园课程体系涉及家长开放日活动、家长讲坛、志愿者课程及家长沙龙等。其中，家长开放日活动会根据学生的学段特征、年级差异设置相对固定、符合儿童成长逻辑顺序的内容序列，在各个年级展开并延续至今。

家长开放日活动内容

"爱，使我们在一起"新生报到仪式（一年级）

重返校园，回到童年暨家长学校开学典礼（一年级）

"好好学习，天天向上"新生入队仪式（一年级）

"养好习惯，成就一生"融合课堂开放（二年级）

成长纪录片拍摄（三年级）

阅读经典，润泽童年（四年级）

真情相约，约定幸福（五年级）

感恩母校，放飞梦想（六年级）

此序列活动得到了社会的广泛关注，也让学生感受到了成长、家长体验到了幸福，同时教师自身也得到了提升与发展。2011年5月，泡小西区被授予"四川省示范家长学校"的荣誉称号，后又被授予"四川省心理健康教育示范校"荣誉称号，2013年12月泡小西区荣获"成都市国学经典诵读示范学校"称号。

从2014年起，泡小西区组织家庭和社区三方合力形成泡泡志愿者课程，通过让学生参与公益活动、桐下读吧，让家长、社区参与交通、消防方面的安全守护，用爱心凝聚成一股坚定的力量，形成以学校为主体、以家庭为单位的社会正能量，让每位小泡泡、每个家庭都成为社会主义核心价值观的践行者。

与之同时，这一时期的家长讲坛比之建校初期更加系统化，已纳入学校常规课程。家长每周一次走进学校，走进课堂，为学生提供了个性化学习平台和资源支持，其内容涉及前沿科技、军事资讯、纵横历史、医学常识等方方面面，充分体现了家校社资源的有机整合和多方协作。

2016年，泡小西区家长委员会被评为青羊区五星级家长委员会，并在2018年再次取得青羊区五星级家长委员会称号。2017年周英校长被聘为四川省家庭教育研究会、四川省家长学校总校专家。

三、顺应时代形势，共创新的篇章（2019—2022年）

在经历十年发展夯实的基础上，泡小西区进一步加强家、校、社联动，使社会和学校资源良性循环，出现了新的家校社协同育人样态，也走出了泡小西区的特色。校长有约、家长学校培训、家长沙龙等活动有了突破性的进展。

2019年3月27日，第一期校长有约活动在泡小西区B区第一会议室开展。此项活动邀请家长定期走进学校，与校长对话，旨在搭建家长与学校之间有效沟通的桥梁，校长通过倾听家长心声，了解家长需求，推进民主办学、开放办学的进程。

同年10月11日，由青羊区家庭教育指导中心、青羊区家长委员会主办的"智慧父母学习沙龙进社区"活动走进泡小西区，指导教师李萍针对六年级家长集中的困惑给出了合理建议。家长沙龙活动至此也开始大量汲取社会资源，内容扩展到热门话题、好书推荐、案例分析、智慧父母、法律法规、家风家训等不同主题。

2019年，家长学校培训活动已见雏形，从一年级"做好入学的准备"，二年级"做孩子成长的引路人"，三年级"亲子阅读的快乐"，四年级"和孩子沟通的艺术"，五年级"青春期孩子的家庭教育"到六年级"中小衔接序列"，学校先后邀请成都市公安局青羊区分局东坡派出所一级警督熊伟警官、四川省教育科学研究院家庭教育指导中心副主任李淑英女士就校园霸凌、青春期前期心理特点等问题做了专题讲座。

依托专业的社会力量，泡小西区也为学生拓展广泛的学习资源。2019年9月，青羊区中医院索颖副院长开始担任泡小西区的"健康副校长"，并将帮助学校开展卫生防疫和健康教育的长效工作。

2019年，泡小西区被成都市社会组织发展基金会授予"友好合作单位"称号。2019年12月成都市教育局、成都市生态环境局授予泡小西区"成都市环境友好型学校"称号，同时泡小西区还荣获"青羊区家庭教育示范校"荣誉称号。

时至2020年，家校社协同育人更为密切。3月，为了巩固和提升前期探索出来的新路径，做好疫情常态化防控措施下的家庭教育工作，青羊家庭教育微信公众号推出了"青羊家长e起听"系列微课，将线下学习搬到了线上，实现了对家长"云指导"，泡小西区也积极参与了此项工作。

8月18日下午，刘立频老师借助《双城共建家庭教育指导服务体系实施方案》详细地向泡小西区、成都市青羊区光华街道东坡社区（后简称东坡路社区）和成都市公安局青羊分局东波派出所（后简称东坡派出所）等阐述了方案产生的背景及具体实施计划和内容，并指出学校、社会在家庭教育中发挥的巨大作用，号召大家联合起来，通过协调配合，携手共建家庭、学校、社会密切配合的家庭教育指导服务体系，将家庭教育工作落实到基层社会治理中，又通过以点带面的形式促进家庭教育在社区院落、在学校广泛地开展。

9月8日，初期校级家长委员会讨论决定泡小西区成立家校社协同育人中心。以学校为主阵地，有效整合家长、社区及社会资源，共同打造一个全方位、多角度、深层次的学习交流沟通平台及大教育环境。与此同时，泡小西区也将启动一项传统文化建设项目——灯彩工程，将彩灯文化与学校的学科教学相结合，融入诗歌教学、绘画、书法、历史等，让学生在"玩"和"做"的过程中感受中国文化的博大精深，以培养学生浓厚的爱国主义情怀。同时初步确定每年端午节举办大型游园系列展示活动。在此后两年中，泡小西区的灯彩非物质文化遗产课程走出学校，走向社会。每年春节时期泡泡娃自主创作的灯彩作品点亮金沙太阳节、自贡民俗文化节等活动。

2021年7月，《关于进一步减轻义务教育阶段学生作业负担和校外培训负担的意见》和《中华人民共和国家庭教育促进法》提出"双减"的重任。2021年8月18日，以"立德树人新形势下的家校协同实践方略"为主题的德育专题培训在学校学术厅拉开序幕。2021年10月，泡小西区"5+2+N"课后服务、"书包不回家"等行动顺势展开。

2021年，家长阅读沙龙活动举办得更为频繁。10月21日和10月28日，泡小西区联合东坡路社区、成都市青羊区家庭教育指导中心、成都市青羊区正袭家庭教育咨询中心共同开展了两次线下阅读分享，受到了家长的一致好评。

2021年12月24日，借"桐音润心田，家风传万家"成都市青羊区家风比赛暨泡桐树小学西区分校首届家庭歌唱比赛谢幕之际，来自家庭、学校、社区的代表齐聚一堂，共同探讨家校社协同育人机制。

2022年1月1日《中华人民共和国家庭教育促进法》正式实行，家庭教育由"传统家事"上升为"重要国事"。2022年1月15日下午，泡小西区通过线上线下相结合的方式，以讲法的形式拉开了新一年家校社协同育人发展的序幕。

从2023年起，泡小西区微信公众号平台开辟了家校社协同育人板块。家长学校培训课程得到大力发展与推广。2023年3月，先后邀请了成都市石室联合中学曾路老师、成都市树德实验中学易永伦校长、成都市泡桐树中学王萌萌老师、成都市石室联合中学金沙校区罗燕玲组长就毕业班家长的疑惑先后做了专题讲座。

教育的根本是立德树人，而家校社协同育人则是落实立德树人根本任务的重要基础与前提保障。在新时代教育的召唤下，泡小西区被赋予了新的责任，我们将携手家庭与社会，为学生共创共建大教育生态环境，共同呵护和助力学生的健康成长。

第二章　家校社协同育人机制构建

随着我国教育事业的蓬勃发展，家校社协同育人受到前所未有的重视，倡导"健全全员育人、全过程育人、全方位育人的体制机制""加强学校教育、家庭教育、社会教育的有机结合，构建各级党政机关、社会团体、企事业单位及街道、社区、镇村、家庭共同育人的格局"。家校社协同育人能够提高教育的质量与效果，扩大教育规模，从而为全民教育和终身教育服务。如何构建学校、家庭、社会协同育人的长效机制是当前家校社协同育人的瓶颈。

第一节　家校社协同育人机制的基本含义

协同理论认为当外来能量或物质的聚集态达到某种临界值时，子系统之间会产生协同作用，并发挥1+1>2的协同效应。泡小西区把家校社协同发展看作一个协同系统，家庭、学校、社会是组成这一系统的子系统，所以家校社协同育人机制是指为实现育人目标，通过构建制度化的协同模式，使家庭、学校、社会这三个子系统之间相互协作，形成同生共长、协同育人的高效有序运作机制。"本质上，健全家校社协同育人机制的内涵特征在于以'全面育人'为价值旨归、以'主体协同'为基本要义、以'机制健全'为工作重心。"[1]

"建立家校社合作育人的协同机制，就是要突破原有的教育框架，将社会教育、家庭教育纳入教育政策设计，是教育理念、培养模式和体制机制的根本转变。"[2] 构建家校社协同育人机制，首先就要把握好三者之间的关系。学校教育作为专业教育系统应指导家庭教育、协调社会教育，居于系统的主导地

---

[1] 马晓丽，白芸. 家校社协同育人的基本内涵、关键要点与过程机制[J]. 福建教育，2021(24)：6.

[2] 单志艳. 家校社合作育人协同机制初探[J]. 少年儿童研究，2021(2)：69.

位，使教育系统不断向着平衡、和谐、有序的状态发展。家庭教育、学校教育、社会教育具有不同的责任、工作职能和地位，是相互独立、相辅相成、缺一不可的，三者之间无法互相代替，共同构成了一个多方位、完整的教育体系。①

第二节　构建家校社协同育人机制的原则

在实现教育的社会功能和促进个体发展过程中，学校、家庭、社会各系统之间应相互融通与合作，形成协同效应。家庭教育、学校教育和社会教育是互相补充和缺一不可的，其目的都是促进儿童的健康成长。据悉，张雪松在《双减政策下家校社协同育人机制的构建》一文中提到构建家校社协同育人机制要遵循的原则，笔者根据该文章，结合我校实际情况，总结出以下原则。②

一、方向性原则

家校社协同育人机制的建立健全需要关注人的全面发展，应培育完整的人，摒弃割裂式、片面化的教育状态。要把握住方向性原则，打破"唯分数"的顽瘴痼疾，在家庭、学校、社会的三管齐下中减轻学生学业负担，让教育回归本质，回归立德树人的初心，回归教书育人的属性，以构建良好的教育生态。

二、互补性原则

学校教育、家庭教育和社会教育功能有别，长短兼具且无可替代，三者分工协作、取长补短，充分发挥它们的整体效应，才会产生巨大的教育合力，达到最佳的教育效果。学校教育作为三者的主导应更加专业化和系统化；家庭教育中家长与孩子的血缘亲情是无法被代替的，也是整个教育系统中的重中之重，具有启蒙性、生活性的特征；而社会教育更是为家庭、学校提供了支持和保障。家庭、学校和社会应在理念同一、目标一致、情感融洽的基础上，发挥

---

① 张雪松. 双减政策下家校社协同育人机制的构建［J］. 齐齐哈尔师范高等专科学校学报，2022（2）：31—34.
② 张雪松. 双减政策下家校社协同育人机制的构建［J］. 齐齐哈尔师范高等专科学校学报，2022（2）：31—34.

不同教育因素的互补作用，建立起多向互动、共同促进的协作关系，才能真正促进学生全面发展。

三、互动性原则

家校社协同育人机制并不是单向的，要注意发挥学校教育、家庭教育、社会教育的互动性。学校教育的改进离不开家庭、社会的理解、支持和参与，家庭教育也需要学校和社会的指导，社会教育则是家庭教育、学校教育的补充和延伸。学校、家庭和社会为了共同的育人目的，在相互尊重、理解的前提下，学校、家庭和社会相互支持、互相配合、密切协作，以实现优势互补、互利共赢的目的。

四、整体性原则

教育是一个整体，家庭教育是基础，是在家庭生活中完成的，但受社会的影响很大。学校教育是正规教育，在某种程度上为社会教育奠定了一定的基础。社会教育对学校教育提供有力支持。家庭教育、学校教育、社会教育虽然是相互独立的，但是在育人机制中他们作为一个整体，三者之间互相协作、互相联系，是不可分割的。

第三节 构建家校社协同育人机制的策略

家校社协同育人不仅是由教育行政部门引领的学校治理变革，也是多方联动社会团体共同构建共育生态。

一、明晰概念，理清主要职责

《中华人民共和国家庭教育促进法》中明确提出了建立健全家庭、学校、社会的协同育人机制。通过解读文件能进一步明晰家校社协同育人的概念（见表2-1），理清三方在协同育人中的主要职责和教育方式，力求发挥三方各自的优势，并着力于三方协同，形成"1+1+1>3"的教育合力，通过多种融合式学习方式促进每个受教育者最大可能的全面发展，培养每个受教育者在复杂环境中成事的核心素养，实现"成人成才"的人才培养目标。

表 2-1 家庭教育、学校教育、社会教育概念解读

解读项	家庭教育	学校教育	社会（社区）教育
主要职责	修身 立德 成人	求知 明道 成才	合作 实践 成事
教育方式	影响 培养 教育	教育者根据一定的社会要求，对学生实施有目的、有计划、有组织的身心影响，其任务是实现学生的社会化，促使学生朝着期望的方向变化	营造良好共育场域，沉浸式学习

家庭教育在于成人教育，侧重修身、立德；学校教育在于成才教育，侧重求知、明道；社会教育在于成事教育，侧重合作、实践。构建家校社协同育人体系，有利于实现整个教育在时空上的紧密衔接，有利于保障整个教育在方向上的高度一致，从而大大增强教育实效。家庭、社会和学校三方以不同的空间形式和时间形式占据了学生的生活。构建家校社协同育人体系有利于实现各种教育的互补作用，从而加强整体教育的有效性。[①]

二、平等尊重、互相协商为基础

一是对协同主题达成共识。采取分层协同与分类协同的方式，尽可能将关注同一问题的人放进同一个协同圈，如当下学生的学业负担问题、身心健康问题、焦虑过度问题、手机管理问题等。二是协同机制建设过程中，各主体之间互相尊重。

三、系统构建协同育人行动框架

以立德树人为根本任务，遵循儿童的身心发展规律，从家风传承、心理健康、劳动教育、安全防护、社区实践等方面构建家校社协同育人课程体系。

随着家校社协同育人的深入，合作方式也越来越多，如家长委员会、家长志愿者、家长开放日、家长访校、家长论坛、家长互助中心、家长工作日、学校网络沟通平台、班主任（教师）自媒体平台等形式。在社区层面，提倡发挥社区的力量，建立社区家长学校、社区儿童活动中心、社区图书馆等正式或非

---

① 刘烨. 构建"家校社"三位一体的育人模式——访上海社科院青少年研究所所长杨雄研究员[J]. 中国德育，2012，7 (5)：10-12.

正式组织，充分利用社区资源实现为家庭教育、学校教育服务的目的。在家庭、学校和社区的多向联结中，自然而然地实现教育效果最大化。

通过全社会共同努力，家长应履好职、社会各界合力支持帮助家长开展家庭教育，真正建立起家校社协同育人机制，建立起适合当代青少年成长的教育新生态，实实在在提升家长的家庭教育水平、形成家校社协同育人的良好教育生态，以促进青少年的健康成长。

第四节 泡小西区的家校社协同育人机制

在新时代教育理念的指导之下，学校被赋予了新的历史使命，泡小西区立足当下，面对家校社协同育人存在的现实问题，着力探索一条适合自身发展的家校社协同育人之路。

一、"一中心，三梯队"组织建设机制

为确保家校社协同育人工作落地、落实、落细，泡小西区成立"一中心，三梯队"组织建设机制，保障家校社协同育人工作的顺利实施与开展（如图2-1所示）。

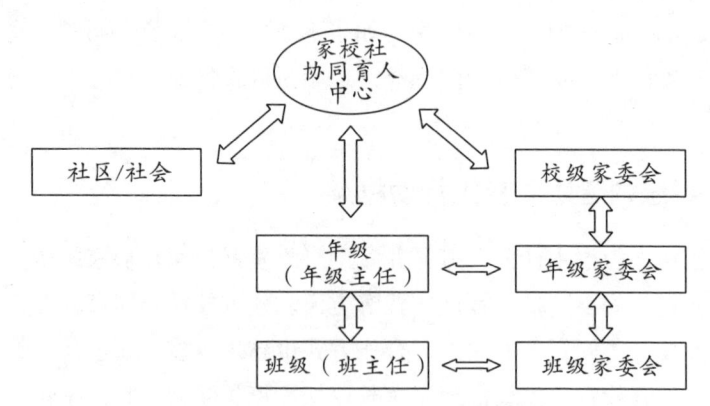

图2-1 泡小西区的"一中心，三梯队"组织建设机制

一中心：家校社协同育人中心。设工作领导小组及成员组，主要由学校校级干部、分管干部、年级主任、班主任及家庭教育骨干教师、家长委员会代表、社区代表组成，负责家校社协同育人工作的全面统筹规划和安排。

三梯队：由家校社协同育人中心统领班级、年级、校级而形成的三级联动机制。

二、优势互补的资源共享机制

在家庭教育推进过程中，泡小西区依托自身资源、家长资源、教育系统资源及社会资源等的优势，创建各级各类资源库，组建专家团队、教师讲师团、家长志愿者团队等，聚集了覆盖教育、心理、安全、法律、医学、社会学等领域的专家，为学生提供了多种多样的特色课程。

第一，教师资源库。组建家庭教育指导服务队，主要由学校家庭教育指导教师、班主任、心理专家及优秀专业志愿者等组成，主要负责学校家庭教育指导培训、家庭教育指导等。

第二，家长资源。组建家庭教育指导家长志愿者服务队，主要由在各领域有所建树且有一定家庭教育指导经验的家长组成，如邀请家长志愿者走进课堂开展家长讲坛活动。

第三，专家资源。借助各级行政部门、社会、家庭、学校等力量，建立家庭教育专家资源库。一是帮助泡小西区家庭教育指导队伍建设；二是指导学校家庭教育工作开展；三是负责家庭教育指导培训等。

第四，单位/机构资源。建泡小西区家校社协同育人实践基地，共享资源、共同策划开展家校社协同育人活动，如社区、文化馆、科技馆、博物馆等。

三、以问题为导向的家校社协同育人课程构建机制

一是学校与家庭链接的课程。家校社协同育人课程是在了解家长职业、学生成长需求及教师发展意愿的基础上，以活动实践、体验为主的形式开展的。泡小西区的家校社协同育人课程体系见表2-2。

表2-2 学校与家庭链接的课程体系

课程板块	目的	具体措施
理论学习，促思想发展	树先进育人理念，习科学育儿方法	1. 教师培训课程（指导队伍、班主任、非班主任、特需学生家庭） 2. 家长培训课程（低年段、中年段、高年段） 3. 家长自学课程（好书推荐等）

续表2-2

课程板块	目的	具体措施
活动育人，促体验感受	将"五育"纳入家庭教育	1. 家长开放日活动 2. 特色课程 德：结合思政课、主题班会课等开展爱国主义教育、道德修养、生命教育等 智：将亲子共读纳入学校常态化课程、开展阅读月书香家庭评比等活动 体：结合学校春秋两季运动会开展亲子运动会、家长运动会等；鼓励每个家庭至少有一项体育爱好 美：开展家庭艺术之约活动，如家庭歌唱比赛，组织博物馆、艺术馆参观等 劳：结合劳动教育开展家庭劳动活动 3. 家长讲坛。让家长走上讲台，通过线上微课、线下进课堂等方式给学生提供丰富多彩的课外知识，让家长充分参与家校共育活动中
交流分享，促共同成长	教师家校共育工作分享，家长育儿经验分享，通过交流促共同进步	1. 教师经验分享，如与家长沟通的艺术和方法等 2. 开展校级、年级、班级家长主题式经验分享，如优秀毕业生家长经验分享、特长突出学生家庭经验分享、最美家庭经验分享、书香家庭经验分享等

其一，常规培训课程。根据《家庭教育指导大纲》、儿童心理发展规律等分层设置家长培训课程及活动，开发了"家-校-社"共育课程体系。开设常规家长培训课程帮助家长及时了解各阶段学生身心的变化和发展特点，帮助家长有效实施家庭教育，如新生家长培训课程、青春期培训课程、毕业班家长培训课程等。

其二，特色培训课程。泡小西区通过调查问卷形式，了解家长的一些共性问题，开设特色课程，邀请相应专家、教师为家长支招答疑，如时间管理、注意力问题、生长发育、人际交往等。这些课程受到了家长的欢迎和一致好评。每月泡小西区教师还会通过微信公众号向家长推荐一本好书，并组织读书分享沙龙活动。

其三，沉浸式学习课程。泡小西区积极寻求社会资源支持，通过活动和情景体验等让家长与学生在参与和体验过程中增进彼此的沟通与了解，增强情感连接和良好亲子关系的建立。将德智体美劳纳入家庭教育指导课程，通过不同课程和亲子活动，让家长和孩子在沉浸式的育人氛围中感知与体验。例如，九大家长开放日活动、特色主题课程等，以及端午游灯活动、家庭歌唱比赛、书香家庭评比、亲子运动会、家长讲坛等。

其四，分享课程。教师家校共育工作分享，如与家长沟通的艺术和方法等。家长育儿经验分享，如优秀毕业生家长经验分享、特长突出学生家庭经验分享、最美家庭经验分享、书香家庭经验分享等。为教师和家长提供交流分享机会，促进相互学习、共同成长。

二是学校与社会链接的课程。校社课程的开发是为了增进学校与社会的联系，引导学生走进社会并开展有计划的集体实践体验，如研学旅行、场馆课程、春游、小小银行家等。学校积极与周边的机构联动，打破教育的壁垒，构建无围墙的教育，如与成都市青羊区文化馆（后简称青羊区文化馆）、成都市青羊区文物管理所等共同举办"中华文化　点亮童心"传统文化大课程活动等。2023年，法治公园、航空主题教育基地、非物质文化遗产博览园、辖区派出所、文化馆、图书馆等组织机构都是泡小西区协同共育合作单位。

三是家庭与社会链接的课程。在成都市青羊区家庭教育中心的支持与指导下，泡小西区与东坡路社区共同携手打造"家社"共育课程，定期开展"智慧父母沙龙进社区"活动、一年级入学家长必修课、孩子自我管理课程及专为祖辈开设的隔代养育等课程。

四、个性化家庭帮扶机制

泡小西区由于学生基数大，近年来特需儿童数量也逐渐增多，学校特别关注这部分儿童的成长和发展。家校社协同育人中心联合学校心理健康中心，共同开展特需家庭、特需儿童的家庭教育指导工作：一是建专档；二是加强班主任及指导教师培训；三是加强与家长的沟通，及时了解儿童及家庭具体情况，根据具体情况积极实施相应的帮扶和个性化指导（如图2-2所示）。

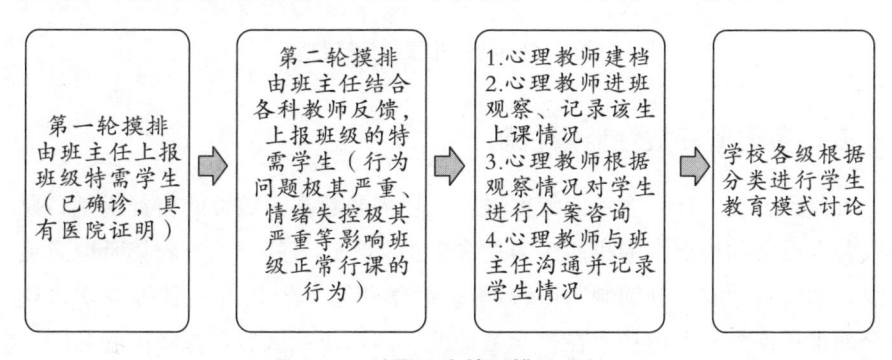

第一轮摸排由班主任上报班级特需学生（已确诊，具有医院证明）→ 第二轮摸排由班主任结合各科教师反馈，上报班级的特需学生（行为问题极其严重、情绪失控极其严重等影响班级正常行课的行为）→ 1.心理教师建档 2.心理教师进班观察、记录该生上课情况 3.心理教师根据观察情况对学生进行个案咨询 4.心理教师与班主任沟通并记录学生情况 → 学校各级根据分类进行学生教育模式讨论

图2-2　特需儿童情况摸排流程图

首先，摸排特需儿童情况，建分类帮扶机制。学校心理健康中心教师随班

观察情况，将特需儿童进行初步分类：普通（绿色）情况、一级（黄色）低风险、二级（橙色）较高风险、三级（红色）极高风险。家校社协同育人中心联合学校行政、心理教师、安全教师、班主任共同与家长进行沟通交流，拟定出适合该生的教育帮扶措施。

其次，调动资源以保障落实帮扶工作。在学校家校社协同育人中心的统筹协调下，各级家长委员会组建特需儿童指导志愿者服务队，当出现突发情况时形成家长互助，给特需儿童本人及家长提供帮助和支持。联合社会机构及社区服务中心，建立专业的特需儿童指导志愿者服务队，点对点给予特需儿童及家庭支持。与专科医院、特需儿童治疗机构等建立友好合作关系，共同构建特需儿童专家智库，由专科医生介入特需儿童的转介工作，在特需儿童的治疗过程中为家长、学校做好保障，有助于学校对特需儿童情况的持续追踪并对其档案进行动态化管理（如图2-3所示）。

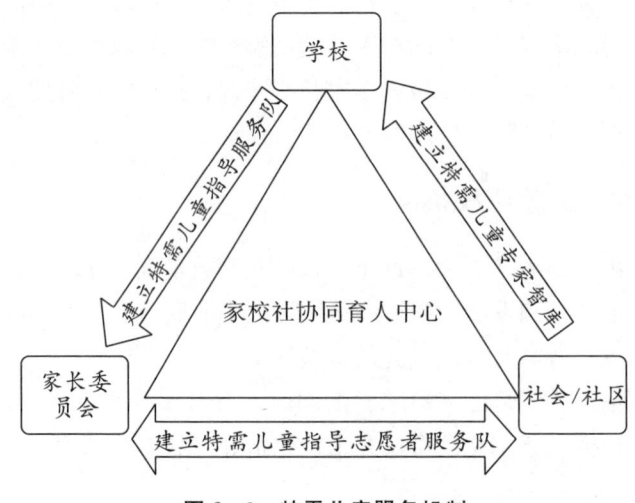

图2-3 特需儿童服务机制

五、多渠道开放性监督机制

若要家、校、社三方走向深度融合，还需要建立开放性的监督机制，及时听取各方反馈的情况。泡小西区通过多渠道、广纳言的方式，收集听取意见或建议，如实行"家长观课制"，通过教育教学年会、家长开放日等方式，让家长全面走进课堂，了解孩子在校学习情况。与泡小西区后勤保障中心共同实施开展了"食安专员"进校园活动，让家长代表亲身走进学校，通过参观、听讲座、品尝等形式了解泡小西区食堂运作情况及孩子的午餐情况。每年年末，学校家长委员会还会组织召开家长代表大会，听取各级家长对家长委员会工作、学校各项工作开展情况的意见和建议，为下一步共育工作的开展提供有力参考。同时，还邀请家长代表参加每学年校级干部述职报告会及教师师德考评，让家长以主人翁的身份参与学校各项建设与发展。为了打通沟通渠道，及时向家长反馈，除了当面交流外，学校还通过微信公众号的方式为家长开通了校长信箱和家长委员会服务热线，以敞开大门接受各方监督，及时发现问题、解决问题。家长的监督对学校教育提出了更高的要求，为泡小西区教育注入了新鲜血液，真正形成了教育合力，促进了学校整体办学水平的提升。

六、多形式激励机制

协同育人的可持续发展离不开有效的激励机制做保障，为了充分调动家长参与的积极性，泡小西区制定了家校社协同育人激励机制。依托青羊区教育局每年举办的星级家长委员会和星级家长评选，泡小西区积极动员和组织评选活动，从班级自主申报到年级评比，最终按比例选拔出具有代表性的优秀班级家长委员会、优秀学生家长和优秀家长志愿者（最美泡爸泡妈）。并且利用每年度的家校共育论坛集中表彰了一批在家校共育工作中做出突出贡献的家长委员会和家长，为其颁发特殊贡献奖，向在学校整个发展历史进程中做出重大贡献的家长授予终身荣誉奖。对家长和社区进行目标激励、价值激励、荣誉激励和情感激励，形成了多种形式的激励机制，激发了多方教育力量的价值感、归属感和幸福感，促进了家校社协同育人的目标共通、情感共融、价值共生。

第三章　家校社协同育人课程体系

围绕"立德树人"的根本任务，借助家庭、社会各方优势，携手共建育人共同体，泡小西区是如何有序、有效地实施开展共育计划，最终实现共筑有温度的育人体系呢？泡小西区将家校社协同育人工作与学校的常规教育教学密切结合，将德智体美劳融入到家校社协同育人课程的设计理念中，树立了"了解－满足－引领－超越"的家校社协同育人理念，构建了"向学生学习共同成长、向教师学习共同发展、向家长学习共同进步"的三维互动成长生态，通过"沟通－交流－合作－分享"的途径，达到"理解－信任－满意－互育"的家校社协同育人目标。在融合资源以构建家校社协同育人新环境的指引下，学校改进原有共育课程，根据国家政策文件、儿童心理发展规律等，结合学校情况、所在辖区及家庭情况，围绕"以理论学习，促思想发展；以活动育人，促体验感受；以交流分享，促共同成长"的设计理念，分类分层设置不同家校社协同育人课程和活动，开发了泡小西区家校社协同育人课程体系。目前泡小西区的家校社协同育人课程体系主要包括教师成长课程体系、学生成长课程体系、家长成长课程体系三个方面。

第一节　教师成长课程体系

一、课程内涵

为助推教师专业发展，提高教师家校社协同育人专业素养，开发教师成长课程。教师成长课程是由学校发起、规划的一系列家校社协同育人培训课程，以本校作为教师开展家校社协同育人培训的基地，并立足于本校的家校社协同育人实践，培养教师在家校社协同育人中应具备的认知能力、沟通能力、情感能力、协作能力、管理能力等，提高教师家校社协同育人能力，实现家校社协同育人的目标。

二、课程理念

学校秉承师德为先、能力为重、分层培训、实践导向的理念，依照培养目标，设置有针对性的培训课程，确保按需施训。注重理论培训、实践培训、科研培训的三位一体，以实践促进科研发展，以科研提升实践运用能力强化实操性。学校把"立德树人"作为家校社协同教育的共同目标，积极发挥教师队伍的专业优势，发挥主阵地作用，通过组织、参与家校共育活动和家庭教育指导服务等，指导和帮助家长实施且开展好家庭教育，共同助力每个学生有最大可能的发展。

三、课程目标

通过课程培训促进教师不断加深对家校社协同育人的专业理解，认识家校社协同育人的重要意义；促进教师了解学习科学和学生心理研究的主要成果，了解对不同阶段青少年的教育方法和与不同家长沟通的方法；促进教师强化专业实践，养成自主专业反思的习惯；全面提高教师育人能力和家校社协同育人的指导力，实现"理解—信任—满意—共育"家校同心、和谐共育教育目标。

四、课程内容

教师成长课程围绕泡小西区家校社协同育人的总体目标，根据家校社协同育人的现状、存在的问题和教师专业发展的实际需要，初步形成了家校社协同育人教师成长课程，包括师德修养课程和协同育人课程，师德修养课程分为师德理论培训课程和师德学习分享课程，家校社协同育人课程分为家校社协同育人理论课程、家校沟通培训课程、家庭教育指导课程（如图3-1所示）。

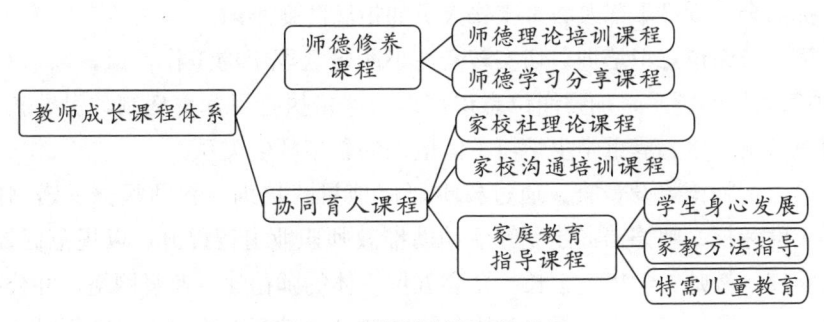

图3-1 教师成长课程结构图

（一）师德修养课程

师德是教师应有的道德和行为规范，是教师的立身之本，教师在家校社协同育人工作中起到奠基作用。泡小西区的师德修养课程包括理论培训和学习分享，从理论层面和实践层面助力教师师德修养的提升（如图3-2所示）。

```
师德修养课程 ──┬── 师德理论培训 ──┬── 师德内涵学习
               │                  ├── 教育政策法规
               │                  └── 中小学教师行为规范
               └── 师德学习分享 ──┬── 师德学习心得分享
                                  └── 爱生小故事分享
```

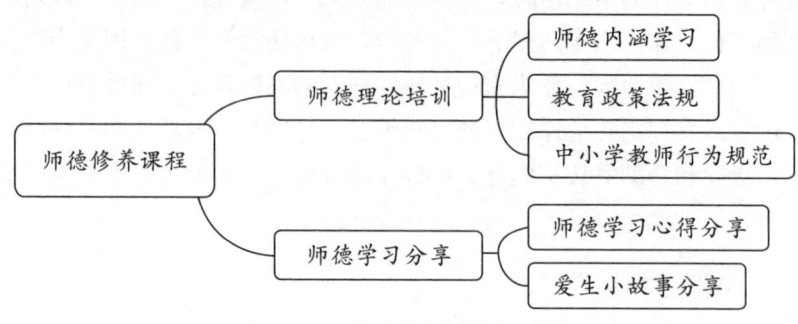

图3-2 师德修养课程结构图

1. 师德理论培训

教师是以育人为宗旨的，不仅要用渊博的学识教育学生，更要用高尚的师德影响学生。学生往往会从教师的师德中反观自身、修正自身。一个师德高尚的教师在与家长沟通的过程中，更容易受到家长的尊重和信任，从而形成家校合力助推学生的发展。因此，泡小西区以"四有"好老师为指导思想，积极开展师德理论学习。

第一，教育政策法规学习。通过线上和线下、集中和分散学习等方式组织教师学习《中小学教师职业道德规范》《师德修养与教育法规》《中华人民共和国家庭教育促进法》等教育法律法规理论知识。在学习教育政策法规的同时，泡小西区也加强了党风廉政建设。泡小西区结合《开展专项治理群众身边"可视""有感"腐败和作风问题的工作》文件，进一步加强教育党风廉政建设工作，提高全体党员干部及教育工作人员的拒腐防变意识。

第二，岗位意识培训。切实转变泡小西区教职工的工作作风，以"双减""五项管理"为抓手，加强岗位意识培训，严格执行目标责任制，引导教师建立尊重学生人格、尊重学生学习主体地位的新型师生关系。

第三，师德建设督查。通过校本研修项目式培训、教师师德承诺书的签订、年度考核、师德档案建立等活动助推教师职业道德提升。以规范促提高，建立学校、教师、学生、家长、社会五位一体的师德建设监督网络，并公布监督电话，主动接受社会监督。利用每年度的师德满意度测评，一方面是了解情况，发挥评价、评估的作用，另一方面是接受家长、学生监督。

2. 师德学习分享

师德学习分享课程即泡小西区为教师搭建平台，由教师讲述在平时的教育教学中的爱生故事、爱生案例，使各位教师在交流分享中相互学习，共同成长。

师德学习心得分享：将线上和线下的形式相结合。线上，由教师自主学习师德丛书，撰写师德学习心得，上传至网络分享；线下，结合教师年度考核、党员总结、新学期教师培训大会，组织教师分享家校社协同育人案例以促进其他教师成长等。

爱生小故事分享：通过线下的形式开展。学校每学期请教师撰写教育随笔，学校选取真实、精彩、感人案例，邀请教师在班主任培训会、全校教师培训会等场合进行分享。教师要结合自身的真实案例，以图片、视频、文字的形式展开交流。

（二）协同育人课程

协同育人课程是通过培训提高教师的家校社协同育人能力，即家校沟通能力、家庭教育指导能力、组织家校社活动能力、自我发展能力等，让教师充分发挥家校社沟通的纽带作用，促使家校社形成合力，共同育人。为帮助教师了解新生代家长的教育观念及教育需求，家校社协同育人中心向全体教师做了《双减背景下泡小西区家校社协同育人调查问卷分析报告》，使家校社协同育人培训更有针对性和实效性，切实解决家校社协同育人中存在的问题。

1. 家校社协同育人理论课程

一个合格的教师，应具备一定的家校社协同育人能力，如需要熟悉国内外关于家校社协同育人的理论、掌握学生身心发展规律、了解国内外优秀的教育案例、熟悉开展家校社协同育人的基本方法、具备家庭指导的相关知识、具备家校沟通的相关知识（见表3-1）。

表3-1　家校社协同育人理论课程结构

对象	内容	方式
全体教师	家庭教育、家校沟通方面的理论知识，特需儿童家庭教育指导	专题培训
班主任	家校沟通的艺术，家庭教育指导方法，特需儿童家庭教育指导	自主学习
新教师	家校沟通的艺术，新时期家庭结构及主要特征，以及教育学、心理学以及相关法律法规	沙龙分享

（1）课程内容。

基于以上能力要求，家校社协同育人理论课程包含家庭教育、家校沟通方面的理论知识，学生身心发展规律，新时期家庭结构及其主要特征，教育学、心理学以及相关法律法规等。

（2）课程实施。

第一，线上线下专题讲座。线上组织教师学习关于《中华人民共和国家庭教育促进法》的专题讲座，参与"谈教师与家长的沟通策略、协作之道"的专题讲座。泡小西区依托成都市青羊区家校共育中心、中国陶行知研究会家庭教育专业委员会各级平台为教师提供系统化、持续性的家庭教育培训指导，将家庭教育培训作为促进教师专业化发展的重要内容。线下邀请辖区内的派出所民警、学校的法治副校长开展"珍爱生命从小做起"等关注学生生命安全、依法执教的专题讲座；邀请中学校长做"家校沟通中的'道'与'术'"的专题分享。学校组织开展"落实双减政策加强五项管理聚力增质"的政策专题学习、开展"立德树人携手共育"家校社协同育人班主任培训会。学校学生成长中心开展"让宣传可见"的主题培训，向教师分享了如何利用学校的宣传平台搭建家校社协同育人平台。

第二，线上自主学习。通过互联网向教师推送中外家庭教育的书籍或视频讲座，如《家庭教育学》《家庭教育心理学》《家庭教育指导与社会工作》《苏霍姆林斯基家庭教育思想解读与实践》《新教育在家庭教育上的探索与思考》《美国、英国、日本"家校社"协同育人的体育实践特征与启示》《构建"家校社"三位一体的育人模式》《立足"人和"文化，培养"六质"少年，构建家校社协同育人新样态》等。希望这些书籍或文章能为家庭教育指导者——教师提供更多学科视角，填补其行业空白。

第三，组织教师"走出去"。在泡小西区校领导的带动下，组织教师走出校门参加国内外家庭教育论坛，为家庭教育的整体水平提高提供智力支持。开展教师心理专业培训，选派教师积极参加成都市学校心理辅导员培训，并取得心理辅导员B证、C证。

第四，交流分享学习心得。通过班主任培训会、年级沙龙，组织教师交流分享家校社协同育人理论学习心得，探讨家校共育中的困惑，教师之间可以互相支招。

2. 家校沟通培训课程

在教师与学生家长沟通过程中，教师应具备较强的沟通能力，在融洽的沟通中对学生家长予以明确指导，从而形成优良的家校共育模式，使教师和家长能够共同对学生进行教育和培养。

(1) 课程内容。

家校沟通培训课程旨在通过培训指导教师学会研究沟通对象，学会如何全面且真实地了解学生和家长的教育需求以达成思想共识；通过培训指导教师掌握沟通策略，能采取不同的沟通策略与家长沟通，增强家校沟通实效；通过培训，指导教师在沟通中善于自我调节，使教师与学生家长相处和谐融洽，形成教育合力。

(2) 课程实施。

第一，学会研究沟通对象，采用多种形式、多角度全面切实地了解沟通对象，即学生和家长。

其一，全面了解学生。泡小西区采用了"学习理论＋指导实践"的方式，引导教师了解学生。泡小西区向教师推荐相关书目，如《教育科学与儿童心理学》《班主任工作漫谈》《给教师的建议》《不跪着教书》等；建立班级学生成长档案，多渠道全面了解学生及学生家庭状况等；开展跟踪教育，在平时的教育教学中，持续关注特需学生及学习或行为有障碍的学生；关注行为表现有异常的学生，把教育过程记录在学生的个人档案中。

其二，了解家长。运用调查法掌握家长家庭教育的需求、家庭教育中可能会出现的问题、需要得到帮助的内容，将收集到的信息作为参考，指导开展家庭教育。例如，班级设置家长委员会，架起家校之间沟通的桥梁，引导学生家长主动提出意见；定期开展家校共育活动，如每年的家长开放日活动，让家长和学生共同参与教育活动，协助家长掌握各类教育方式，进而加强家庭教育的科学性、规范性。通过"问卷星"填报，及时反馈学生的教育现状，形成家校合力，确保家庭教育工作的顺利进行。

第二，掌握家校沟通技巧。由于家长学历、素质、职业等方面的差异，教师与家长沟通时需要根据时间、事件、场合、家长的不同而采取不同的方法策略。因此，从理论上提高教师对家校共育的认识，能在实践中提升教师与家长的沟通技巧。

泡小西区采用专题讲座、案例引领、沙龙交流等多种培训方法，引导教师拥有"三心"，即爱心、责任心、耐心；关注"三多"，即在与家长交流过程中，多表扬、多尊重、多理解；把握"三个契机"，即时间、方式、情境，以智慧架起沟通的桥梁。同时采用团队合作法和自我反思法，即发挥集体的作用，和年级上的教师共同商量讨论，设计再沟通方案，主动消除家校沟通中的不和谐之处，用智慧和真诚唤起家长的信任和合作。

第三，善于自我调节情绪。教师积极向上的心态也会影响家校沟通的实效。学校尤为重视班主任心理疏导，一方面要整合各项工作，减少事务性工作，另一方面要加强对班主任的工作策略指导。安排学校心理教师对班主任进行"心理调适技能"培训，如班主任的心理辅导员B证、C证培训。开设学校教师社团，为教师提供才艺展示的平台，开展工会活动，为教师提供各种平台实现自我解压和调节情绪。

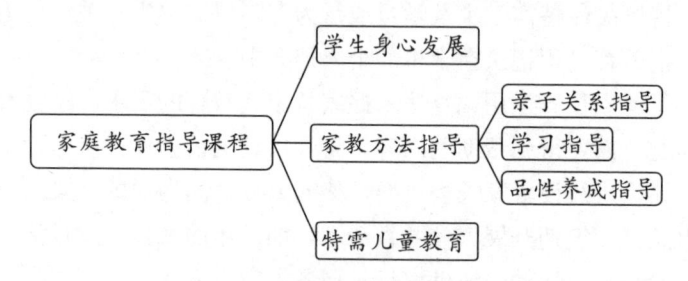

3. 家庭教育指导课程

家庭教育指导课程是教师对实施家庭教育的家长从理论、方法、内容和技巧等方面进行指导，从而帮助家长加强科学育儿能力、提升家庭教育水平。它不仅聚焦在帮助家长建立科学的家庭教育理念上、指明家庭教育的正确方向，还旨在帮助家长解决一些实际的问题。

（1）课程内容。

家庭教育指导课程包含了教师指导家长关注学生身心发展、对家庭教育方法的指导及特需儿童家庭教育指导。课程内容结构图如图3-3所示。

```
                    ┌── 学生身心发展
                    │
                    │                ┌── 亲子关系指导
家庭教育指导课程 ───┼── 家教方法指导 ├── 学习指导
                    │                └── 品性养成指导
                    │
                    └── 特需儿童教育
```

图3-3　家庭教育指导课程结构

（2）课程实施。

第一，教师指导家长关注学生身心发展。

教师要指导家长关注学生的体质发展。通过家长会的QQ群向家长宣讲《切实保证中小学每天一小时校园体育活动的规定》等，推送科学锻炼知识及正确用眼知识，指导家长在家里督促学生科学锻炼、正确坐姿、保护视力等。每学期邀请专业眼科医生到校开展全校学生视力筛查，通过网络技术告知家长学生视力现状并提出视力保护指导建议。

教师要指导家长关注学生心理健康。健全制度，建立规范的心理教育制度并组建专业的心理教师队伍，泡小西区成立了七彩阳光心理中心。班主任通过家长会向家长讲解不同年龄段学生的心理发展规律，通过视频引导家长学习青少年心理健康知识。通过电话、QQ、微信、家访、座谈等形式，与家长沟通，以指导家长关注学生的心理健康，科学疏导学生的心理问题，营造健康的亲子氛围。

第二，教师实施家教方法指导。

教师对家长的家教方法指导，主要集中在融洽亲子关系的建立、学习指导及学生品性养成的指导上。为此，泡小西区采取组织家长将线上与线下相结合集中学习、开展丰富的亲子活动、线上线下个别沟通、家访等形式指导家长科学育儿，如学校开展讲座，为家长提供学习的平台，帮助家长实现自我成长，如学校开展了"做不焦虑的幸福父母"等专题讲座，向家长推送了《你好一年级，新生家长必修课》的学习指南等。各年级家长会上班主任及科任教师结合各年级各班级情况分享科学的教育理念，指导家长用合适的方式教育孩子。

教师运用QQ群、微信群等，推送家庭教育的优秀文章、线上课程，传授教育方法，帮助家长了解学生的学习状况、心理状况，引领家庭教育。也通过电话、面谈、家访等方式，和家长沟通学生的综合发展状况，并对家长的教育给出建议。

开设丰富的亲子活动，如针对不同的年级或家长的具体需求开设针对性更强的家长开放日活动。在一年级，家长重返校园体验活动，帮助新生家长快速调整心态协同教师帮助孩子融入一年级的生活中。在三年级开设了成长大片体验活动，通过拍摄学生在校的日常学习生活，让家长感受学生从稚气幼童到长大懂事的巨大变化。四年级开展了"阅读经典 润泽童心"亲子活动，孩子和父母一起阅读绘本，指导家长如何开展亲子共读，和孩子共同学习、共同成长。五年级举行了"真情相约 约定幸福"主题活动，指导家长如何走进孩子的内心，如何进行亲子沟通、促进亲子关系和谐发展。

第三，教师实施特需儿童指导。

目前，特需儿童的比例越来越高，关注特需儿童是时代发展的需要。为此，泡小西区首先通过三轮摸排确定危机干预对象，建立特需儿童档案。对特需儿童实行分级管理模式：三级模式"红色预警—橙色预警—黄色预警"。建立"一中心，三梯队"模式，对特需儿童成长档案进行单独管理及持续追踪，实行特需儿童成长档案动态管理。

家校社协同育人中心能调动各级家长委员会积极配合学校特需儿童教育工作，建立特需儿童指导服务队，当出现突发情况时形成家长互助组，给予特需儿童本人及其家长帮助和支持。家长委员会、社会机构及社区服务中心在学校的组织下建立专业的特需儿童指导志愿者服务队，整合各类社会资源点对点给予特需儿童及其家长支持。学校设立班级心理委员，有效开展朋辈辅导。与此同时学校还与专科医院、特需儿童治疗机构等建立友好合作关系，共同构建特需儿童专家智库，由专科医生介入特需儿童的转介工作。

在日常教学中，泡小西区教师通过家访、家长会议等方式，与特需儿童的家长进行了密切的沟通和合作，共同制订学生的教育计划，并定期评估学生的学习进展。同时，教师也向家长提供相关的教育知识、资源及专业机构，帮助他们更好地了解和支持孩子的学习和成长。

第二节 学生成长课程体系

一、课程内涵

学生成长课程是教师、家长、社会成为学校教育的同盟军，合力育人，把对教育的关注和诉求变成行动，实现学生的自主、和谐、全面发展。泡小西区的家校社协同育人中心和家长委员会充分挖掘、利用家长群体中潜在的教育和社会资源，发现具有教育指导优势的家长，成为学生成长课程的特聘讲师，或在场地、物资、人力资源等方面提供支持和帮助，协同共育，促进学生成长。

二、课程理念

学生成长课程以"以学生为主体、面向学生生活、注重学生实践"为理念，教师、家长、社会三方密切联系学生经验，引导学生在具体的自然情境和社会情境中积极参与、自主实践。此课程能超越书本，超越封闭的课堂，面向自然、面向社会，强调通过活动来综合运用学生已有的知识和生活经验，开展综合性的实践活动。

三、课程目标

学生成长课程既能丰富学生的学习，让学习不再是形式单一的读书、听课，而是拓展到日常社会生活中多样的实践活动；让学习不再是被动接受一些现成的结论，而是充满着对未知世界的探索和发现；让学生个体获得关于人、自然、社会、自我统一的认识与情感，增长对自然、对社会、对自我的实际体验，发展综合实践能力。

四、课程内容

学生成长课程根据学校特色、家长资源、社区资源等情况，分为家长讲坛课程、校本特色课程、红领巾服务课程、红领巾行走课程。其中家长讲坛课程针对不同学段的学生开设了通识类、个性化的课程，校本特色课程包括场馆课程、泡泡运动课程、泡泡劳动课程、传统文化体验课程等，红领巾服务课程根据志愿活动的类型分为五类，红领巾行走课程分为四类，具体如图3-4所示。

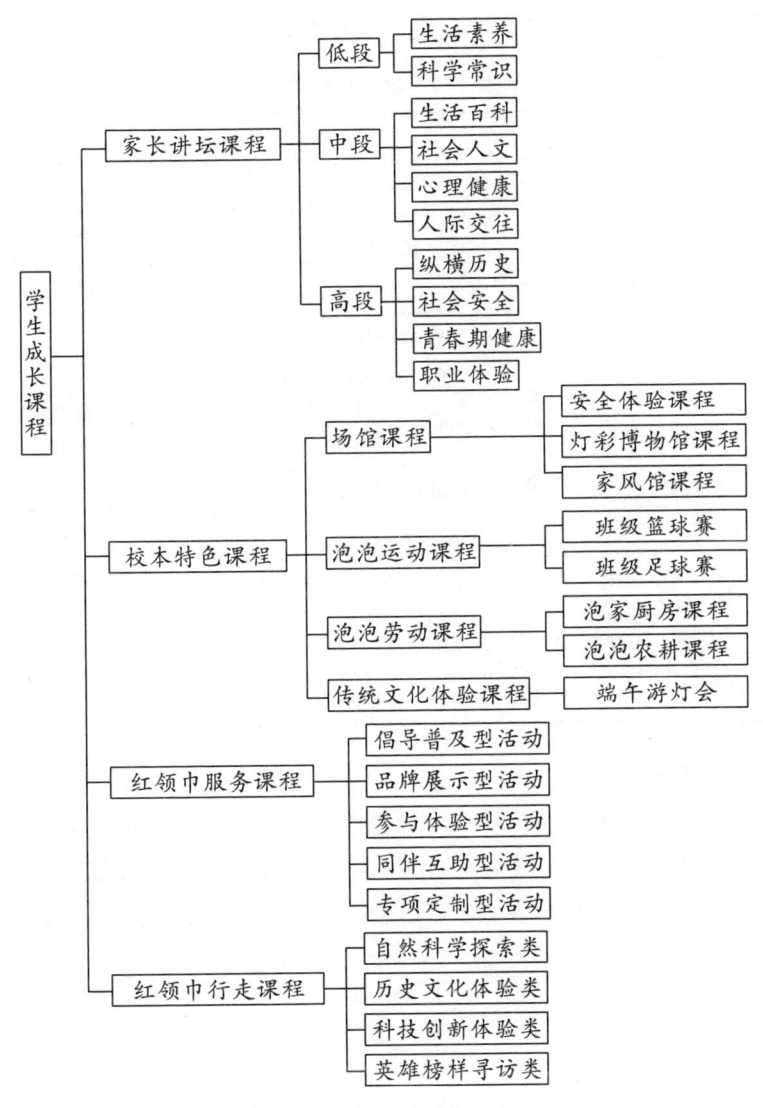

```
学生成长课程
├── 家长讲坛课程
│   ├── 低段
│   │   ├── 生活素养
│   │   └── 科学常识
│   ├── 中段
│   │   ├── 生活百科
│   │   ├── 社会人文
│   │   ├── 心理健康
│   │   └── 人际交往
│   └── 高段
│       ├── 纵横历史
│       ├── 社会安全
│       ├── 青春期健康
│       └── 职业体验
├── 校本特色课程
│   ├── 场馆课程
│   │   ├── 安全体验课程
│   │   ├── 灯彩博物馆课程
│   │   └── 家风馆课程
│   ├── 泡泡运动课程
│   │   ├── 班级篮球赛
│   │   └── 班级足球赛
│   ├── 泡泡劳动课程
│   │   ├── 泡家厨房课程
│   │   └── 泡泡农耕课程
│   └── 传统文化体验课程 ── 端午游灯会
├── 红领巾服务课程
│   ├── 倡导普及型活动
│   ├── 品牌展示型活动
│   ├── 参与体验型活动
│   ├── 同伴互助型活动
│   └── 专项定制型活动
└── 红领巾行走课程
    ├── 自然科学探索类
    ├── 历史文化体验类
    ├── 科技创新体验类
    └── 英雄榜样寻访类
```

图3-4 学生成长课程结构图

（一）家长讲坛课程

1. 课程内容

泡小西区开展了家长讲坛课程，诚邀了各行各业的优秀学生家长走进课堂。这些家长阅历丰富、兴趣广泛，会根据自己的职业与特长，精心备课，带上富有特色的教具走进课堂，分享自己的兴趣、事业，讲述自己的成长经历。课程内容涵盖生活常识、科学常识、生活百科、社会人文、心理健康、人际交往、传统文化、文明礼仪、体能素质、社会安全教育等多个方面。家长讲坛课程既丰富了学校的课程资源，又促进了家校之间的有效互动（见表3-2）。

表3-2 家长讲坛课程

年段	课程主题	核心内容	活动
低年段	生活素养 科学常识等	认识我们的身体 了解在校安全常识，发生意外如何处理 动车知识科普 生活小妙招 飞机怎么飞上天的 电视是怎么出现画面的	讲座 科普小游戏 模拟小实验等
中年段	生活百科 社会人文 心理健康 人际交往等	财商小课堂 古诗有意思 小学生的航天梦 面对挫折如何正确积极解决	阅读推广活动 好书推荐活动 读书分享会 心理小课堂 银行参观
高年段	纵横历史 社会安全 青春期健康 职业体验等	有趣的历史故事 古蜀文化 什么是转基因 发现自己的优点 青春期交友 银行、医生、交警等职业体验	历史故事展演 博物馆研学 科学讲座 沙龙分享

2. 课程实施

首先建立家长特色课程资源库，课程内容一部分由学生通过少代会投票征集汇总，校级家长委员会和学校以此建立课程中心，对学生的需求和家长提供的资源进行评估，形成课程规划，以综合实践活动课程的理念，开发课程内容（见表3-3）。

表 3-3　课程实施一览表

	时间	对象	实施方式
班级家长讲坛	一学期 4~6 次	班级学生	班级课堂
年级家长讲坛	一学期 2~3 次	年级部分学生	年级讲座
校级家长讲坛	一学期 1~2 次	学校部分学生	校级讲座

3. 课程案例

谁咬了我的柠檬蛋糕

——认识我们的嗅觉器官

2021 年 4 月 9 日下午，成都市泡桐树小学西区分校一年级 7 班开展了以气味探索为主题的家长讲坛。

首先，在刘爸爸和谢叔叔的带领下，通过嗅夏天路边烧烤摊上的烤肉味和电影院里爆米花散发出的奶油香味，让学生了解到气味是指物体本身或散发的味道，通过人体的嗅觉器官使人感受到的一种印象，并请学生列举气味的种类和自己了解的气味。通过引导，让学生对气味进行区分和归纳，建立了类似五大基本味觉的嗅觉种类：酸、甜、咸、苦和鲜。

其次，刘爸爸和谢叔叔将学生分成了 4 个小组，通过纸杯、塑料滴管、4 种气味液体和白纸，开展了生动有趣的实验。实验通过对不同液体进行混合并记录，让孩子们来真真切切地感受人类的嗅觉。

最后，刘爸爸和谢叔叔通过"谁咬了我的柠檬蛋糕"这个游戏，委托学生帮忙破案，寻找谁偷偷咬了柠檬蛋糕。游戏通过四个装有不同食物的纸盒，让学生分辨盒子里面的味道，从而找到谁是小偷，训练学生对气味识别的能力。

本次家长讲坛活动充分让学生感受到了人体嗅觉器官的神奇，同时两位家长也通过课堂，亲自走上讲坛，也更加深切地感受到了教师组织课堂的不容易。

(二) 校本特色课程

1. 课程内容结构与实施

校本特色课程是为了充分满足和尊重学生的差异性特点和多样化需求，整合家长资源，挖掘学校特色，家校共同开展促进学生综合发展的课程，包括场馆课程、泡泡运动课程、泡泡劳动课程、传统文化体验课程等（见表 3-4）。校本特色课程也紧密联系了学校、家长和学生三方，创新了教育形式，更加有利于学生的全面发展。

表 3-4 校本特色课程内容

课程类别	课程内容	课程目标	实施方式
场馆课	安全体验课	初步了解基本安全知识 学会简单的自救方法	知识学习 场馆实地体验 应急疏散演练
	灯彩博物馆课	体验、学习灯彩等传统文化和技艺	参观灯彩展览 探访彩灯制作工厂 彩灯制作 端午灯游会布展
	家风馆课	优良家风学习 传承优良家风 树立最美家庭榜样	新生入校家书展评活动 端午节家训卡制作评比展示活动 最美家庭评选活动
泡泡运动课	班级篮球赛 班级足球赛	家长作为教练组织班级学生开展训练或比赛	一学期一次班级联赛，赛制为淘汰制
泡泡劳动课	泡家厨房劳动实践课	体验劳动快乐 提升动手能力 培养了积极、乐观的生活态度	菜品制作 大厨厨艺展示 中西餐厨艺交流活动
	泡家农耕课	实地体验四时更替 给农作物带来的变化 了解不同植物种植技术	班级小花园 泡家农场 百果园
传统文化体验课	端午游灯会	感受中华文化博大精深 培养学生探究能力 倡导学生创新精神 传承中华优良文化	专家讲座 研学体验 家庭、学校、社区共同参与的沉浸式体验活动

2. 课程案例

案例 3-1

泡家农耕课程

农耕文化是中华民族传统文化的根基，是在实践中创造和积累的宝贵财富，蕴含着勤劳、努力、奉献的劳动精神及顺应自然、人地和谐的生态文明观。为了丰富学生劳动体验，学校设有多个适用于不同种类劳动体验的场馆，通过农耕等课程寓教于乐，打破学习边界，让学生在体验劳动快乐的同时，提升自己的动手能力，更培养了学生积极、乐观的生活态度。

泡小西区根据四时变换，开设四季农耕劳动课程，通过知识学习、实践体验、观察思考、分享感悟四个环节，初步让学生养成劳动意识，一粥一饭当思来之不易。在泡小西区专门开辟的泡家农场中，学生有机会亲近大自然，体验耕种的过程，感受大地、种子带来的生生不息的变化。根据不同的季节和学生的不同年段，劳动课教师和家长代表协助他们分别种植大蒜、花生、红薯、土豆等农作物。在此期间带领学生学习耕种知识，定期对农作物精心照顾并做记录，填写观察记录表，写种植心得，在收获时节由家长代表协助学生收获果实，一起挖红薯、土豆等，最后，由学生分享劳动成果给教师和家长，在劳动中发扬中华民族传统美德。

案例 3－2

传统文化体验课程

成都市青羊区文化馆一直致力于非物质文化遗产等优秀传统文化的传承和推广，将优秀的传统文化资源送进学校。2021年，成都市青羊区文化馆非物质文化遗产灯彩分馆在泡小西区成立，让更多的学生和教师通过灯彩分馆体验彩灯文化、学习彩灯课程。近年来，灯彩分馆在社会各界的大力支持下取得了丰硕的成果，2021年泡小西区因成都彩灯传统制作技艺项目被评为第三批成都市非物质文化遗产传承基地学校，灯彩分馆建设了贯穿小学全学段的非物质文化遗产融合实践课程体系，5500余名学生参与了灯彩特色课程的实践。

2023年6月10日，在2023文化和自然遗产日成都非遗主场活动上，灯彩分馆"中华灯彩，点亮童心"课程体系建设荣获2022成都非物质文化遗产十优实践案例。

2023年6月16日，2023年成都市青羊区文化和自然遗产日宣传周系列活动暨青羊区文化馆非物质文化遗产灯彩分馆传统文化大课程成果展示活动在泡小西区举行。全校5000余名学生及家长以传统文化大课程的形式游灯、赏灯、制灯、研灯，体验非物质文化遗产彩灯项目、古代体育等丰富多彩的传统文化活动，感受传统文化浸润。

此次活动设置"弘扬好家风""传承非遗""古代运动会""泡娃灯彩展"等九个主题展区，以展览、展演、活态展示、手作体验等方式，木偶戏、手影戏、扎染、剪纸、糖画、三大炮、赖汤圆等非物质文化遗产纷纷亮相。学生和家长一起身着传统服饰，沉浸式感传统文化氛围，体验非物质文化遗产的魅力。

泡小西区的端午游灯传统文化体验活动作为2023年成都市青羊区文化和自然遗产日宣传周的闭幕活动，以传统文化大课程的创新形式，以家校社协同育人的创新模式，以校园文化带动社区非物质文化遗产传承与保护的创新发展，展现出家校社协同育人模式的成功试验。

（三）红领巾服务课程

红领巾服务课程是由泡小西区少先队大队辅导员、中队辅导员带领，由学生、家长和社会共同参与的一项课程，旨在培养和引导青少年积极参与社区服务。该课程面向泡小西区全学段的学生，通过系统的理论学习和实践活动，帮助他们树立正确的价值观，培养学生的优秀品质和义务意识，提高他们的社会责任感。

1. 课程内容结构

红领巾服务课程包括了丰富的内容，如服务精神、社会实践、公民意识、环保知识、交往技巧、自我管理等。学生要通过这些课程学习如何认识并关心社会问题，发现并解决身边的问题，主动参与社区服务和帮助有需要的人们。学生不仅能获得知识和技能，还能培养团结精神、提升实践能力、建立正确的价值观，树立人生理想。

泡小西区是一所超大型学校，目前有学生五千余人。为了最大限度让每个学生都能参与到服务中，促进学生走向社会、接触社会、了解社会、学会做人、学会做事，增强社会责任感，培养并提高学生社会交往、组织管理、分析思考、实践创新等能力，泡小西区创立了"三级一体"红领巾服务体系（见表3-5），积极推动红领巾服务精神在学校的沁润，引导学生树立"回报社会，人人有责"的观念，树立"让每个人因为我的存在而感到幸福"的服务价值观形成，通过组织学生和家长一起参与红领巾服务活动，形成家校社协同育人的良好氛围。

表3-5　泡小西区"三级一体"红领巾服务体系

级别	队伍组成	工作内容
一级	成都志愿者、志愿四川、中国志愿服务、红十字青少年、青聚锦官城	1. 指导、监督泡小西区红领巾服务队工作开展； 2. 提供优秀且丰富的泡小西区红领巾服务队活动
二级	泡小西区红领巾服务队	1. 统筹校级层面泡小西区参与的红领巾服务活动； 2. 管理各年级红领巾服务队工作； 3. 对接校外活动基地或活动； 4. 指导各年级开展活动； 5. 组织校级大型活动
三级	泡小西区388支红领巾服务队	1. 自行组织3~5人为团队的红领巾服务活动； 2. 组织学生参与学校推荐的各项一级、二级红领巾服务活动

志愿服务倡导"奉献、友爱、互助、进步",它既是志愿精神的高度概括,也充分凝练了中华民族传统、时代精神和人类共同文明的价值追求。但要想长期开展红领巾服务课程,泡小西区必须有丰富的活动类别提供给学生参加,让学生在服务的同时保持热爱和兴趣。经过五年的探索,我们将红领巾服务课程分成了以下类别(见表3-6)。

表3-6 红领巾服务课程类别

活动类型	已形成固定模块活动	适合年段
倡导普及型活动	1. 垃圾分类宣传项目 2. 烈士陵园扫墓项目 3. "逸趣东坡,一起爱地球"项目 4. 运动健康推广项目 5. 平安青羊宣传项目	小学低年段
品牌展示型活动	1. 一件小事服务项目 2. 兴川助农服务项目 3. 脑瘫儿童服务项目 4. 白玉县儿童成长支持项目 5. 草堂博物馆小小讲解员项目 6. 金沙博物馆小小讲解员项目 7. 四川省博物馆小小讲解员项目	小学中高年段
专项定制型活动	1. 藏汉队员手拉手服务项目 2. 白血病儿童关怀项目 3. 慰问退役伤残军人项目 4. 慰问现役边防军人项目 5. 参与筹备东坡路社区举办公益项目 6. 寒暑假国际服务项目	小学高年段
参与体验型活动	1. 郫都区水资源服务项目 2. 府南河小河长服务项目 3. 超市工作人员服务性劳动项目 4. 景区垃圾分类回收项目 5. 泡家慈善日项目 6. 垃圾回收服务项目 7. 与动物为伴——流浪动物救助站服务项目	小学各年段
同伴互助型活动	1. 少先队服务岗项目 2. 心理健康小伙伴服务项目 3. 失物招领处服务项目 4. 桐下读吧阅读推广项目 5. 校园公区管理项目 6. 北极星英语俱乐部项目	小学各年段

1. 课程实施

泡小西区红领巾服务课程一般由班级—年级—校级三级开展。班级:3~5

人的红领巾服务小队活动，申请书交班级家长委员会志工部家长审核并发布活动，活动后由活动组织方提供总结。年级：50人以内的红领巾服务队活动，申请书交年级家长委员会志工部家长审核并发布活动，活动后由活动组织方提供总结。校级：50人以上的红领巾品牌服务队活动，申请书交大队部志工部部长、大队辅导员审核、发布活动。活动后由活动组织方撰写活动总结。

课程实施步骤为如下。第一，设计课程内容：根据不同学段学生的年龄和特点，制定适合他们参加的课程内容。第二，组织培训：组织辅导员、家长参加培训，使其了解红领巾服务课程的目标、要求，包括对学生在活动前的相关安全知识进行培训。第三，分阶段实施：将红领巾服务课程分为不同的阶段或类型实施，逐步引导学生从基础知识到实际行动的转变，并注重培养他们的观察、思考和表达能力。第四，组织实践活动：结合课程内容和学生的年龄特点，组织适合学生参与的服务活动。第五，定期评估和总结：定期对学生进行评估，了解他们的学习情况和参与度，及时调整课程内容。同时，组织学生进行课程总结，分享他们的学习经验和心得体会。第六，建立反馈机制：建立学生、家长、学校、社会之间的反馈机制，及时收集和回应各方的意见和建议，不断完善泡小西区红领巾服务课程的实施。

2. 课程案例

案例 3-3

"逸趣东坡，一起爱地球"社区实践课程

"逸趣东坡，一起爱地球"社区实践课程是以社区教育的形式，让学生在愉快、轻松的氛围中亲近大自然，更多地关注周围的世界，关注自己的社区和环境，从而更好地保护环境，在学生的幼小心灵播下环保的理念，也让学生感受到大自然的魅力和神奇，立志做环境保护的小卫士。在家长委员会的热情帮助下，学生搜集环保材料，享受废物利用的乐趣。学生来到东坡路社区绿化带，参加"种花种树种春天"的社区服务活动，社区的环保志愿者向大家讲解了杜鹃花的来历和种植方法。希望学生能保护环境，爱护植物，为我们的城市带来一片绿色！

案例 3-4

垃圾分类宣讲课程

在泡小西区中队辅导员的组织下，学生进行了一次宣讲垃圾分类进社区的活动，活动紧扣"垃圾分类我先行""垃圾分类是新时尚"的主题，向小区的居民们讲解了垃圾分类的重要意义及具体措施。

可爱的学生不仅设计了垃圾分类知识小课堂、垃圾分类标识大闯关，还有爱护家园捡垃圾等趣味活动，他们的奇思妙想引得全场掌声雷动，气氛活跃。在这样的肯定中，学生在传播垃圾分类理念的路上也行走得更加坚定。他们的目标宏伟而远大，不仅要让在场的居民都明白垃圾分类势在必行的重要意义，也想尽自己的绵薄之力让"垃圾分类是新时尚"的想法用行动传播到更远处。

相信在未来身负重任的路上，学生可以走进更多社区，可以号召更多居民把垃圾分类的理念传播下去。

案例 3-5

泡泡娃法制宣传系列课程

成都市青羊区依法治区领导小组、青羊区教育局和青羊区司法局联合组织了法制宣传教育活动，提倡以全民普法为基础，提高全民法律素质，弘扬法制精神，普及法律知识，让法律走进机关、走进乡村、走进社区、走进学校、走进企业、走进单位。

在教师和家长的带领下，同学们分成十个小分队，手拿宣传资料，散发平安青羊的安全传单，走进社区，宣传法制教育。他们沿着街道，走进商店，和路人交流，从羞涩到勇敢，从一开始的支吾到大声而流利，当他们完成了自己与第一个陌生人的交流后，都露出了胜利的笑容。迈过第一个心理上的坎儿后，他们变得从容而自信，"叔叔、阿姨、婆婆、爷爷"，他们稚嫩的叫声吸引了陌生的人们。在班主任的教导下，学生礼貌地递上宣传资料，有条有理地介绍自己和活动宗旨。这次活动不仅起到了宣传法律知识的作用，同时也锻炼了学生与陌生人交流的勇气，既锻炼了他们的交谈礼仪，又提高了他们口头表达的条理性。

（四）红领巾行走课程

红领巾行走课程以生态式教育培养完整儿童为设计理念，以家长资源为依托，充分把握教育内涵，让学生走出课堂、走出校园，以参观、实地考察等为主要形式，在行走中不断增长见识（如图 3-5 所示）。

共筑有温度的育人体系

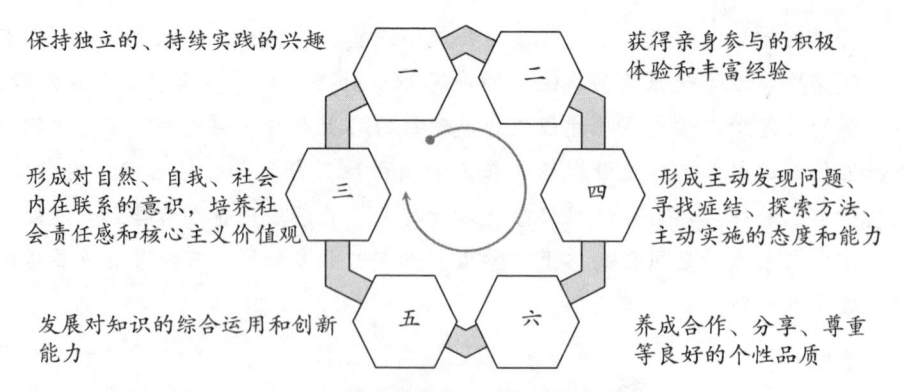

```
一  保持独立的、持续实践的兴趣
二  获得亲身参与的积极体验和丰富经验
三  形成对自然、自我、社会内在联系的意识，培养社会责任感和核心主义价值观
四  形成主动发现问题、寻找症结、探索方法、主动实施的态度和能力
五  发展对知识的综合运用和创新能力
六  养成合作、分享、尊重等良好的个性品质
```

图 3-5　泡小西区红领巾行走课程目标

课程以学生的兴趣和直接经验作为基础，以与学生生活密切相关的各类现实性、综合性、实践性为内容，以研究性学习为主，聚焦学生行为习惯的养成，培养学生责任意识、爱国情感、民族精神等（如图 3-6 所示）。

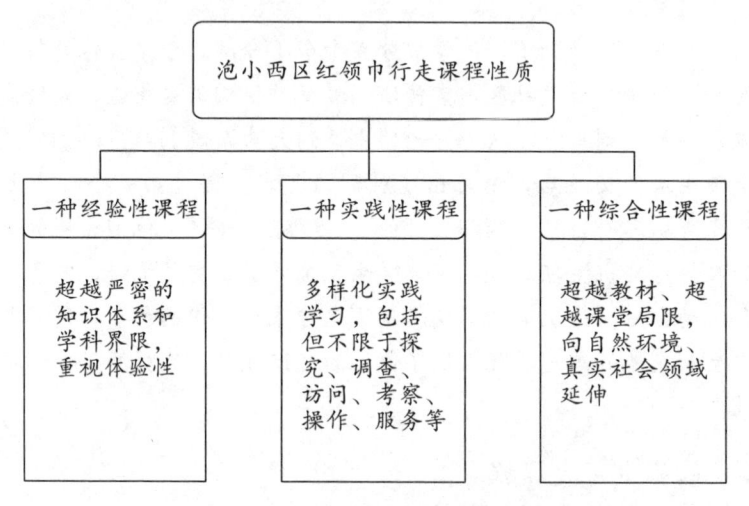

```
泡小西区红领巾行走课程性质
├── 一种经验性课程：超越严密的知识体系和学科界限，重视体验性
├── 一种实践性课程：多样化实践学习，包括但不限于探究、调查、访问、考察、操作、服务等
└── 一种综合性课程：超越教材、超越课堂局限，向自然环境、真实社会领域延伸
```

图 3-6　泡小西区红领巾行走课程性质

通过参观博物馆、科技展览，进行户外探索，考察自然环境等，学生主动参与和体验，更加深入地了解所学知识的实际应用和背后的现实意义，提高对世界的认知和理解能力，以获得更全面、深入的学习体验。

红领巾行走课程主题包括自然科学探索类、历史文化体验类、科技创新体验类、英雄榜样寻访类，具体如下（见表 3-7）。

表 3-7 红领巾小志愿者课程主题

课程主题	课程内容	适合年段
自然科学探索类	学生前往湖泊、河流等实地考察，观察植物、动物、昆虫等，了解它们的生态特征和相互关系，学习自然科学知识	小学低学段
历史文化体验类	通过参观历史遗迹、传统村落、博物馆、成都市规划馆等，了解历史事件、人物故事和文化传统，培养对历史文化的兴趣和家乡成都的喜爱	小学中高学段
科技创新体验类	通过科技园区、创业孵化中心等实地考察，学生可以了解创新创业的实际操作和成功案例，培养自主创造和团队协作的能力，畅想科技	小学高学段
英雄榜样寻访类	通过向社区一线人员、人民警察、消防员、西藏边防军人、退役军人等学习榜样的力量，帮助小学生了解和学习优秀人物的品质、事迹及对社会的贡献，在实践活动中真实体验社会主义核心价值观，了解祖国发展的背后大无畏的奉献精神	小学全学段

1. 课程实施

（1）实施方式。

在课程实施中，泡小西区建立双导师制度（如图 3-7 所示）。校内教师和专家学者共同构成了丰富的导师团队资源库，在保障正常教学秩序的基础上，也能使学生得到更加专业的支持和指导。

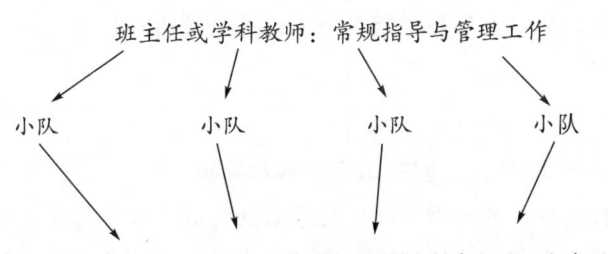

班主任或学科教师：常规指导与管理工作

小队   小队   小队   小队

专业导师：具体项目专业指导（家委会、社会资源）

图 3-7 双导师制示意图

在课时的设计上结合其特性，我们尝试了集中－分散相结合的实施方式。

第一，集中制。具体是根据课程内容，集中几天时间让学生进行研究型学习活动。集中制也分长课时和短课时。如六年级有为期一周的毕业探索课程，从班级选择研究项目、项目论证、研究方案设计、实地探索调查、阶段总结、信息整理、交流展示等，一周的时间能保证学习的效果，此为集中制的长课时；比如泡家厨房劳动实践课或者泡家农场课程需要整合课程为当天 2~3 节课时即可完成，此为集中制的短课时。

第二，分散制。分散时间可以是同一学科的不同类型课程，也可以是不同课程的同主题研究，还可以是从事社会实践、社区服务、现场调查等实践性研究，如 1 节班会活动+1 节信息技术课、1 节道德与法治课程+1 节博物馆课程或如 1 节思政课程+1 次寻访活动等。

泡小西区二年级的主题研究课程，如冬季研究银杏、语文课从银杏的诗歌进行欣赏、美术课制作银杏叶艺术品、道德与法治课研究银杏的品质、班会主要围绕成都市树（银杏树）的由来开展、劳动课带领学生学做白果炖鸡，家长周末带着孩子走遍大街小巷寻访城市里的银杏之美等，各个学科共同围绕一个主题开展。

（2）课程流程。

为了更好地开展红领巾行走课程，泡小西区探索出如下课程流程。第一，开展启动工作。根据课程教育目标，大队辅导员、班主任、家长委员会共同准备相关手续，告知所有家长。第二，整合资源。家庭、学校、社区联手设计红领巾行走课程，根据课程内容设计学生的行走手册。第三，行前准备。对学生进行安全教育，明确成员责任与分工，教师及家长提前进行现场踩点，学生查阅地图了解行程，制定安全预案准备，上报教育局安全办。第四，正式活动。按照计划和方案，在教师和家长的带领下开展红领巾行走课程。第五，结束评价与展示。行走课程结束时，可以进行评价和展示活动。学生可以展示他们的学习成果、经验分享，并参与对整个行走课程的评价和反思。

2. 课程案例

案例 3-6

红领巾行走课程案例

在家校社协同育人的理念下，依托家长的资源，真实感受成都市日新月异的发展，深切体会成都作为国家中心城市的发展状况，让学生在社会生活中看到敬业的成都人，培养学生对家乡的自豪感，培养他们不怕困难、坚韧不拔的精神，学会感恩社会、感恩家长，珍惜现有生活，泡小西区组织联合了成都市规划馆、成都市公安消防支队特勤大队三中队和联想（西部）产业园开展了以下实践活动。

做城市小主人　览成都发展历程

在第一站中，围绕"我爱家乡"的主题，学生带着以"了解成都市规划馆""了解我们的成都"和"童心画成都"的任务单走进成都市规划馆，开启家乡成都的发展之旅，在行走中培养了学生的主人翁意识和城市归属感，激发了学生对家乡的热爱与向往。

感受榜样的力量

在第二站中，围绕"榜样力量"的主题，学生以"采访无名英雄""听一听消防员叔叔讲救火时的故事"和"跟着消防员叔叔认识消防工具"的体验活动走进成都市公安消防支队特勤大队三中队，学习榜样的力量和相关消防安全知识。通过寻访，从英雄身上汲取力量和启示，增强自身的责任感和使命感，培养正确的价值观念和行为规范。

"桐"心畅想未来

在第三站中，围绕"科技畅想"的主题，学生参观了联想（西部）产业园，走近联想仓库，了解生产电脑的步骤，听一听联想集团的发展，使学生明白了工人的工作意义。在科技畅想中逐渐培养起对科学的兴趣和好奇心，促进科学素养的提高。同时拓宽职业视野和创造力，积极思考未来科技可能的发展和运用，在未来职业选择中更加明确自己的兴趣和方向，为自己的未来发展做好规划。

第三节　家长成长课程体系

一、课程内涵

家庭教育是学生的教育起点，并将伴随他们一生，父母为其提供家庭教育。家长成长课程是以家庭教育组织者为对象，给家长提供教育未成年人的科学知识和技能，培养他们正确的教育态度和观念，使其能更有效地了解并执行自己的职责，促进家庭关系的和谐，提高家庭教育活动效率，实现家庭幸福的教育活动过程。[①]

---

① 支林. 天津市小学家长学校课程开发研究 [D]. 天津：天津师范大学，2020：1-46.

家长成长课程的实质是以家长相关经验为出发点，为其构建成长的支持系统，通过理性的反思改进其育儿经验。[①] 泡小西区通过家长成长课程充分发挥了主阵地和桥梁的作用，帮助指导家长成长和家庭建设，找到科学的教育方法，从而提升家庭教育效能。

二、课程理念

家长成长课程是形成教育合力的重要纽带，既要考虑到学校发展的目标，也要考虑到家长的实际需要。课程实施既要有共性，也要有个性。课程形式上既要讲究理论性，又要强化实用性。课程内容上尽量贴合家长的需求，有针对性地解决问题，帮助家庭树立正确、科学的教育观念，指导家庭实施有效的家庭教育方法，更好地助力学生成长和家庭建设。

泡小西区家长成长课程坚持家校社协同育人理念，以"立德树人"为育人根本任务，发挥学校的主阵地和桥梁作用，积极整合各级、各类家庭教育资源，协同育人，指导并帮助家长成长和家庭建设，让泡小西区成为一个友爱互助、充满温暖的大家庭，让学生在爱的滋养中学会"健康生活、智慧学习、快乐成长"！学校建设"一中心，三梯队"家校共育队伍，让校级家长委员会、年级家长委员会和班级家长委员会三级联动，充分尊重家长自主性学习特征，注重家长的已有经验，引发家长的深度参与。

三、课程目标

家长成长课程可以帮助家长精准地发现问题，寻找解决策略，能指导家长科学地化解问题，巧妙地化解困境，具体来讲，分为预防性课程目标、改进性课程目标、发展性课程目标三级。

预防性课程目标是指提高家长对家庭教育问题的预见性和家庭教育的适应性，使家庭教育能够做到未雨绸缪和防患于未然。泡小西区家长学校课程主要针对特定年龄段和特定家庭类型的家长，帮助家长预防家庭教育中可能发生的各种问题。

改进性课程目标是指帮助家长解决家庭教育存在的问题，帮助家长摆脱家庭教育的困境。家长沙龙课程就是针对家庭教育观念、态度、方法、行为等方面存在问题的家长进行沟通，以指导其更好地解决亲子问题。

发展性课程目标是指帮助家长谋求理想化的家庭教育结果，改善家长的家

---

① 洪明. 学校家长教育课程建设的基本构想[J]. 中国教育学刊, 2021, (3): 14-18+44.

庭教育观念、方法、行为。发展性课程是面向全体普通家长的。泡小西区的家长体验课程就是家长通过到校体验、当志愿者等方式参加学校活动，从中看到学生发展的多样性及其他家长的智慧教育。

四、课程内容

泡小西区家长成长课程基于家庭教育观念和行为、家长角色成长、家长和孩子有效沟通、家长深度体验学校生活四个维度，设置家长学校课程、家长体验课程、家长沙龙课程、家长讲坛课程四大类课程，按照儿童年龄发展阶段，按由低到高呈螺旋式上升，形成科学化、系统化、规范化和相对稳定的课程内容体系（如图3-8所示）。

家长成长课程
- 家长学校课程
  - 一年级：做好入学的准备
  - 二年级：做孩子成长的引路人
  - 三年级：亲子阅读的快乐
  - 四年级：和孩子相处的艺术
  - 五年级：青春期孩子的家庭教育
  - 六年级：中小学衔接系列
- 家长体验课程
  - 家长开放日
  - 家长会
  - 家长志愿者
- 家长沙龙课程
- 家长讲坛课程

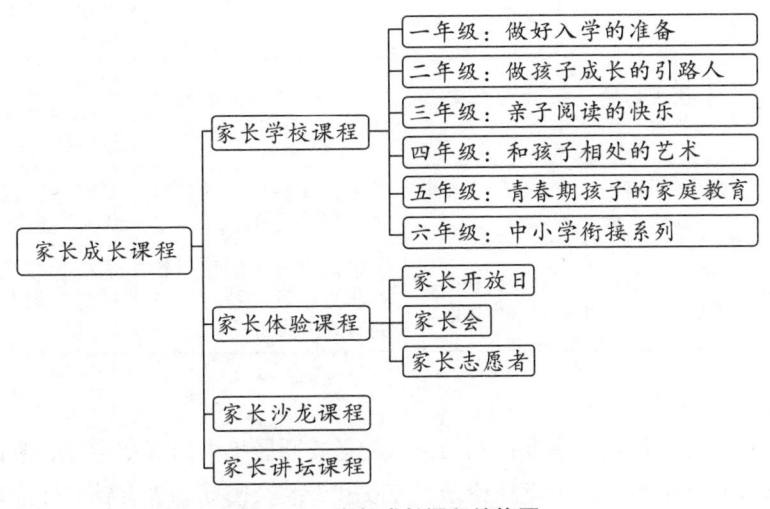

图3-8 家长成长课程结构图

（一）家长学校课程

1. 课程内容及结构

家长学校教育是家庭教育指导者以家庭教育主体（家长）为对象，以提高家长家庭教育胜任力为目的，以科学的家庭教育知识、技能、动机、情意、思维方式和行为模式等为主要内容的教育培训活动，家长学校教育属于成人教育活动。成人课程要尊重家长已有经验，帮助家长完成经验改造，丰富并完善家长过去的经验，从而建构出新的图式。从这个意义上说，家长学校课程的实质是以家长相关经验作为出发点，为其构建成长的支持系统，通过理性的反思促使其对育儿经验不断地进行改造（见表3-8）。

表 3－8　家长学校的课程及结构

年级	课程主题	课程目标	主要内容	主要形式
一年级	做好入学的准备	帮助孩子适应一年级	1. "适应"的具体内容（学习、人际、环境）； 2. 适应困难表现； 3. 家长对待孩子入学的常见问题； 4. "适应"问题的家庭指导策略	入学咨询与指导
二年级	做孩子成长的引路人	培养孩子的好习惯	如何培养孩子良好的行为习惯和学习习惯	专家讲座、优秀育儿经验分享
三年级	亲子阅读的快乐	培养孩子的阅读习惯	如何培养孩子良好的阅读习惯	专家讲座、实例分享亲子阅读的做法
四年级	和孩子相处的艺术	亲子关系更为融洽	"心平气和"的父母养成记、大脑神经科学	专家讲座、实例分享具体的解决矛盾的小妙招
五年级	青春期孩子的家庭教育	和孩子沟通更有效	了解青春期孩子的发育特点和常见的问题	专家咨询和指导、优秀案例分享
六年级	中小学衔接系列	了解小升初的过程，减少焦虑	了解初中孩子的学习特点和身心发展特点、做到有效沟通	学校提供咨询和指导、衔接问题指南

2. 课程实施

以年级为单位，分主题以圆桌论坛的形式开展集中培训和指导。邀请专家到校进行专题讲座、线上直播论坛、家长和专家亲密互动等有针对性地解决家长的困惑。

一年级至四年级两个月举办一次，五年级和六年级三个月举办一次，特别优秀的案例可作为全校推广，利用学校公众号进行宣传和指导。

3. 课程案例

案例 3－7

2022 级新生家长系列培训

教育的根本是立德树人，而家校社协同育人则是落实立德树人根本任务的重要基础与前提保障。在新时代教育的召唤下，学校被赋予了新的历史使命和责任。敞开校门，携手家庭与社会，共创共建大教育生态环境，共同呵护和助力学生的健康成长。学期始，泡小西区用近三个月时间开展了 2022 级新生家长系列培训，新晋泡泡家长在进一步走进、了解学校的基础上认识到了新时代家校共育的重要性和深刻意义，以及家庭教育在学生一生成长中所发挥的重大作用。

为了缓解家长的焦虑，学校借助成都市开放大学"蓉E家教"平台，学校组织家长们收看了由刘立频老师带来的"做焦虑时代的幸福父母"的直播讲座。

在开学初新生家长问卷调查中，普遍家长反映学生专注力不够，静不下心。于是，学校会根据家长需求，特邀请到成都市青羊区家庭教育指导中心科研室主任专家李萍老师为家长开展了"培养孩子专注力的三个关键"的培训讲座。刘老师从危机的概念入手，引申到家庭教育中面临的种种问题，如儿童心理问题、品德问题、家庭关系紧张等。面对这些难题，刘老师指出恰当的危机应对办法，可以促进孩子和父母共同成长和成熟，而不恰当的应对措施则会给家庭造成巨大的创伤。对此，刘老师提出"家长三元核心理念素养"，从"方法""学习""爱好"层面给予家长们指导，帮助大家最终成为"幸福家长"。

刘老师除了教授家长们如何在生活中"训练"学生专注力的小方法外，还特别讲到，家长要明确自己的责任担当。家长是家庭教育的主体责任人，家庭教育是学校教育的基础，只有依法科学教子，从小培养学生的学习生活习惯，他们才可以身心健康地成长。

（二）家长体验课程

1. 课程内容及结构

家长体验课程通过体验"服务""监督"和"了解"三大原则，分别设置家长开放日、家长会、家长志愿者三大主题活动，使家长进一步深度参与学校各项活动，家长体验课程是泡小西区家长成长课程的重要组成部分。

家长开放日：家长开放日是让家长走进学校、走进课堂和学生同上一堂课、共同参加一次活动，在共同的学习和情感体验中助力亲子关系发展。

家长会：家长会是家校交流过程中的传统形式，尽管现在家校交流的途径日益丰富与多样，但是家长会具有不可替代的优势，是一项很有效的家校沟通的方式。针对泡小西区不同的年级会有不同的主题，从学生的学习习惯、行为习惯和生活习惯等多维度对学生在校的学习、生活等方面与家长进行汇报沟通。

家长志愿者：泡小西区家长志愿者在班级家长委员会、年级家长委员会及学校家长委员会的三级联动下，积极参与学校志愿者服务，在食堂监督、上学放学交通安全、重要活动中都担任着重要的志愿者角色，为全校学生服务（见

表3-9）。

表3-9 家长体验课程内容及结构

主题	课程内容	主要形式
家长开放日	一年级主题："爱使我们在一起"入校活动、"好好学习 天天向上"入队活动 二年级主题：融合课程（我和银杏有约） 三年级主题：成长大片 四年级主题：阅读经典 润泽童年 五年级主题：真情相约 约定幸福 六年级主题：感恩母校 放飞梦想	"重返校园 回到童年"暨家长学校开学典礼、家长进课堂听课、毕业典礼
家长会	一年级主题：心平气和的一年级 二年级主题：沟通、交流、合作、共享 三年级主题：同心同行，静待花开 四年级主题：做孩子成长道路上的引路人 五年级主题：了解我们共同的孩子 六年级主题：小升初不焦虑	优秀育儿经验分享、每学期期初、期末两次面对面沟通
家长志愿者	阳光食堂的监督 安全守护我来行	参观食堂、查验食堂原材料、和孩子共进午餐、上学放学校门口执勤

2. 课程案例

案例3-8

校园安全大使——家长志愿者的守护与担当

每天清晨的校园门口，不仅有小泡泡爽朗的笑声，还有穿红马甲的"校园安全大使"家长志愿者忙碌的身影。在上学和放学高峰期人流密集或车辆拥挤时，家长志愿者自发组织护卫队，风雨无阻轮流守护学生的安全。

案例3-9

新生家长开放日——重返校园 回到童年

2021年9月5日，伴随着一首首熟悉的儿歌，2021级新生家长学校开学典礼"重返校园 回到童年"拉开了序幕。泡泡家长坐上了"时光机"来到了蓝色校园，体验了久违的小学时光。

在庄重而严肃的国歌声中，升旗仪式开始了。美丽的五星红旗冉冉升起，大泡泡时隔多年，再次面向国旗行中国少年先锋队队礼。胸前飘扬着的红领巾，《泡西教师宣言》《泡西家长宣言》无一不让大家兴奋、激动和感动。周英校长的致辞更是令泡爸泡妈深切感受到教育的神圣和美丽。"营造影响孩子一生的氛围，促进每个孩子最大可能的发展"，从此我们将共同携手，一起追寻和谐教育的梦想。

案例 3-10

家长会

2023 年 3 月，学校组织召开各年级家长会，会上各班班主任结合本班情况分享了科学的教育理念，指导家长正确教育学生的方法，明确家长的监护责任，同时给家长分享了青少年常见的心理问题及如何识别干预，引导家长关注学生心理健康，建立良好的家庭氛围，让学校和家庭能共同维护学生的身心健康，一起为爱助航。

（三）家长沙龙课程

1. 课程内容及结构

家长沙龙课程是在教师的指导下，让家长与家长聚在一起，共同讨论与分享家庭教育的困惑与经验，同时也可以通过头脑风暴的方式，激发家长与教师的教育灵感，是家长和教师交流经验的一种新方式。通过家长沙龙课程，家长和教师之间、家长与家长之间是双向的交流，这有益于激发家长学习的兴趣，而且益于教师对其指导更具有实效性（见表 3-10）。

表 3-10 家长沙龙课程内容及结构

年段	课程主题	课程目标	课程内容	主要形式
低年段	亲子活动	建立和谐的亲子关系	一年级不焦虑，正确的教养方式，和孩子有效沟通	主题沙龙分享、讲座
中年段	好书分享	家长学习育儿经验	育儿好书的推荐大师	家长读书分享会
高年段	疑惑解答	减少对孩子成长的焦虑	平常心面对青春期和小升初的衔接	专家讲座、案例分享

2. 课程实施

课程实施方式主要由经验分享和专家答疑两部分组成，分年段主题邀请专家进行专题讲座和分享。地点可以是在学校，也可以利用社区资源，同时要对典型的问题进行案例收集以便于进一步的指导。频率是每学期一次到两次。

3. 课程案例

案例 3—11

拥抱双减　做智慧父母
——"双减恰逢叛逆期　该如何处理"家长沙龙活动

自"双减"政策实行以来，社会各层面都发起了广泛的关注和讨论。为了进一步加深对"双减"政策的理解，缓解家长的焦虑，2021年12月15日上午9时泡小西区邀请李萍老师在东坡路社区党群服务中心召开了"双减恰逢叛逆期　该如何处理"主题家长沙龙，泡小西区2019级近20名家长代表参加了本次沙龙活动。

在分享交流环节，来自2019级10班的吕爸分享了自己对"双减"的理解和感受，并提出疑问："双减"以后，周末等课后时间段没有了学科培训，家长与孩子该如何把握学习的节奏？在听了吕爸的分享和疑问后，与会家长纷纷表示深有同感。李萍老师在解答疑问时还指出，双减并不是不让学生学习了，而是减掉过重的负担和不必要的负担。学生的成长不应只有学科学习一件事，他们需要休息、运动、娱乐，他们的健康成长也需要家长的陪伴。李萍老师指出过度地强调学科学习不利于学生的身心健康，从吴谢宇弑母等案例可以看出，学科成绩的优异并不等于学生成才。在历经了几十年的学科培训，过重的课业负担耗费了大量社会资源的同时并未对培养国家需要的人才产生助力。"双减"政策推行的同时，国家层面对学校课堂教学质量、课后作业质量、课后托管质量也提出了相应的要求。专业的事让专业的人来做。作为家长，应该相信学校会给学生一个良好的学科教育环境；作为家长，应该多陪伴学生，多关注学生的身心健康。

有家长在听了培训后，表达了对学生中考分流进入职高的担忧。李萍老师指出，国家的发展需要各种不同类型不同层次的人才；与此同时作为家长也要以发展的眼光来看待今天的职高教育。李萍老师以金牛区财贸职业高中和青羊区青苏职业高中的优秀学生为例，告诉大家在职高也是可以成长成才的。

培训结束后，部分家长意犹未尽地围着李萍老师，不停地请教着家庭教育中遇到的各类问题，李萍老师都一一做了详细解答。家长沙龙虽然结束了，更长远的家庭教育之路还需要我们去一步步实践，希望我们在未来的家庭教育之路上都能拥抱"双减"！

（四）家长讲坛课程

家长讲坛课程可以让不同职业特征、不同人格魅力和不同生活经验的家长参与到学生的学习生活中来。家长走进课堂，不仅和孩子之间有更深入的互动，同时家长也能把角色转变成教师，增加其对教师工作的了解，为构筑良好的家校关系起到促进作用。

第四章 家校社协同育人案例

学校、家庭、社会是影响学生成长的三个重要环境场所，三者的合作是教育发展和进步的内在需要，三者各司其职、各尽所能、紧密结合、融会贯通，才能筑建更加生态的教育大环境，确保学生全面发展。

泡小西区自成立以来，一直秉承办学生喜欢、家长满意、教师幸福、社会向往的学校的办学宗旨，在健康生活、智慧学习、快乐成长的办学理念引领下，坚持学生、教师、家长三位一体，以教育信息化和家校共育两翼共同推动学校发展。泡小西区坚持家校共育，开展家长学校课程、校长有约、家长沙龙、家长开放日、家长讲坛、红领巾行走课程、泡家厨房劳动实践课等一批特色家校社协同育人项目，家校社携手力求达到促进每个人最大可能的发展的办学目标，培养德智体美劳全面发展的社会主义建设者和接班人。

在家校社协同育人机制中，泡小西区把"立德树人"作为家庭、学校、社会协同教育的共同目标和前提，发挥着教育的主阵地作用，不断整合和优化家长和社会资源，打造家校社协同育人的生态环境。在家校社协同育人实践中，学校教师团队发挥着家校社联系的纽带作用，承担着课程开发、活动组织、引领指导等责任；学校指导家长委员会吸纳认同学校办学理念、关注学校发展和学生群体发展的家长志愿者组建队伍，为优化办学环境和条件提供更多的支持，争取更多的教育资源，搭建家校沟通的桥梁，进行家校社协同育人活动的协助，为活动开展提供保障供给；学校沟通社区和社会公益组织为学生的成长提供优质教育资源，共同组织学生活动，共建校本特色课程。家校社协同育人打造育人全链条，形成了泡小西区家校社协同育人的办学特色。

在实践过程中，教师、家长、社会志愿者根据教学和活动的实践进行思考和总结，形成本章的家校社协同育人案例，包括相关论文成果及教育故事。其包括六个主题，分别是：发挥家长专业优势，形成家校共商合力；家校共商有效策略，转化学生不良行为；家校共享教育智慧，消除学生学习困难；机智化解家校冲突，形成智慧沟通策略；关注孩子内心动态，适时纾解心理压力（包括特需儿童）；积极进行社区合作，扩增学生成长通道。

其一，发挥家长专业优势，形成家校共育合力。泡小西区坚持以家长资源引进来、学校课程走出去，通过学校教师的组织引领，发挥各社会领域家长的专业优势，将学校、家庭、社区的教育力量进行有机融合，用家庭和社会的教育优势来弥补学校教育的局限，丰富学生学习生活的真实情境，致力于学生学会生存的本领，为终生幸福生活奠定基础。本主题主要围绕发挥家长专业优势，形成家校共育合力，涵盖社区实践活动反思、学校劳动课程开展、家长委员会的组建与功能、家长讲坛课程开展、"双减"背景下家校共育的途径和思考及从家长角度对家校社协同育人的思考等。

其二，家校共商有效策略，转化学生不良行为。自党的十八大以来，党中央高度重视学校思想教育工作，提出要把立德树人作为教育的根本任务，实现全员育人、全程育人、全方位育人，开创我国教育发展新局面。当学生产生不良行为时，要发挥"全员育人"的机制，联合学校、家庭、社会三方力量，采用"育人为本、德育为先"的策略，满足每个学生个性发展的需要，转化学生的不良行为。本主题主要围绕家校共商有效策略，转化学生不良行为，涵盖通过表扬激发学生内在动机的学生评价方式研究、离异家庭学生不良行为的干预研究、学生不良行为转化的班主任工作经验介绍、转化学生不良行为的教育故事等内容，也包含家长应配合学校转化学生不良行为。

其三，家校共享教育智慧，消除学生学习困难。为了每个学生个性发展的需要，以发展的眼光看待每个学生，面对学生学习的差异，教师与家长要因材施教。在教育实践中，学习上的后进生是一个无法避免的话题，面对学生学习困难的问题应家校联手，积极引导。学习困难若得不到及时帮助，便可能衍生出其他心理问题、行为问题，影响学生的身心健康成长，甚至会给学校、家庭和社会带来不良后果。本主题主要围绕"家校共享教育智慧，消除学生学习困难"，内容涵盖了学科学习方法介绍、家校合作助推学生学习习惯养成、"双减"背景下形成家校教育合力的新挑战及策略和家长对于帮助学生消除学习困难的思考。

其四，机智化解家校冲突，形成智慧沟通策略。学校教育中，家校沟通是永恒的话题。家校冲突时有发生，给学校和教师造成负担，甚至导致教学工作步履维艰。机智化解家校冲突，建立良好的家校沟通途径，是学校面对家长工作的重要内容，也是每个教师的必修课。怎样让家长成为学校和教师开展教育路上的好伙伴，将学校教育与家庭教育形成合力，共同推进学生进步和成长，是值得教师和家长深入研究的课题。本主题主要围绕"机智化解家校冲突，形成智慧沟通策略"，既有经验丰富的班主任之间的策略沟通，又囊括年轻教师如何用爱心与真诚赢得家长的信任和支持，还包含家长对于家校沟通和班级建设的建议和思考。

其五，关注孩子内心动态，适时纾解心理压力（包括特需儿童）。教育事业科学发展应坚持以人为本，全面实施素质教育，促进学生的全面发展。素质教育面向全体学生，教育公平更体现为将每个学生都培养为有用之才，让每朵花都开花结果。小学生处于生理、心理快速成长和发展时期，面对学习、生活、人际交往等诸多方面，易产生各类心理压力，心理压力过大可能诱发心理问题。学校教育、家庭教育更应关爱、呵护每个学生，走进每个学生的内心世界，关注学生的身心健康。本主题主要围绕"关注孩子内心动态，适时纾解心理压力（包括特需儿童）"，内容涵盖融合教育下特需儿童的教育管理研究、班级管理中关注学生心理健康的教育故事、小学生情绪管理教育案例，也包含家长对于纾解孩子心理压力的思考。

其六，积极进行社区合作，扩增学生成长通道。社区教育是我国教育事业的重要组成部分，蕴含丰富的教育资源，开放和共享社区资源，能够对学校教育进行进一步拓展和补充。只有学校教育和社区教育相结合，才能贯彻"立德树人"的根本目标，培养学生具有一定的社会责任感，感受到自己作为"小公民"的发展对社会的重要意义。本课题主要围绕学校积极进行社区合作，扩增学生成长通道，介绍了学校德育课程家校社一体化共建、社区少年宫课程、红领巾行走课程、社区反哺课程、非物质文化遗产灯彩课程、社区环保活动等内容。

第一节　家校社协同育人相关成果

凝聚家校"向心力"　画好育人"同心圆"

摘要：对于学生的教育，教师应该充分认识到家校共育的重要性。扩大和加强家长参与学校教育的广度与深度，为家长提供更多展示的空间、更好的合作平台，充分利用好家长这一丰富资源，形成家校社三位一体多角度、多方位育人，充分挖掘可利用的家长资源，给学生提供更多样、更全面的教育资源。

努力发挥"文明共建、家校共育、同舟共渡"的积极作用，发挥家长在学校教育中的价值与作用，使其与学校共同成长，成为班级建设中的重要力量，提升家校共育的可行性。

关键词：家校共育　家长资源　教育资源

作为一名班主任接手新班级，在制定治班策略和目标时，一定要把握班上学生和家长的情况，才能在六年的教育教学中做到有的放矢。开学初，通过重返校园等家校共育活动，和家长初步建立了信任，也在分享家庭合照环节中了解到学生的家庭成员信息，在活动过后将这些信息进行整理，建立了学生的家庭构成、家长的职业、文化背景、特长等方面的家长资源库。各家长不同的职业背景、专业能力和社会关系，都是家校共育中可挖掘的丰富的教育资源。为了学生的成长发展，教师结合学校丰富的家校共育课程和家校共育活动，鼓励家长参与学校建设与班级管理。随着家长家校共育意识不断提高，班级中越来越多的家长会参与进来，通过家校共育活动给予学生正面积极的引领，给予班级其他家长更多的经验参考，给予教师更多的帮助与支持。

一、挖掘共育资源，培养学生良好习惯

家长具有学校教师不具备的其他职业的特点和专业技术，这些丰富的家长资源，能为学生提供其他方面的丰富多彩的教育。

一年级正是学生习惯养成的关键时期，在科任教师的合力下，从整理习惯、清洁意识和安全纪律上对学生进行培养，但是学生的自我约束能力较弱，需要及时提醒他们。如何发挥家校合力，可否邀请家长进校园开展活动，以榜样的力量影响学生，成了笔者思考改变现状的重点。走进开学初建立的家长资源库，笔者发现班里有位军人家长，便立即跟这位军人家长进行了沟通，说明了想法与来意。之前建立的良好的家校共育氛围给了这位家长信心，他表示非常乐意来校分享。家长进校前期与教师进行了多次沟通，围绕学生的习惯养成方面找到了切入点和训练点。家长进校活动当天，学生准备了手工礼物以表达对军人的崇拜，家长也给学生准备了文具，双向的心意让班级氛围充满了浓浓的爱。军人家长给学生讲军史、讲军人纪律、讲军人光荣、讲军人生活，通过折被子、物品摆放等一系列活动，让学生意识到收拾、整理的重要性，同时训练学生队列站姿，培养整理好习惯，给学生种下军人梦的种子。活动结束后，笔者发现学生的队列整齐了，站姿端正了，上课时坚持听讲的时间长了……利用军人家长榜样的力量促进学生养成习惯。

家长资源一直处在动态生成和调整中，需要班主任灵活捕捉和挖掘并合理充分利用。家长的爱心和责任感也使他们愿意接受教师的邀请，为学生的成长做一些力所能及的事情。有了这次成功的案例后，后来，笔者又在资源库中找到擅长设计的家长走进班级，笔者和学生一起进行班级文化建设、班级环境打造，他们的建言献策、动手创作让我班的班级环境处处充满了育人的小细节，温馨宜人。

在家长参与的过程中，学生的自信心得到了增强，对家长的敬畏之情也油然而生，感觉自己的家长是最棒的，有了这样的认知和感情，家庭教育氛围也随之变得轻松，学生更愿意听从家长的话。挖掘可共育的家长资源，达到多向互利的效果。

二、提供共育平台，回应关注需求

搭建班级和家长之间交流分享的平台，能更好地了解、关注家长的需求和想法，以调动资源，从而更好地解决问题。

学生的健康安全是工作中的重中之重。家长对于孩子的健康问题更加重视，但对如何有效防护、疫苗接种会不会有副作用等问题产生了许多疑惑。作为班主任首先稳住家长的情绪，给予学生更多的关心。结合班级现状，笔者在家长资源库中找到了两位权威医院的专业医生，希望他们能用专业的知识为班上家长答疑解惑。两位家长马上在班级平台上给家长科普疫苗知识，图片、视频和联系自身经历的疏导有效缓解了家长的焦虑情绪，家长对疫苗接种的担心和疑虑被打消了。

在两位家长的带动下，更多的家长加入了讨论交流。之后，家长对于其他方面的问题也会在班级平台上进行讨论，笔者也做到了密切关注、回应。通过班级平台分享的方式让家长能及时沟通，并解决当下大家关心的问题，给予学生关爱，传递家庭和班级正能量。

扩大和加强家长参与学校教育的广度与深度，为家长提供更多展示的空间、更好的合作平台，充分利用好家长这一丰富资源，形成"家校社"三位一体，多角度、多方位育人；利用家长可提供的资源，让学生能接触到更多样、更全面的教育。努力发挥"文明共建、家校共育、同舟共渡"的积极作用，发挥家长在学校教育中的价值与作用，使他们与学校共同成长，成为班级建设中的重要力量，提升家校合作的可行性。

泡小西区　杜柳蕙

"双减"背景下家校共育的现状及实施途径

摘要："双减"已经成为当代教育的背景。为了更好地落实"双减"，更好地完成教学教育任务，学校积极配合"五项管理"的各项要求，严格坚持帮学生减压、减负；各教师更是积极配合《关于进一步做好义务教育课后服务工作的通知》，着力关注学生的全面素质教育和全面发展，让校内的"双减"改革全课程、全覆盖。在"双减"的教育背景下，如何将家庭教育与学校教育结合起来，实现优势互补，推行家校共育模式是十分有必要的。家校共育能将学生校内校外时间合理整合、有效利用，既能提高学校教育教学的质量，又能促进学生素质和能力的提升，还有助于营造良好的家庭氛围，培养全面发展的新时代好少年。但现阶段家校共育模式还存在一些问题，因此本文对目前家校共育模式的意义和现状进行简要的分析，并提出在"双减"背景下实施家校共育模式的有效途径。

关键词："双减"政策　家校共育　现状　家长参与

一、"双减"背景下家校共育的意义

"双减"政策旨在减轻中小学生课外负担，提高教育质量，让学生享受快乐而有意义的童年。这对教师、家长和学生都提出了新的要求和挑战。教师要回归教学本质，承担教书育人的责任；家长要提高家庭教育水平，积极参与家校共育；学生要主动学习，培养综合素养。家校共育是指家庭和学校在相互尊重、理解、支持和协作的基础上，共同为学生的成长发展提供良好环境和条件的过程。它是一种以爱为基础、以情为纽带、以心为桥梁有效地开展教育活动。在"双减"背景下，家校共育具有以下重要意义。

（一）家校共育可以统一培养目标

"立德树人"是中华民族传统美德和现代社会价值观的集中体现，也是国家教育事业发展规划和法制化管理轨道所确定的核心任务。通过家校共育可以让家长了解并认同这一目标，并在日常生活中给予他们正确的价值引领。

（二）家校共育可以协调培养方式

"双减"政策要求教师主动调整教学方向和思路，确保教育教学工作回归自然、回归课堂。这就需要家长配合并支持教师的工作，在课后辅导孩子完成作业，在课余时间安排适当的休闲活动，在假期安排合理的旅游计划等。

（三）家校共育可以丰富培养内容

"双减"政策不仅要关注学生的知识掌握程度，更要关注学生的综合素养培养。这就需要家庭和学校在传授知识之外，还要关注学生的行动能力、实践能力、创新能力、人际交往能力等方面，并通过各种形式的活动促进学生全面发展。

（四）家校共育可以增强培养效果

"双减"政策既给学生更多自由空间探索世界，也给他们更多责任去规划未来。这就需要家庭和学校给予学生足够的信任和鼓励，并及时反馈他们在各个方面取得的进步或存在的问题，并给予合理建议或指导。

总之，"双减"政策提供了一个重新审视并优化学习方式的机会。再从双减的本质要求来看，其实家校共育一方面是让学生有着全天、全时的学习机会；另一方面，家庭与学校的共同教育能够使学生在知识不断增加与深化的同时，行动能力、实践能力和为人处世的能力都会得到提升。所以家庭教育并不高深，家长只需要尊重常识，就能让家庭教育峰回路转、柳暗花明。当中小学的学生经受过这样的影响后，他们会面对学习更有信心，面对生活更加自信。

二、"双减"背景下家校共育的现状

在"双减"颁布之前，我国在教育培训方面还存在许多的问题，如校外培训机构不正规、相关规范制度不完善，培训机构乱收费导致培训费用逐步升高。"双减"背景下教育教学的开展，其实是非常顺利的，因为大家价值观念的改变，让学生的减压、减负成了一件很有必要的事情。就是在这样的背景下，中小学活动会选择使用家校共育的方式减轻学生的学习压力、作业压力与课堂压力，这样的家校共育的减压模式能帮助学生在家庭和学校两方面进行学习，不再局限于课本知识、课堂知识和家庭作业，而是能够投入生活之中，感受更多来自生活的教育。虽然家校共育的减压模式很有效，成果硕丰，但是在实际的中小学家校共育活动中，依然存在一些问题。首先，教师与家长没有办法时刻做到言语和行动上的统一。在当前的中小学家校共育活动中，双方的沟通方式较为形式化，部分家长对教师存在不信任、不理解的情绪，双方无法就中小学生真实学习现状达成共识，根本无法通过家校共育引导学生查漏补缺。

三、"双减"背景下实施家校共育模式的有效途径

（一）提升家长的家庭教育责任感，积极参与家校共育

家庭教育是学生成长过程中不可或缺的一部分，它对学生的思想品德、学习习惯、人际交往等方面都有着重要影响。因此，教师要让家长认识到家庭教育的重要性和必要性，并引导他们提高自己的家庭教育责任感。为了达到这个目的，教师可以采取以下措施：通过各种渠道向家长推荐一些有关家庭教育理论和实践的书籍、视频、讲座等资源，让他们了解现代家庭教育的特点和方法；在与家长沟通时，及时反馈学生在校表现，并指出学生在家庭中存在的问题和需要改进的地方，给予合理建议和指导；鼓励家长多关注、多陪伴、多交流、多引导学生，在日常生活中培养学生良好的行为习惯和道德素养；邀请家长参与到学校组织的各种活动中，如亲子活动、志愿服务、主题讨论等，增进他们对学校工作和教师努力的了解和支持。

进行家校共育并不意味着把教育责任全部推给家长，而是希望形成一种良好合作关系。教师要尊重家长在孩子成长过程中所起到的独特作用，并给予他们必要的协助和支持。只有这样才能够真正实现以爱为基础、以情为纽带、以心为桥梁地有效地开展教学。

（二）利用各种交流平台，实现家校之间深度交流

家校共育是一种有效的教育模式，它能够让家长和教师共同参与学生的成长过程，为学生提供全方位的关怀和支持。要实现家校共育要做好建立家长与教师之间的良好沟通机制这一前期工作。

班主任作为学生在校园中最直接的指导者和管理者，有责任和义务与每个学生的家长保持密切联系，及时反馈学生在校表现，并了解学生在家庭环境中的情况。班主任可以通过多种方式与家长沟通，如定期召开家长会，利用QQ、微信和电话等社交媒体建立家长分组交流平台等。这些方式都能为班主任和家长提供一个便捷、高效、友好、互动的沟通空间。在沟通过程中，班主任要注意以下几点：尊重家长的意见和建议，平等对待每个学生，不偏袒也不歧视；客观公正地评价学生的优缺点，给予合理的表扬和鼓励，并提出具体可行的改进措施；与家长建立信任关系，让他们愿意配合教师进行有效的家校共育；针对一些存在问题或困难的家庭教育情况，给予耐心细致的指导和协助。如在某些学科辅导上有难度时，请科任教师提供专业建议或推荐相关资料；在心理疏导上有困惑时，请心理辅导师提供专业帮助或推荐相关书籍。

总之，在实施家校共育模式时，班主任要充分发挥自己在沟通中起到的桥梁或纽带作用，并积极促进各方面资源整合利用。只有这样才能够真正实现以人为本、以情动人、以爱促成长。

（三）去除功利化思想，促进学生的全面发展

为了有效落实"双减"政策，教师要去除功利心态，宣传并引导家校共育模式。只有教师摒弃以成绩论英雄的做法，才能够促进家长转变思维观念。小学教师要积极贯彻"双减"，对学生实施综合素质评价，引导家长关注学生全面发展，在对学生进行教育时不能仅看重分数高低。让家长认识到在"双减"背景下，课堂是完成学科教育最好的地方；而在课外时间里，则应该给予他们适当放松和自由选择空间；尊重他们个性和兴趣爱好；关心他们身心健康和未来规划；同时也要加强对他们品德修养和价值观等方面的培养。在这样一个新型家校共育模式下，家长和教师应携手合作、相互支持、相互理解、相互信任、相互尊重、相互协调、相互配合、相互促进、相互提高、相互完善，共同努力把每个学生培养成为德智体美劳全面发展并具有中国特色社会主义核心价值观素养与国际视野胸怀之人。

（四）改革教学评价，大力提升学生综合素养

在"双减"背景下，家校共育价值的体现，离不开教学评价。教学评价能够让课堂更丰富，教育结构更完整，让学生的素质教育变得更加全面。在"双减"背景下的教学评价，不仅教师要参与评价，家长也要参与评价，双方的共同管理与监管能够让学生的学习评价更加客观和完整，从而找到更本质的问题，找到最适合的改变方式，找到最优解，帮助学生完善全面素养教育。

泡小西区　万琪

"阳光贝贝中队"社区实践活动反思

摘要：学校和社区既是少先队员生活学习的重要场所，又是他们成长最重要的教育参与者。学校一直倡导以中队为单位，通过社区实践活动课程化，为广大的师生搭建服务社区、自我提升的平台。本文将以"阳光贝贝中队"三次社区实践过程为例，剖析实施过程中的收获及不足，以期为后续工作的推进提供一些思考。

关键词：社区实践活动　经验　不足

泡小西区在上级主管部门的指导下、在家校共育办学理念的引领下，长期坚持以"立德树人"为本，构建家校社三位一体的大德育课程体系。以中队为单位，通过社区实践活动课程化，为广大的师生搭建了服务社区、自我提升的平台，倡导从小事做起、从身边的事做起、从自身做起，同时也提供了一种良好的泛载学习，内容涵盖劳动教育、生命教育、自然科学、文化、艺术、美术、阅读等。

"阳光贝贝中队"由泡小西区五年级 11 班 47 名少先队员组成，他们朝气蓬勃、热心公益、探索能力强，是一个团结向上的集体。结合上级部门的价值观导向和他们当前的生理及心理特征，入学以来，家庭、学校、社区共同组织了以下特色鲜明的社区实践活动："爱使我们在一起"——六一走进"成都市谐福残疾人关爱中心"活动、"保护水源，从我做起"——成都市饮用水源志愿者活动、"承社会之担当，阳光贝贝在行动"——沃尔玛山姆会员超市体验活动。

回顾以上三次大型社区实践活动，笔者认为有如下经验可供分享交流。

一、价值观导向明晰

在确定任何社区实践活动方案之前，都需要首先明确此次活动的宗旨，即希望少先队员通过参与活动能够得到积极的生命体验并确立正确的价值观取向，从而在他们幼小的心灵深处，播撒下爱的种子，如"爱使我们在一起"——六一走进"成都市谐福残疾人关爱中心"活动，这个活动希望年幼的学生能够通过自己此次"手拉手，献爱心"的活动，勇敢展示自己才艺的同时，力所能及地为别人带来快乐，更能够明白现有的生活的幸福，应当珍惜的道理；又如"保护水源，从我做起"——成都市饮用水源志愿者活动，这一志愿者活动的意义既是在帮助他人、服务社会，也是在传递爱心和传播文明，而水资源是人类赖以生存的自然资源，随着人类文明的不断推进，水资源正遭受着愈加严重的威胁……因此借由此次活动，少先队员能够了解并走进志愿者活动，树立从小志愿贡献时间及精力，在不为任何物质报酬的情况下，为改善社会服务、促进社会进步而努力的志向。再如"承社会之担当，阳光贝贝在行动"——沃尔玛山姆会员超市体验活动，少先队员能通过亲身体验明白任何成果都是努力付出、来之不易的道理，同时能学会换位思考，真正地尊重每个劳动者。

二、制定方案主体性明确

鉴于少先队员尚且年幼，现阶段的社区实践活动均采取"教师为学生选择适切活动主题"的模式，坚持一切从学生的角度和视野出发。在充分考量少先队员目前的生理特征和心理特征基础之上，我们选取了对动手能力要求不高、活动蕴含道理浅显的社区实践活动，以便他们能真正地乐在其中、学在其中。同时，也为日后他们能更多更主动地参与到活动选择、方案制定奠定基础，以期通过合理的时间安排、责任划分、实施方法和路径选择，最终提高活动的可行性及学生的组织能力。

三、活动预案内容翔实

泡小西区每次的大型活动均需提供相应的安全预案和活动方案，以保障活动顺利开展、圆满结束。而安全是任何工作的重中之重，尤其是对于教育行业而言。首先，对于小学低年段整个中队外出参与社区实践活动，安全预案必须做到翔实可靠。以如上三次活动为例，活动开展前数日，教师都会根据学校提供的外出安全预案范本做相关的调整和增补，主要考量范围涉及学生活动前后的出行、活动中的安全落实等。考虑到少先队员尚且年幼的生理心理特征，均采取家校社联动的安全保障机制，三方各司其职，以确保安全工作扎实到位。其次，社区实践活动课程一般会利用正常行课时间开展，同时活动地点往往离学校和住家都有一定距离，故社区实践活动的高效则显得尤为重要。通常，教师会首先根据社区提供的资源进行筛选，综合考量后确定能够落实的课程项目后，再与社区接洽落实，然后从学校层面做相关部署和要求，最后就需要班级根据自身实际情况，由家长委员会在教师的指导下群策群力，做好重点内容涵盖活动目的、活动流程等的活动方案并提交学校审批存档。

四、家、校、社协同育人

泡小西区自建校以来，一直非常重视家校社协同育人理念的推广及落实，从"家校共育分享交流会"到"泡家厨房"再到"泡家讲坛"，无不透露着泡小西区热情邀请家庭参与、了解并配合学校教育的积极姿态。而社区实践活动，更是将家庭、学校、社会完美连接在一起的强有力的纽带。以上述活动为例，首先班级会以家长委员会的名义，发出活动倡议书，号召所有少先队员积极参加，烘托活动氛围，同时也便于家长们了解活动的相关内容，提前做好家庭相关安排；其次，从外出伊始至活动结束返家，每位少先队员的安全和活动均由家长一一对应或分组负责，教师负责整体协调调度，相关社区负责人则落实具体的联络和对接工作，努力构建"三位一体"的教育紧密关系，共同奠定有利于学生健康成长和全面发展的良好基础环境。

五、不足与改进

（一）评价方式单一，缺乏持续性

社区实践活动作为泡小西区德育课程体系的重要组成部分，现阶段主要采用的评价方式是成果展示法，如自我评价、活动收获等。而评价的主要功能是为学生提供及时的学习效果的反馈，并改进后续活动。但成果展示法过多地关注了结果而忽略了活动的过程，并不能为后续活动提供有效的反思和借鉴。因此这样的评价方式是单一的，是缺乏持续性的，没有关注到少先队员的可持续发展。究其原因，一是活动本身多为独立开展，缺乏整体性和关联性；二是学校、社区教育的关联和渗透相对较少，学生较难找到校内与校外的有效连接点。

（二）教师缺乏专业培训，随意性较大

社区实践活动形式多样，多以学生自主探究为主，讲解教师点播、指导为辅，区别于一般的文化课程。社区实践活动中多样化的学习方式为学生所喜闻乐见的同时，也对讲解教师提出了更高的要求、更大的挑战。因此，家校社分工的系统性及讲解教师的专业化水平显得尤其重要。活动讲解教师多由承办方提供，专业素养当然毋庸置疑，但隔行如隔山，讲解教师并非专业教师出身，如何简明清晰地讲解、如何为小学低年段的少先队员讲解的确又是另一门学问，故讲解内容的随意性较大的问题比较突出。现阶段，这样的情形更多的只能交由随行的教师或家长来答疑解惑，因此会在一定程度上影响活动的整体效果。

笔者认为如今的青少年都应广泛参加这类社区实践活动，一是可以锻炼学生的实践能力，增强其观察能力、动手能力及人际交往能力等；二是为学生提供更多与外界交流的平台，使得学生不再死读书、读死书，而是在实践活动中明白道理，强过生硬的说教；三是让学生学会感受社会、体验社会，使其自觉地发现生活中的美好，从而感受更广阔的人生。

泡小西区　李怡蓓

借力家长委员会专业职能，挖掘家校共育资源

摘要：当前构建家校社三位一体的育人网络，探寻家校共育的新模式、新经验已成为教育发展的必然趋势。这当中家长委员会以其较高的协调管理能力与完善规范的职能建设制度在育人活动中起着积极作用，而借助它的力量，家长的"资源优势""专业优势""自我教育的优势"也有了更大程度的体现，家校共育实现了质的提升。

关键词：专业　资源　家校共育

落实家长在教育改革发展中的积极作用，把家长原有的知识、教育的经验和技能作为一项宝贵资源应用到课程改革里来，形成家校社教育合力是新时代中小学教育发展的必然趋势。然而，介于以往家校互动往往是临时性的、事物性的接触，而学校尤其是班主任教育教学工作的烦琐，家长的资源优势并不能充分发挥出来。基于此，建立规范性的家长委员会，并让其职能落到实处，很大程度上保障了家校共育质量。

一、健全家长委员会体系，助推班级平稳运行

家庭参与是学校管理改进的重要途径，让家长参与学校管理与决策是建设现代学校的必然举措之一。而家长委员会正是学校与家长之间的桥梁，要充分发挥其作用，首先就要有牢固的组织地基，也就是完善专业的职能架构。以班级家长委员会为例，笔者设置了家长委员会主席两名、专委委员六名及五个小组组长。其中这六名专委委员分管组织宣传、法律综合、活动社团、阅读共长、后勤采购、文明安全，职能明确能让家长委员会整个管理实现上通下达，形成由点到面的辐射。

在初次选拔家长委员会成员的时候，家长往往比较积极，这就要求班主任认真筛选，通过提交上来的信息了解大家时间精力、工作专业，再根据实际情况和各自意愿进行调配安排，比如家长委员会主席力爸爸，他是一位全职父亲，平时有较为充足的时间思考、组织班级文化建设，能起到积极的号召作用。每次学校、班级里有活动，他都能及时赶到现场协助组织、进行拍摄，并通过后期制作成照片海报、电子相册等，让教师、家长、学生眼前一亮。而活动社团专委委员主要负责班级特色活动、团队建设。由于家长本身社会资源丰

富，能及时和各类活动机构联系，每次活动前会和家长委员会其他成员一起设计好班级的亲子社团旗和横幅，每学年有计划有组织地开展序列社团互动，诸如班级的历史游学活动，从杜甫草堂到武侯祠再到李白故里，通过家长委员会前期的认真筹备、精心设计丰富了学生的知识、开阔了他们的眼界。文明安全专委委员主要负责上学、放学家长志愿者的安排，根据学校的指示，每天上学、放学轮流组织班上的三名家长指引交通、护导学生安全有序上下学，为此文明安全专委委员还专门录制了视频讲解，以便大家能清晰路线和各类车辆的摆放位置。此外，在创建文明城市时，文明安全专委委员带着学生在街头在社区进行环保实践、垃圾分类。在限电等特殊时期，文明安全专委委员工作时也会进行相关知识的宣传与讲解。考虑到安全的重要性，文明安全专委委员还会定期招募班上的家长志愿者共同带领学生参观安全教育主题的博物馆等，以此了解安全知识，在实践中不断强化安全意识。

值得一提的是，在家长委员会主席与专委委员统筹班级家长委员会工作的同时，五个小组长起到了非常关键的作用，他们负责班级工作的参谋、监督；传达学校、班级工作指示；收集、整理家长的意见，让每项工作细致入微落到实处。

于此，家长委员会内部职责明确、专业完善，班级工作健康有序开展。而为了组织建设的规范化、稳固化，我们家长委员会每学期会举行三次例会，会议中不断优化章程制度，制订工作计划，落实活动内容，发动家长团体力量等，起着引领示范、组织协调的作用。可以这样说，正是由于班级家长委员会以学生全面发展为出发点和落脚点，以各项活动为抓手，才能与班主任一同建设适合学生学习和生活的班级氛围。

二、挖掘家长资源，打造学生第二课堂

以往家长的资源优势主要通过从学生入学信息中获得，所获信息比较有限。而借助家长委员会可以尝试更多更全面的方式了解家长的专业特长，最大限度地利用家长资源。家长委员会代表通过协调沟通，可以形成各学习小组的资源信息汇总表，不同职业、不同阅历的家长即可成为学生丰富的教育资源，并让家长成为学生活动课程的设计者和参与者。以笔者所在泡小西区为例，家长认知水平或经济水平较高，家长群体的主人翁意识强，家长委员会呈现专家式家长资源。而以家长委员会为基点，率先引领，或通过班级公众号定期发布育人文章，或由家长委员会带头，开展家长讲堂，丰富学生知识。然后征集班级资源，每周安排一位家长来学校授课。从而实现家长以文化资本介入学校教

育,这不仅促进新课改实施与变革,还促进家长群体育人水平发展。

考虑到现阶段学生用眼卫生的情况专门为学生带来了"呵护眼睛,从小做起"课程内容,医生家长用浅显易懂的话语,让严谨的医学名词变成学生容易理解的语言,让学生认识到眼睛这扇心灵的窗户的重要性。诸如此类,当警察家长来班级讲述警察的故事和自我保护的知识,从事教育行业的家长进行绘本阅读的分享,有食品安全经验的家长讲述科学膳食习惯、营养知识等。借此家长、社会和学校教育资源紧密联系在一起,以实现有效整合。

教育资源是可再生、可持续的,每次精彩的家长课程内容结束后,都会有家长委员会宣传委员记录到班级家校共育平台中,让其他的学生与家长都能随时去参阅并学习。这也让虽有专业知识,却无教学经验的家长有了动力与方向,并积极报名到家长课堂中来。当然,也许有家长认为自己的专业知识还不适合用于小学教学,落实起来有难度。这时候家长委员会就要发挥宏观指导作用,设置主题让家长搜集资料设计课堂内容,如系列国学课程会邀请家长讲述中国古代神话传说,在课程中融入了大量的民间游戏及一些自编内容,学生参与度极高;又如传统节日课程,包粽子、做香囊实现了将课堂转移到食堂,活动形式更加丰富灵活。这样精彩的第二课堂有效推进了多样化教育,秉承了立德树人和家校共育的教育理念,并在十余年的发展中逐渐完善,同时也促进了小学生综合素质的发展。

三、构建三级家长委员会体制,支撑校园活力

近年来,家长委员会正在逐渐日常化存在、日常化服务,其与学校的合作方式多种多样,如参与校园交通管理、食堂监督、图书馆管理、学困生帮扶、家长学校、亲子共读活动等。通过借力家校社资源,破解家校共育中的难题,提升家长的教育专业性,实现家长、学校与学生的共同成长与发展。

笔者所在泡小西区形成了班级、年级、校级纵向贯通的三级家长委员会体制。三级家长委员会充分配合学校教育管理工作,提出合理的管理对策并能够在家庭中强化执行或实施监督配合,在家校共育中解决学生成长、学校发展的问题。与此同时,学校开辟桐育园课程体系,内容涉及组织家长参加家长课堂;号召家长践行学校所倡导的亲子共读、书香校园,与家校社协同育人中心的教师一起,开展主题沙龙活动;依托社区、教育机构定期开展线上家长沙龙,聚焦学生情感、网络游戏、亲子沟通等家长在家庭教育当中遇到的具体问题,实现了教育信息常态化快捷分享。家长们的"资源优势""专业优势""自我教育的优势"有了更大限度的体现。家校社资源得到最大限度的融合与优

化，这无疑成为支撑校园发展的动力与活力。

总而言之，借力家长委员会专业职能，能有效落实家长在教育改革发展中的积极作用，加强家校合作，对优化育人环境，建设现代学校制度，具有非常重要意义。当然大家也要理性看待、勇于面对并解决家长委员会在组织构建及发展过程中出现的一些问题，不断完善家长参与机制。

泡小西区　齐腾腾

引进家长资源，助力泡家厨房劳动实践课

摘要：在坚持"五育"并举和全面发展素质教育的背景下，劳动课正式成为中小学的一门独立课程。泡小西区秉承"健康生活、智慧学习、快乐成长"的办学理念，以促进每个学生最大可能的发展为办学目标，致力于学生学会生活的知识、学会生存的本领，开展校本课程泡家厨房劳动实践课。大班教学，为了学生安全，为了避免人多活动易流于形式的问题，在课程实施的过程中，教师能坚持给予学生真实感受，让学生在厨艺课的真实环境下参与的真实项目，引进家长资源，助力劳动教育课程有效实施。

关键词：泡家厨房劳动实践课　家校共育　小组合作　热爱劳动

一、课程开发背景及我校现实情况

为更好贯彻党的教育方针，坚持"五育"并举，全面推进素质教育，泡小西区开办了校本课程泡家厨房劳动实践课。为此，泡小西区修建了三间泡家厨房，作为学生上劳动实践课的专用功能教室；组织教师制定泡家厨房劳动实践课目标和内容框架，完成课程资源建设。学校希望以泡家厨房劳动实践课为重要载体，弘扬劳动精神，教育引导学生崇尚劳动、尊重劳动，长大后能够辛勤劳动、诚实劳动、创造性劳动，培养学生做德智体美劳全面发展的社会主义建设者和接班人。

二、泡家厨房劳动实践课遇到的困难

劳动教育包括理论教育和实践锻炼两部分，理论教育侧重增强学生劳动观念，培养劳动素养。劳动实践侧重劳动实践、劳动技能运用等方面。为了有效达到劳动教育的目标，泡小西区修建了适合小学生使用的泡家厨房作为劳动实

践课基地。硬件设施达到要求后，存在最大的问题是每个班有五十多个学生，只有一个教师，厨房里涉及水电气、菜刀、热油、开水等安全因素。开设任何一门课程，首先要考虑保证课程实施中学生的安全问题，所以遇到的第一个困难是如何保证课堂上学生的安全？

小学生的年龄特点决定了他们喜欢动手操作，在实践中探索未知。泡家厨房课是劳动实践课，其主要目的是发展学生的动手能力、创作能力，激发学生的学习兴趣，使学生爱上劳动，进而培养学生正确的劳动价值观和良好的劳动品质。由于是大班教学，每个班学生人数在五十四名左右，教师遇到的第二个困难是如何保障每堂泡家厨房劳动实践课上让每个学生有充分的动手实践机会，让每个学生在这堂课上都有所收获，让劳动教育达到预想目标，而不是流于形式。

三、解决对策和效果

基于以上遇到的问题，笔者从两个方面开展工作，实践课前对学生进行理论教育，实践课中充分发挥本校特色——家校共育机制，引进家长资源，助力泡家厨房劳动实践课。

（一）实践课前，对学生加强教育

一是对学生进行思想教育，强调劳动是光荣的。引导学生积极参与实践活动，充分地使用自己的双手，让动手能力得到锻炼，这对智力发育也有很大的促进作用，在劳动实践中能感受到劳动带来的快乐，尊重和欣赏他人的劳动成果，学会与他人合作、交流和分享劳动成果，培养集体主义精神和为他人为社会服务的精神，建立为实现小组共同目标而团结互助、尽职尽责的合作意识和态度。

二是安全教育，安全是任何课程首要考虑因素，泡家厨房劳动实践课也不例外。厨房有水电气、明火、热油等涉及安全问题，因此，对学生的安全教育尤为重要，在各个年级进入厨房前的理论课里进行安全教育，运用儿歌、视频图像、实地参观、演示等方式方法让学生知道厨房安全的重要性。

（二）课中引进家长资源，助力泡家厨房劳动实践课

虽然在课前进行了安全教育，但小学生毕竟还小，在家里多数家长对孩子过分溺爱，不舍得让孩子进行劳动或是只重视学业而轻视劳动教育，导致有"重智轻德、重知轻能"的现象。学生在家庭生活中也基本没有进厨房劳动的经历。教师创造了泡家厨房劳动实践课环境，为了解决遇到的两个困难，保障

课堂上学生的安全万无一失，保证学生在课堂上能充分达到人人参与，让泡家厨房劳动实践课做得更实、走得更稳，结合本校家校共育的特色，引进在厨艺方面有特长的家长资源，形成班级泡家厨房志愿者团队，协助课程实施，教师和家长共同为儿童上课，不但丰富了劳动课的内容，还增强了劳动技能指导的针对性。

首先，对家长志愿者进行培训。通过学习，转变家长对于劳动教育的认识，家长知道了劳动教育的重要性，使家长参与到课程里，家长不是代劳帮孩子洗菜、切菜等，他们的任务是对关键步骤进行指导，对涉及烹饪技巧做适当讲解，对安全进行有效监督以免发生意外等。比如，每节课前监督孩子先背安全儿歌。

厨房有电还有火，
开水碰翻不好躲。
锅碗刀叉很锋利，
请别和它做游戏。
被油烫伤得注意，
不哭不抓冷水洗。
厨房是个危险地，
同学一定要牢记。

课程中，家长志愿者应加强安全监管，例如切菜时学生依次分工合作，在家长指导监督下使用菜刀，学习菜怎么放、手指如何按住菜、刀举多高、菜刀不离开灶台等，刀具使用完毕马上交由家长收到橱柜里。需要用到热水、热油时，与之保持安全距离，学习安全操作方式方法等。

其次，为了让每个学生有最大限度动手的机会，泡家厨房劳动实践课采用小组活动的形式。把全班五十多个人分为八个小组，每个小组六七个人左右，每组分配一个独立的操作台和一套厨具，每个小组有一位家长全程指导劳动方法和监督安全。

从洗菜开始，本组成员在家长志愿者指导和看护下，分工协作，比如1号和2号学生洗菜，3号和4号学生切菜，5号和6号学生开火煮……或者依次轮流尝试，根据当次课的特点，在保证安全前提下，满足每个人最大限度动手操作的宗旨。

在家长志愿者对小组学生的具体指导下进行自主实践，学生不仅兴致盎然，而且能掌握更多的劳动技能，如针对学生在泡家厨房劳动实践课结束时清扫垃圾出现打扫不干净、整理不彻底、垃圾分类不正确等问题，开展趣味垃圾分类教学活动，让学生正确地掌握垃圾分类知识，这样在打扫清洁时就能按照其掌握的分类规则进行整理，并养成不乱扔垃圾、随用随收拾的良好习惯，使整个灶台和厨房地面随时保持干净整洁。

学生通过六年泡家厨房劳动实践课的学习，不但要了解用餐礼仪，感受中国博大精深的饮食文化魅力，还掌握了必要的烹饪技能，毕业时达到掌握"四四二一"（四个川菜、四种面食、二道点心、一类汤品）菜式制作技能要求。加强劳动教育不能止于课堂，劳动教育不只是传授动手能力，更重要的是价值观的导入和习惯的养成，这离不开家校共育。引进家长资源实现家校共育，在学生心中种下劳动光荣的种子，让他们养成从小爱劳动的好习惯。接下来笔者会以泡家厨房劳动实践课为起点，加强家校共育，拓展劳动教育的宽度和深度。

总之，生活靠劳动创造，美好人生也靠劳动创造。小学阶段的学生，正是培养良好习惯和正确思想品质的重要时期，对学生开展劳动教育可以让他们形成良好的行为习惯，掌握劳动技能，并最终内化为创造美好生活的能力，促进学生获得更好的发展。将家长资源引进课堂，共建良好的劳动教育环境，以确保劳动教育的实效，使劳动教育走得更实更稳，学生获得更大发展空间。

泡小西区　　张梅

整合家长资源，合力共育未来

摘要：家庭、学校、社会是现代教育的重要场所。随着时代的进步，在培养全面素质人才的背景下，大家越来越认识到家庭教育的必要性，更加深刻明白家校社协同育人的重要性。学校应积极整合班级家长资源，通过组建好班级家长委员会、开设特色"家长讲坛"和组织校外实践体验，凝聚多方合力，携手同心共育，不断提高班级学生的综合素养，促进学生全面发展。

关键词：家长委员会　家长讲坛　实践体验

"停课不停学"时期学生的学习场景和学习方式都发生了重大变化，学生在家学习的时间会大幅增加，越来越多的家长意识到家校共育是必要的且重要的。泡小西区一直以来秉承"家校同心，和谐共育"的教育理念，通过鼓励家长积极参与学校建设、学校指导家庭教育的途径,共同创建学生喜欢、家长满意、教师幸福、社会向往的教育。笔者从班级的视角出发,从以下三方面阐述学校整合家长资源,家校以儿童为纽带、携手并进,同心合力共育美好未来。

一、建立好家长委员会,凝心共育

家长委员会是学校与学生、家长沟通的桥梁和纽带。班级成立家长委员会,为学生打造了一个思路开阔、资源共享、行动多维、多源支持的教育共同体。

(一)家长委员会的建立

家长可根据自己的工作性质和专业特长,对照家长委员会岗位的条件,自主报名选择相应的职位。成功加入的家长承担相应的职责,由班级家长委员会会长带领班级家长委员会成员,汲取有利资源,参与课程共建,引领班级群体内的教育风向标,传播教育正能量,积极做好家校协调沟通工作。通常家长委员会委员任期一年,逐年轮换,以便让更多愿意做好家校共育的家长参与到班级建设中来。

(二)家长委员会的职责

认同学校办学理念,关注学校发展,群策群力为学校的发展出谋出策,为优化办学环境和条件提供更多的支持和帮助;积极争取和提供更多的教育资源,共同组织学生活动,共建校本特色课程;用心倾听班级家长的育儿需求,积极与学校沟通传达家长的心声;在班级内传播正能量更新家长的育人理念,取得家长的行动支持,唤醒家庭教育的本真回归,促进家庭教育高质量发展,形成家校共育的有效途径。

(三)家长委员会的影响

孩子是最伟大的观察家和学习者,他们一直在观察和学习成人的行为,考量父母和教师的言行。父母和教师更应携手并进,同心同力,努力为他们做好人生的榜样。在家,父母是孩子学习的榜样;在校,教师是学生学习的标杆,从家到校、从校到家都有积极正能量的教育力量在引领青少年的成长。家长和教师在为青少年做榜样的过程中也在不断提升自己、完善自己、成就自己,使青少年在家校共育的温馨氛围中茁壮成长。

二、开设家长讲坛,丰富课程

以立德树人为引领,聚焦培养学生的核心素养,挖掘成都本地自然、社会、文化等方面资源的育人价值，丰富学生体验，拓宽学生视野，增强学生综合素质，促进学生全面发展。本校校本特色课程——每周周五下午的家长讲坛，诚邀各行各业的家长走进校园，一周一主题，一周一特色，为学生提供丰富的课程教育资源，营造家校共育新样态。

（一）拓展校本课程资源

各行各业的家长充分发挥自己的专业优势，提前根据班级学生的年龄特点和身心特点，精心准备讲坛内容，每次都为学生带来广博的知识和不一样的课堂体验。

比如，在一年级学生换牙的关键时期，学生如何保护好自己的牙齿，了解换牙时期的注意事项都是非常重要的。这时班级会邀请牙医家长走进家长讲坛。

首先，医生家长身穿白大褂，带着牙齿模具，给学生讲解专业的口腔知识，帮助学生认识到保护牙齿的重要性。接着，医生家长借助栩栩如生的牙齿模具，让学生摸一摸牙齿模具，近距离细致了解牙齿的结构。学生通过这种栩栩如生的学习方式能更好地了解牙齿的生长结构，通过对比健康的牙齿和受损的牙齿，更加坚定他们好好保护牙齿的信念。牙医家长走进教室，能在家长讲坛上生动形象地传授给学生的护牙知识会比父母和教师枯燥的说教更加生动和有趣，更能深入学生的心，也更能引起学生的重视。

（二）渗透职业生涯教育

各行各业的家长，有教师、警察、医生、律师、设计师、工程师、科研人员、企业家等不同职业的家长会为学生带来不同领域的博识主题课程，从天文到地理、从地球到宇宙、从现在到未来、从现实世界到虚拟世界，课程资源丰富有趣，学生都很期待每周周五的家长讲坛，新奇又有趣，还能有满满收获。

家长讲坛不仅拓宽了学生在校受教育的渠道，更是满足了学生想要了解、体验不同职业、不同行业、不同领域的好奇心。通过家长讲坛，学生在小学阶段便开始认识不同的职业，懂得社会上有多种多样的职业；学生通过了解自己的兴趣、爱好，为未来职业的选择与发展做好铺垫，对自己未来想要从事的职业充满期待，并激发他们朝着自己的理想职业不断努力奋斗。

三、组织实践体验，活动育人

教育的最终目的是促进学生的成长。家校社协同育人的目的在于帮助学生更好地走出家门、走出校门，自信从容地走向社会，参与社会公共事务，拥有解决问题的能力,在一定的社会环境中获得自我实现感,为未来的社会生活打下扎实的基础。

(一)融合学科,促进理解

整合家长资源,借助职业优势,融合学科知识,开展主题式社会实践活动。在学习数学二年级上册"购物"时,教学生认识人民币,学习使用人民币购物。在真实场景下的知识学习更能引起学生的兴趣和思考。班级借助家长职业优势,邀请在银行工作的家长组织学生到银行实地参观、体验,为学生近距离了解银行业务,了解更多的钱币知识,学到不同国家的钱币提供了特别的机会。此外,走进银行的活动,提前根据学生的所学知识和他们的关注点——如何更好地保管压岁钱,专设儿童理财和日常记账本的活动,通过提问、互动游戏等环节,帮助学生认识、保管、使用、储存钱币,引导学生树立正确的价值观、金钱观,培养他们从小养成勤俭节约的好习惯。

(二)生命教育,学以致用

结合学校主题教育,由班级家长委员会牵头,带领家长担负起教育合伙人的使命,实现资源共享,组织联系校外相应主题的实践活动,把班级的事当成自己的事,用心参与学生的成长。

每年的11月是119消防宣传月,学校会开展系列消防安全宣传活动,强化师生消防安全意识、提升消防安全能力,师生共建安全和谐校园。班级家长委员会委员充分整合教育资源,提前联系学校附近的消防站,组织学生周末走进身边的消防站。学生身临其境地参观消防员生活和工作的地方,试穿神秘的消防服,探索高大的消防车,了解多种消防工具,一个个争先恐后地试戴防护服和帽子,学生的脸上写满了崇敬和喜悦。消防员还给学生讲解了如何开展火场逃生自救、扑救初期火灾、如何正确使用各种灭火器及消防设施等消防安全知识。这不仅让学生了解消防知识和防火的重要性,更让他们树立起消防安全意识,提高火场逃生自救的能力,帮助学生切身感受到消防安全知识的重要性。

在未来社会,随着家庭教育重要性的日益凸显,家校共育在整个教育体系中将发挥更大的作用。家校之间只有形成育人合力,才能更好地促进学生的发展。通过整合家长资源,汲取育人智慧,真正凝聚全面育人合力,促进家校共育从自发参与走向自觉、自主参与,合力共育儿童的美好未来。

泡小西区　杨三斯

家校共育，转化学生的不良行为

摘要："不良行为学生"由于其行为习惯不好，往往学习成绩也相对落后，易招致教师和家长的不满或训斥，甚至遭到同学的嘲讽与歧视。长此以往，这些学生易产生自卑感，失去学习的信心，严重影响了学生的正常发展。本文以一个学生为案例，探讨教师针对不良行为学生是如何争取家长配合的，通过家校共育纠正其不良行为以使学生身心得到健康发展。

关键词：家校共育　学生不良行为　转化策略

素质教育要求我们面向全体学生，使学生的思想道德、文化科学、劳动技能等方面得到全面和谐的发展，个性特长得到充分张扬，转化学生的不良行为成了每个班主任都会遇到的问题。

本学年笔者担任了一年级五班的班主任，开学第一天笔者就注意到了这名不到七岁的小男生。他中等个子，坐在教室的第一排。当第一次进入教室时，他就用一种怀疑和不屑的眼神看着我，就像故意作对一样。在接下来的日子里，笔者发现他还存在着很多的行为问题，下面简单阐述一下该生的基本情况及笔者是如何借助家校共育辅导该生纠正其不良行为，让他慢慢改正不良行为，使其学习趋于正常。

一、基本情况

小赵，男，七岁，聪明好动，学习习惯较差且规则意识较差，经常不完成家庭作业，编一些谎话骗教师，是我们班有名的捣蛋鬼。上课时他爱搞小动作或扰乱他人学习，比如拽小女孩的辫子、用橡皮擦砸其他同学、随便讲话或上课时不听讲等；下课时又爱胡乱打闹，经常欺负其他同学，与其他同学有矛盾。小赵很容易情绪失控，又敏感脆弱，从开学到现在已多次跑出教室，较缺失安全感。小赵几乎每天都要闯祸，科任教师和同班学生经常向笔者告状。

二、原因分析

通过近一年的观察，笔者发现小赵的行为主要表现在性格方面以自我为中心，情绪方面易发怒，劳动方面意识较淡薄，学习方面兴趣不浓、易投机取巧。而形成这几种现象的原因主要有以下四个方面。

（一）家长的宠爱

笔者通过与小赵的家长进行谈话后了解到其父母整天忙于工作，他是家中的老二，从小是由爷爷奶奶带大的。祖辈对其比较宠爱，不管孙辈的要求是否合理，只要小赵开口："我要……"祖辈总是有求必应。

（二）集体的排斥

小赵在班里总是会在上课时做小动作，胡乱地说一些与课堂无关的话，扰乱课堂秩序，不认真完成作业，经常跟同学发生争执……有时教师在班上提醒他，全班同学就会把目光投向他，他会大声地说："不是我！"然后就冲出教室，久而久之，同学异样的目光、教师严厉的批评导致他对学习产生厌恶情绪，渐渐地他对自己也失去信心。作为一个七岁的学生，不能被他所向往的群体接纳，不能得到正常的伙伴之间的交往。

（三）基本需要满足的缺失

第一，归属的需要。由于小赵的学习习惯不好，成绩差再加上经常被教师批评教育，同学们对他的疏远造成了小赵归属需要的缺乏。

第二，随着自我意识的发展和独立意识的增强，表现自我的需要越来越明显。小赵自控力比较薄弱，总想通过怪异的行为获得大家的关注，又会受到同伴的排斥。所以，他表现自我、获得承认与尊重的需要无法获得满足。

第三，成就的需要。小赵在学习上没有成功感，没有享受过成功的喜悦，不遵守课堂纪律，对课堂学习不感兴趣。

（四）教育的缺失

小赵的父母都是受过高等教育的，倡导快乐教育。每次我和他的家长沟通小赵在校的情况，不管是学习上存在的问题，还是行为上存在的问题，他们都答应回家和小赵好好谈一谈，并对小赵的错误行为进行教育，但小赵的不良行为并未产生改变。因此，可以看出家长对孩子的教育是不到位的。长期下来，小赵也就养成了一些不良行为习惯，有一种"反正家长也不干涉我的学习"的放任态度。

以上诸多原因，使小赵产生了行为偏差，如上课破坏课堂纪律、影响他人学习等，没有辨别是非的能力，不知道其行为会给自己和他人带来的影响，更不知道自己已经成为大家所不喜欢的"问题学生"。

三、辅导策略：家校共育，促进转化

根据观察和表现出来的种种现状，小赵基本属于不良行为习惯造成的学习适应障碍，导致自信心的丧失和荣誉感的缺失。

了解他的心理特点及其成因后，笔者决定必须有针对性地加强对他的心理建设，加强对他的心理监护，同时需要结合家庭力量对他进行辅导，才能发挥其有效作用。

（一）深入家庭对其进行家庭教育指导

孩子是家庭的折射，孩子的成长离不开良好家庭环境的影响。要想从根本上解决他的不良表现，还得从他的家庭入手。

首先，教师要找家长谈心，帮助家长提高思想认识、转变观念。人们常说孩子是父母的复印件。孩子的问题一定能从家长身上找到原因。从交谈中可以看出每次学生在学校问题，家长总是替孩子找借口，尽力维护。孩子也习惯性地寻找家庭这个避风港，根本认识不到自己的错误。交谈中教师尽量让家长认识到这样袒护孩子对其成长是不利的。家庭教育与学校教育应形成合力，齐抓共管才能使学生养成良好的生活与学习习惯。

其次，走进家庭，了解学生学习的环境。教师应建议家长为学生设计一间书房，或在学生的卧室里配置书桌和书架，给学生一个独立的空间，使学生有一个安静学习的小天地。

再次，教师要求家长督促学生按时完成家庭作业，经常查看学生的作业，以便及时了解学生的学习情况。作为家长，每天抽出至少半个小时的时间陪孩子，与他交流，了解当天教师讲的内容、学校里发生的事、教师布置了什么作业等。学生做作业时，家长也在一旁看看书籍，形成浓厚的家庭学习氛围，帮助他形成自觉学习的态度。让家长重视孩子的学习过程，在孩子的成长之路上，家长一定要尽到责任，不要缺位或错位，否则会悔之晚矣！

和家长有了这样的沟通后，笔者发现小赵父母的教育观念也在慢慢转变，因为每次谈心，笔者都是站在学生的立场上讲应该怎样做才能帮助他进步，让他成长得更好。有了这样的倾心交流，教师与家长的沟通也变得越来越顺畅和有效了。教师应相信只要父母想改变，孩子就会有好的开始，就会有成功的可能。

（二）建立有效的沟通渠道

教师和家长的沟通不应局限于只是说学生问题。对于像小赵这样的孩子，要尽可能地挖掘他身上的闪光点、他做得好的地方，在家长面前多表扬，可以打电话表扬或给家长写表扬信，以此激励他不断进步。教师发现他虽然经常犯错误，但他依然有向上的愿望，身上还有很多闪光点，如他特别关心集体，经常把拾到的东西，如衣服、文具、书本等主动交到失物招领处，给班级加分；下课也特别爱帮助他人。教师应表扬他，并将他的表现反馈给家长，回家后得到父母的表扬，更加激发了他向好的愿望。当他在家中有出色表现的时候，也请家长反馈给教师，并给予鼓励。当他做错事的时候，作为教师和父母要引导他自己找出不对的地方，并思考假如再出现类似情况该怎么去做……通过这种方式，教师和家长建立了有效的沟通渠道，小赵的不良行为习惯也逐步得到了纠正。

（三）疏导情绪，强化家校共育

从开学到现在，小赵多次在上课时跑出教室，究其原因，大多是被教师当众批评，或和同学发生矛盾。有时他会上五楼，有时会躲到厕所里，有时会躲到某个角落……只要他一跑出去，笔者和其他教师就会去找他，找到他后先让他冷静一会儿，再找个安静的地方心平气和地聊一下事情的经过，往往这时他才会把心里的想法说出来。作为教师，笔者会引导他如何做，如何疏导自己的情绪：当出现负面的情绪难以排解时，可以到教室外的楼梯口旁边（因为这个地方离教室近，安全有保障）待一会，让自己冷静下来再进教室；可以下课后再找班主任沟通；也可以做深呼吸，努力让自己的心情平复下来……后来，他也有几次跑出教室，但没有跑远，而是在楼梯口；情绪也会偶尔失控，但沟通后又恢复了平静。笔者认为对待这样的学生心里一定不要着急，应耐住性子，慢慢来，逐步教会他学会控制情绪、疏导情绪，让他信任你、感受到教师的爱。

每次处理完学生的事情，笔者都会和家长沟通。一是简单地说一下事情的经过，二是告诉家长我是如何处理这件事情的，侧重于和家长讨论转变该生的一些策略和方法，如面对这样的学生，教师和家长应该怎么做才能更好地帮助他，促使学生健康成长。通过沟通和学习，家长也逐渐掌握了教育学生的有效方法。当教师和家长都能运用行之有效的方法进行教育，我想他们终究能到达成功的彼岸！

四、辅导效果

经过一段时间的共同努力，小赵的进步是有目共睹的，各科教师反映课堂上他能够控制住自己的行为，跑出教室的频率也降低了，家长也反映了他在家也能做一些简单的家务事，不会想要什么就非得到不可，规则意识也增强了。在小赵与同学相处时，也能尽力做到举止文明，积极为集体做事。但毕竟还小，有些问题还是会反复，作为教师，笔者会不厌其烦地教他应该怎么做才是正确的，更重要的是家庭教育一定要和学校教育同步进行，才能取得进一步的成效。笔者相信通过各科教师、家长和他自身的努力，良好的行为习惯一定会逐渐养成。

家校共育是对学生最好的教育。作为班主任，要提高家校共育强度，转变家长的观念，在学生行为习惯养成的关键时期，各方都不应有一丝一毫的松懈与疏忽。在教育之路上，只有通过家校共育才能助力学生身心的健康成长！

泡小西区　黄继霞

浅谈家校共育促学生成长

摘要：作为班主任经常会在班级处理各种学生之间的突发矛盾，看起来只是表面冲突，其实背后隐藏的是学生成长环境造就的性格特点及行为表现，同时也反映了学生家长的教育理念及学生的成长环境。本文以一例与同学相处、亲子关系较紧张的学生为对象，依据家庭、同学、班主任、科任教师等多方面信息收集，对其易怒、与同学相处不友好等表现进行解析，确定以积极强化法为主、环境干预等手段为辅的心理辅导方案，通过心理辅导有较明显改善。

关键词：心理辅导　个案辅导　家校共育

一、学生基本情况

班主任在与小赵的相处中主要采用倾听、积极关注等相关方法，同时小赵及其妈妈也参与整个了解过程。

（一）基本信息与辅导原因

小赵，女，十岁，独生子。小赵平时学习成绩良好，学习习惯良好，课堂表现认真，发言不太积极。一般情况下小赵呈良好状态，但一和同学发生矛盾冲突，就会情绪激动，做出冲动行为，拒绝和任何人沟通。或怒目而视与对方对峙，呈挑衅状态，或说一些过激的语言保护自己，没有足够的安全感。与家长联系也了解到她在家会有一些类似的情况，家长也很无奈，感到很困惑、焦虑。得知小赵在家里和父母急眼了也会情绪异常激动，班主任希望她遇事不要过于激动，多一些换位思考和冷静处理自己的人际交往问题，故决定对其进行心理干预。

（二）既往史与当前表现

据小赵妈妈告知，小赵在家和父母沟通不到位时就会情绪激动地和父母大吵大闹且有不良行为，情绪激动时会说一些极端语言。小赵平时行为习惯良好，但与朋友相处时有点得理不饶人，喜欢按自己的想法做事，一旦有人反对就会引起冲突，进入瓶颈状态后会无法自控，家长也只能循序渐进地改善沟通，一旦语气严厉小赵的应激反应会更大。

在交友方面，小赵在校和同学平时都能正常沟通，偶尔会情绪激动。班主任询问很久小赵也不愿意透露太多内心所想。有时会在班上与同学因情绪激动而产生矛盾，在班上人际关系也较差，在班会活动竞选时常因票数过低落选。

在学习方面，小赵上课时多能认真听讲，但专注力还不够，易分心；发言几乎不举手，教师直接点名小赵发言时，她就站着一直不说话。能按时完成作业，写字工整；平时成绩良好，但一遇到考试成绩起伏较大。

（三）个人成长史

小赵的家庭关系良好，父母感情和谐，妈妈较为严厉，对小赵学习要求较高，一旦达不到预期目的，偶尔会有过激行为。妈妈严厉的教学方法让小赵感受不到该有的关爱，小赵是为了满足父母的要求而学习的。父母与孩子的沟通欠缺技巧，由于爸爸工作较忙，妈妈对孩子的关注和陪伴时间更多一些，以致妈妈对小赵的包办思想较重。小赵妈妈很多时候都觉得自己想的就是对的，而没有考虑小赵当时的感受，没有聆听小赵的心声，以致小赵与同学发生矛盾时不乐于表达和倾诉，甚至总觉得父母偏向别人而不会保护自己，小赵的安全感几乎没有。

二、制定干预方案

小赵的情况看似简单，其实隐藏着很多心理上需要关注的关键点。基于以上基本情况，小赵的问题是什么问题？是如何形成的？将怎么干预？是笔者及其父母关注的要点。

（一）问题清单

对各种问题进行必要的梳理，可以理解这些行为背后的原因。对小赵面临的问题进行梳理，小赵主要有以下问题。

小赵其实是一个性格开朗的女孩，成绩良好，作业都能按时完成，质量也很高。应该说小赵是具有优生潜质的，之所以会呈现上述反映的情况，与家庭中亲子关系不和谐有很大关系。妈妈的溺爱包办太多，让小赵在学习上不会操心太多，总觉得会有妈妈协助，最明显的表现是每天上交的作业都能得优，作业质量很高，但都是在妈妈的监督之下完成的。她不愿意自主学习，很多时候都是为了完成父母布置的任务而学习，对于学习的兴趣没有被激发出来。而在和父母沟通时的大声吼叫和情绪易怒，不听任何人的劝告等表现都是内心缺少安全感导致的，希望通过抵触表达自己的不满。同时也想通过一些特别的方式获得教师和家长的关注，在和同学的相处上，也有刻意寻求友情；一旦与人出现矛盾，她一般不会找教师和家长反映问题，而是用一些暴躁的行为引起教师和家长的关注，以获得安全感。这主要是因为小赵平时在生活中，特别是在家里极度缺乏关注和认可。这是笔者和小赵妈妈在交流过程中得到的反馈。

（二）问题评估

基本信息收集过程中，排除了小赵的个人身体因素，小赵更倾向于心理问题，很多都是与不知如何与人沟通相关。这属于教师在心理沟通上的工作范畴。

（三）工作假设

小赵面临的问题大都是家庭原因造成的情感缺失，缺乏安全感和认同感，家庭问题是很难改变的，但可以从其他重要角色（比如教师、朋友）上慢慢补回一些，加上小赵的自我意识成长，可以得到一定程度的治愈；也可以通过和家长的有效沟通和正确指引，应该会得到一定程度的改善。

（四）资源与力量

小赵本身有一定的自我成长意识，比如教师的评价她是非常在意的，并且在行动上会有一定程度的改变，教师给的建议也会接受。只是在平时，一旦情绪激动时，就需要及时找到小赵的心结；身边的朋友虽然不认同她的一些行为，如课堂上和教师顶嘴、不听教师的意见，但也愿意接纳她、帮助她。父母本质上也都是爱她的，只是自我成长有限，很多方法不太恰当，但也能提供一些帮助。学校教师也一直很关注、关心她等。

三、辅导过程

（一）对学校环境的干预

1. 调整座位

由于小赵和某男生之前为同桌时经常会发生矛盾，班主任也处理了多次，收效甚微。曾经在课上也因与同桌之间的矛盾影响科任教师正常上课，课间也会产生类似的矛盾。最为严重的一次是两人分别动了手，教师以为二人协商了会和好，但效果不明显，所以只能换座位，将两人分开保持距离。

2. 改变沟通方式

班主任对学生的关注不能直接进行客观分析，更多是换位思考和共情处理。多站在学生的角度，给予学生关爱和必要的安抚，才能让学生遇事时觉得有人在帮助她，而不是责备或让她承担太多的责任，关注她当时的感受，选择在事后给予她一些客观的建议。

3. 鼓励同学主动和她交友

班主任在班上多认可她表现好的行为并鼓励大家主动和她交朋友，同学们慢慢接纳她。

(二) 对家庭管理的干预

教师及时与家长联系沟通，双方相互配合，共同商讨方案。笔者详细地解释了小赵目前的状况，可能导致现状的原因及可能对未来的影响。笔者也表明了自己想要帮助这个学生，需要家长在哪些地方配合，以及父母要做出的调整和改进，并就一些细节由双方讨论、补充，帮助小赵树立信心并营造更温暖的家庭氛围。

1. 帮助其家庭制定规定

家长需要有正确的教育理念，包办教育和对小赵的批评不能过多，这会让小赵迷失自我，没有主见，也更自卑。

2. 情绪控制训练

建议家长帮小赵培养独立自主学习的能力，在生活上的自立能力，学会自己制订各种计划，靠自身能力提高学习效率。鼓励家长培养小赵独立完成作业的能力，如不一直守着小赵做作业，放手让小赵独立完成，多给予小赵真诚的鼓励和表扬。

3. 家长少干预，多倾听

鼓励小赵自己去处理与朋友间的矛盾，不站在家长的高度去干涉，以免让小赵有更大的压力。

四、积极鼓励强化

在检查作业时和上课专注时，教师立即给予表扬和认可。可以当着众人的面表扬她，如果发现小赵举手想回答问题，要及时赞扬，教师应为她创造更多的表现机会。由于对她鼓励及时，这让她感到了被人认可的满足感，所以上课时她也会更有热情，专注力也更强，也会变得更自信。

与朋友交往上，与小赵约定不冲动、不情绪化，生气前先倒数十个数，遇到自己想发脾气时先想想自己有没有解决办法，确实解决不了时就向教师和同学求助。

五、辅导结果

小赵现在更自信了，六一节文艺汇演时积极报名参加展示个人风采。上课时，她也在尝试主动举手，课后作业的质量也有明显提升，听写出错的情况也越来越少，小赵也越来越爱笑了。

同学也反馈，现在小赵更谦让同学了，遇事后也不会过于冲动，会主动寻求教师的帮助。

从小赵妈妈那里得知，现在小赵在家会主动跟家人聊天，讲在学校里发生的事情，和妈妈的亲子关系更融洽了。妈妈也会放手让小赵参与各种家务、完成各种学习任务。没有家长的叮咛，小赵更勇敢、更自信也更独立了。

六、总结与思考

有效的家校沟通就如一把钥匙，将会开启学生走向通往更宽道路的大门，对家长、对学生都是如此，同时对班主任的工作也是如此。小学阶段是学生性格的养成阶段，也是学生自信心的起源和发展阶段，这个时期的学生更多需要的是鼓励、正向引导和正向反馈，以提升他们的自信。我们不能只把注意力放在学生的缺点上，应该要更多地关注学生的闪光点，使他们慢慢注意自己的不足，慢慢接纳自己。

作为教师，尤其是班主任需要多运用积极的语言表扬，多发现并强化学生的闪光点，通过多角度的认可使学生意识到自己是优秀的。特别是在家校沟通时，多提一些有实用价值的建议，家长也会欣然接受，家校沟通在此也显得更为重要，为了一切学生，一切为了学生，多关注、多倾听、多陪伴，一定会增进教师、家长和学生之间的关系。

泡小西区　廖　娟

通过表扬培养学生的内在动机

摘要：较强的内在动机对学生的学习非常重要，有效的表扬能培养其内在动机。本文总结了教师和家长通过表扬培养学生内在动机的方法，如节制、具体、真诚地表扬；表扬过程；赞美学生的成就，而不是与他人比较；给予学生鼓励性表扬，而不是评价性表扬；提供关于学生表现的正面信息反馈，聚焦其成长等。

关键词：表扬　内在动机

教师和家长都希望学生能主动积极地学习，有较强的内在动机，尽可能受到内部动力的激励。教师和家长希望学生努力学习且表现良好，能为自己的学习负责，因为这是个人内在自我实现的过程。但确实有部分学生没有足够的内在动机，一直到小学中年段或高年段都需要家长和教师的不断督促。表扬有助于提高学生的学习动力和增强其自信，但在适当的时候给予有效的表扬才能培养学生的内在动机。那作为教师和家长，该如何有效表扬呢？

一、有节制的表扬

学生渴望得到别人的认可，这些学生可能会依赖于别人的评价和判断，而不是学会形成自己的独立判断能力。过度的表扬会造成过度的压力。当学生开始依赖别人的认可时，他们会害怕失去这种认可。因此，他们可能会避免有困难的活动，变得易逃避而不是有自信。过多的表扬也会降低其内在动机。学生可能会认为，活动和成就更多的是为了得到外界的认可和表扬，而不是为了自己在过程中的享受和成长。

二、具体的表扬

具体的表扬会更真诚和更有意义，更能给学生提供有用的信息，如告诉学生什么是好的，或让他们知道如何能继续做得更好。如："你坚持做那道数学题而不放弃，这太棒了！""你不断去尝试新的方法解决问题，锲而不舍，很不错。""我看到你主动去捡起掉在地上的垃圾，你保护了我们班上的环境，谢谢你。"

除了表扬学生的好成绩、出色的运动或艺术表现，也可以表扬学生的慷慨、善良、宽容、勇气和毅力等优秀品质。例如，表扬学生有集体荣誉感，帮助他人或有良好的体育道德等。

三、表扬过程

表扬人是以能力为导向的，如"你真聪明！""你很有艺术感"。表扬过程是指表扬学生的努力、策略、深思熟虑、自我纠正等。在这两种类型的表扬中，表扬过程要有效得多。当教师经常给学生一个赞美词"你真聪明"时，他们会形成固定型思维,因为他们相信诸如智力之类的特质是不会改变或发展的。结果,他们可能会躲避考验能力的挑战。

与其给"对人的表扬"("你很聪明""你如此有创造力"),不如给予学生表扬过程。表扬内容专注于学生的努力和过程,"你一直在努力学习"。表扬过程鼓励学生挑战自我,承担风险,努力学习,不断成长。这些学生更有可能形成成长型思维,他们认为智力和能力可以通过练习和努力而得到提高。表扬人与表扬过程的对比见表4-1。

表4-1 表扬人与表扬过程的对比

表扬人	表扬过程
你是一个有天赋的小画家	颜色搭配,你做得很棒
对你来说轻而易举	你尝试的新方法很有用
你真聪明	你一直都在努力学习
你如此有创造力	你这样设计非常有创意

当具有成长型思维的学生犯了一个错误时,他会专注于下一次的改善。当一个固定型思维的学生犯了一个错误时,他更有可能认为失败是因个人造成的结果,如"我不会拼写"或"我不擅长数学"。所以,不要给学生以能力为主要导向的表扬或个人表扬,而是要表扬学生的努力、坚持、有效的策略等。这样会增强学生的动力,鼓励他们不断尝试和进步。

四、赞美学生的成就

能力反馈有时会以比较的形式出现("你比你这个年龄的儿童做得好得多!")。然而,最好避免将学生与他人进行比较,即使这么做的目的是积极的,但方法是错误的。如果学生学会了通过与他人比较衡量自己,那么他们可能就无法应对未来可能会被超越的情况。

如果一个学生在小学阶段,总是被告知他的数学考试成绩是最好的,他的作文是全班最好的,等等。后来,他去了一所竞争激烈的私立中学。他仍然是一名优秀的学生,但他不再是班上最好的学生了。他可能会觉得自己是个失败者,而不承认自己的成功,因为他认为自己比其他学生表现好才算是成功。

赞扬个人对任务的掌握度可能比与他人比较更好。教师与家长需要关注学生成功掌握或完成一项任务的个人表现。比较表扬与个人掌握度表扬的对比见表4-2。

表 4-2　比较表扬与个人掌握度表扬的对比

比较表扬	个人掌握度表扬
你是班上最棒的	你比上次有较大的进步
你比你的朋友读得快	你在阅读方面有很大的进步
你是最棒的	你这次考试考得很不错，很细心，分数也提高了

五、给予学生鼓励性表扬

教师与家长试着不要给予学生评价性表扬，应避免说"我喜欢……"，如"我喜欢你的桌子看起来很干净。"如果教师与家长可以换一种方式进行表扬："你的桌子看起来很整洁。你把所有的物品都分类整理了！"这种表扬方式属于鼓励性表扬，更注重学生做得好的方面，而不是教师与家长对学生成就的评价或判断。因此，学生会对他的个人行为感到更加自豪，他也可以形成一种独立的内在评价体系，而不是不断地依靠他人的行为进行判断。

而评价性表扬容易把学生培养成讨好型人格，他会根据别人的喜好来判断自己的价值，未来容易造成迷茫，易失去自我（见表 4-3）。

表 4-3　评价性表扬与鼓励性表扬的对比

评价性表扬	鼓励性表扬
我喜欢你很快完成了自己的作业	你很认真、专心地完成了作业，速度也快！
我喜欢你的坚持	事情很难，但你并没有放弃，坚持很棒

六、提供学生表现的正反馈，聚焦其成长

表扬虽然不是有形的，但它本身就是一种奖赏。表扬会让学生暂时自我感觉良好，并被他人接受。问题是长期这样会使学生学习不是为了享受，而是希望得到回报，会沉溺于获得表扬或奖励。当这种情况发生时，学生可能只想做那些可能会得到表扬或奖励的任务。这可能会导致学生逃避具有挑战性的任务，只从事他们知道自己会成功的活动。

给学生关于他们表现的信息反馈是有帮助的，而不是作为奖励的表扬。如"你这次考试认真做题，又细心检查，取得了 98 分的成绩，可以看出你对之前的知识点掌握较好"。同时也可以和学生一起分析被扣掉的 2 分的原因，并想出解决办法，力争下次考得更好。信息反馈能帮助学生梳理自己的表现，反思

过程，解决问题，并获得进一步的成长。通过聚焦在事情的价值和自身的成长上，激发学生的内在动机，而不能仅仅关注其外在的赞扬和奖赏。

七、赞美的替代品

（一）说"谢谢你"

对学生说一句简单的"谢谢你"，能教会他们尊重自己的劳动或强化其正确的行为，如在看电视前完成作业或者对他人有礼貌。这表明教师或家长已经注意到并欣赏他的良好行为，并及时给予他们适当的表扬。

（二）承认目标

询问学生的个人目标，如他想要改进什么？他想关注的兴趣是什么？然后重点表扬这些目标和兴趣。

（三）问问题

通过询问学生感兴趣的事情或他已经完成的事情，增强其自信。例如，教师可以问"这幅画中你最喜欢的部分是什么"或"哪个部分最难画"。如果他喜欢恐龙，那么你也可以问他关于恐龙的问题，以此来认可他在这方面的专业知识。

学生在谈论他的成就和兴趣时会感到自豪。你也可以问"这些拼图都是你自己拼的吗"。在不过分表扬学生的情况下认可他的成就。

（四）什么也不说

有时候，什么都不说也没关系。心理学家吉姆·泰勒（Jim Taylor）解释说，他们知道自己什么时候做得很好，其实没有必要表扬。事实上，只有当教师与家长做过头了，并且使学生依赖他人的表扬时，如何正确表扬这一问题才变得有讨论的必要。这可能感觉很奇怪，但学生真的不需要一直被表扬。有时候，什么都不说也没关系或者只是拍拍学生的背或给学生一个微笑，足矣。

八、总结

当正确给予表扬时，它可以增加学生的内在动机、毅力、自尊和自我引导。有效的赞美应该是：节制，具体，真诚；表扬过程而不是人；提供关于孩子表现的正面信息反馈，聚焦成长；避免依赖于他人的比较；鼓励而不是评价。

如果我们想减少过多的表扬，可以试着说一句简单的"谢谢"，关注学生的具体目标，甚至什么都不说。

学生真的不需要不断地表扬，只是教师与家长觉得有必要不断地表扬他们。无论如何，"度"是十分重要的。作为教师与家长，当表扬学生时，要遵循这些原则，以确保表扬是健康的、有效的和能激发学生内在动机的。

泡小西区　戴志容　陈丹丹

家校联合矫转小学生不良习惯

摘要：学生在成长过程中，总会受到周边环境的影响，而不良的影响易对他们造成不良的习惯。有时候，家长会苦恼学生的不良习惯纠正困难的问题；有时候，学校和教师会苦恼学生不良习惯对班级产生的负面影响。基于这些现实情况，总结、探讨对此类情况的解决方法和途径，显得尤为重要。

关键词：家校联合　矫转　不良习惯

在小学阶段，由于学生的年龄小、心理承受能力弱，可能会与父母或爷爷奶奶或外公外婆一起居住，由于每个人的性格特点不同，教育的统一性差，所以他们容易养成一些不良的习惯。如何矫转这些不良习惯已成了当前教育工作中教师要迫切解决的问题。

一、不良习惯的表现

（一）不良行为习惯

做事磨磨蹭蹭、拖拖拉拉、马马虎虎，对家长、对老师说谎话，私拿他人财物，跟同学吵架甚至打架，不接受父母或教师的批评意见，甚至是唱对台戏。

（二）不良学习习惯

上课迟到或早退；作业书写潦潦草草，提交作业拖拖拉拉；上课时注意力不集中，埋头自己玩，抬头东张西望；时而跟周围同学交流与课堂无关的内容。笔者曾遇到一位这样的男学生，在学校延时课的时间里，班上其他同学都认真地完成作业，他在座位上翻东找西、看这看那，就是不写作业，等大家都开始提交作业时，他才开始动笔。每次教师都会提醒他，但只要教师一转身，他就会依然我行我素。

(三) 不良生活习惯

晚上睡觉很晚，早晨起床晚、起床慢；不整理个人用品；喜欢的食物暴饮暴食，不喜欢的食物一律不吃。家长在学生晚上睡觉前要提醒很多次，学生就是答应得快、行动得慢，甚至有时候会拖到晚上十二点才睡觉。明明家长提醒了，学生也答应了，就是见不到行动。家长非常生气，但又无可奈何。

二、不良习惯形成原因

(一) 家庭原因

父母是孩子的第一任老师，也是他的终身老师，父母的言行对孩子有重要的影响。所谓父母是孩子最好的老师，父母的一言一行对孩子的影响是最大的，例如，笔者遇到的那位男生，他的家庭影响主要表现在以下几个方面。第一，家庭成员中有行为不当。第二，父母教育方法有问题。第三，家庭成员之间关系不和睦，有矛盾。由于父母关系不和，谁也不愿意管理这个男学生。本来学生就有些调皮，自从父母不管他后，就越来越放肆，不守纪律、不服从教师管理、顶撞教师，常常跟同学发生矛盾，屡教不改，让大家头疼不已。第四，家庭里父母对学生要求不高、管理不严、过于溺爱。第五，由于父母太忙，无暇顾及学生，对学生的关心、关爱不够不及时。第六，家里由老年人照顾学生的起居饮食而无力辅导学生的课业。如家里父母都有工作，但是父母的工作都是起得早、回得晚，而且还要经常加班，所以父母都没有充足的时间管理学生的学习，只有请奶奶过来帮忙照看他的生活起居，但祖辈对于他的学习是完全没有办法帮助的，因此学生完不成作业。教师联系家长，也只有奶奶过来，对于学生的进步完全没有任何帮助。其实家长也很自责，教师也很苦恼。

(二) 校内原因

教师，教书育人主要是以下两方面：一方面是传道授业解惑，另一方面是品德教育和思想教育。部分教师着重关心知识的掌握，而轻视思想的教育，这样的结果只会对不良习惯推波助澜。由于一个班上调皮或不守纪律的学生相对多一些，造成教师在处理班级事务时，花费的时间较多。常常在 A 学生、B 学生之间的矛盾还没有解决时，又出现了 C 同学、D 同学之间的矛盾，让班主任有些疲于应付、心力交瘁。

(三) 校外影响

出了校门、家门，面临着来自其他不良风气的影响和现代社会存在着各种诱惑，而学生对此没有正确的认识，不能明辨是非，很容易对其价值观产生消极的影响。另外，学生、朋友之间的不良习惯的相互影响，也起着煽风点火的作用。学生对于自己的不良行为根本没有判断能力，而此时若教师也没有能及时对该不良习惯加以制止的话，会让坏习惯成为一种自然。

三、扭转小学生不良习惯应家校联合

扭转小学生不良习惯应是家校联合的教育，是由学校、家长双主导的教育。家校联合是将家庭教育与学校教育相结合的一种联合。家校联合教育能实现对学生教育的无缝对接，不管是校内、校外还是家里、家外，都可以实现对学生的实时动态教育管理。学校教育与家庭教育既是单独实施的教育主阵地，也是相互协调配合的亲密战友。如果学生在校时有好的表现，教师也可以及时跟家长表扬，大家都为学生的点滴进步而鼓掌。同样，对于学生在学校的不好表现及时跟家长反馈，家校协同、密切配合。在学校里发生的违纪行为，除了查找问题发生的直接原因，有时候还会发现会发生违纪是有一部分家庭原因。这也就是说，家里没有配合学校对学生的教育，从而给学生造成了管理漏洞，让学生有了可乘之机，从而开始胆大妄为。这些情况说明，家校联合能共同完成对学生无死角的教育监管是非常有必要的。

四、家校联合矫转的形式

（一）举办家长开放日活动

泡小西区的一个优良传统就是定期举办的家长开放日活动，让家长走进学校，和学生一起上课，甚至是结对上课，近距离观察学生在校表现，让家长更全面了解学生，这为家长提供了一个难得的契机，为有针对性地矫转学生的不良习惯做好认知。

（二）举办优秀学生的家长分享会

学校以优秀学生的家长分享会的形式，让家长学习并相互借鉴彼此正确的育儿经验，共同提高学校对困难学生的帮助成效。在某些时候，家长的亲身经历讲述的作用甚至超过了某些专家讲堂带来的效果，家长听得聚精会神。

五、家校联合采取策略

（一）学校教师的矫转策略

1. 正面教育，激励信心

教师与家长知道经常受到批评与指责的学生，往往较缺乏自信心。所以作为教师，更应该多肯定学生的进步，找到他们的闪光点。用欣赏的眼光来看待他们，更能让他们激发出自己内在的力量去克服困难，努力做最好的自己。

笔者曾遇到一位学生易和周围同学发生矛盾。刚开始教师按照一般的教育方式，对他提醒、点名、批评，但是效果并不明显、也不持久。后来笔者坐下来和他聊天，问他为什么总要惹事？他说是想和大家一起玩，但是也不知道为什么，别人总是不高兴。在笔者知道了情况后，首先在全班同学面前对他进行了重新定义，他不是调皮、爱惹事的小朋友，也希望大家不要嫌弃他。其次，笔者会在班上对他的优点进行表扬。表扬他队列时回答声音洪亮、表扬他有集体荣誉感，他还勇敢地指正班级队伍里没有遵守纪律的同学。慢慢地，在班级里批评他的声音越来越少，同学都能明显地感受到他的进步。一段时间后，跟他的班主任交流时，班主任也感受他的变化。这位学生不再是之前那个爱惹事的小朋友了。

2. 树立正确的价值观、人生观

针对现有的一些不良习惯，教师可以利用班会、板报、小标语来传递正能量，让学生树立正确的价值观、人生观。教师还可以通过组织观看视频、角色扮演、看宣传资料等活动，帮助他们辨别哪些是不良行为习惯。

（二）家里父母长辈的矫转策略

父母即使工作再忙，回到家要放下工作，给予孩子足够的关心和关爱，也要留出足够的时间来跟孩子沟通、交流，了解孩子成长中遇到的问题和烦恼，帮助其解决疑难问题。另外，家庭氛围要温馨，孩子能与父母平等地沟通，父母对于孩子好的习惯要及时肯定，不良习惯才能立即得到改正。很多小学生的不良行为习惯都是在家庭生活中逐渐形成的，所以父母更应积极地同教师进行交流与沟通，在纠正学生不良行为习惯的同时，也自我反省教育方式方法，才能帮助学生改掉不良行为习惯。

综上所述，教师大张旗鼓地表扬学生的进步，把小进步当作大进步对其进行表扬，使学生的进取心、主动性得以调动起来，进取意识也越来越强，坏习惯逐渐得到纠正。父母贴心的陪伴是学生勇敢面对一切困难的坚强后盾，学生感觉到安全时才会主动敞开心扉，把所见所想所感与父母交流，父母才能掌握第一手的信息，精准帮助其解决遇到的困难，促其进步。

教育工作者需要用爱心、耐心、责任心，信心来浇灌这些祖国的花朵，相信即使是迟开的花朵，也能享受阳光和雨露的滋润，快乐地成长。而我们的任务就是不断研究、探索、总结并且完善我们的教育方式，让更多的花朵健康成长。

泡小西区　方　涛

小学写话教学的家校共育策略研究

摘要：学校教育离不开家庭教育，学校教育也需要家校共育。近年来，国家出台了一系列政策文件，不断促进家校共育，推动基础教育事业的整体发展。家校共育能有效助力学生的健康成长，然而家校共育在实践中却存在许多现实困境。家长作为家校共育的核心人物，对学校开展的家校共育工作有着重要的话语权。本文基于家校共育的视角，具体围绕"小学写话教学"来开展家校共育与学科教学的关联研究，旨在验证家校共育有助于促进写话教学，并探寻家校共育视角下写话教学策略。

关键词：小学教师　写话教学　家校共育

学校教育离不开家庭教育，学校教育需要家校共育。家校共育顾名思义就是家庭教育与学校教育的结合，共同承担起教育学生的重任。家校共育是由以父母为代表的家长，以学校教师和管理者为代表的教育工作者共同组成的教育合力，以完善学校教育工作、促进学生的全面发展为目标，以学校为主体场域，家庭和社会各方面共同参与的一种双向互动活动。

一、小学写话教学中家校共育的内在需求

基于学生身心的发展特点，小学的教育教学更需要家校之间加强配合。越来越多的学校开始重视家校共育，良好的家校共育关系有助于学生的学习和成长。

（一）激发表达愿望、培养写话兴趣需要家校共育

第一学段"写作"被称为"写话"，第二学段和第三学段被称为"习作"。

课程标准的"学段目标与内容"中明确提出对写话有兴趣是第一学段写话最重要的目标。学生要对写话有兴趣，这是对写话情感、态度和价值观的培养目标，是达成其他写话目标的起点，亦是终点。教师可以运用一系列的教学策略点燃学生的表达愿望。但是课堂上让每位学生开口表达的时间十分有限，要使学生的表达愿望持续下去就需要家长接过教师的"接力棒"，鼓励学生在课外进行表达实践，落实说话训练。让学生先说后写，降低难度，培养起他们写话的兴趣和信心，顺利完成写话。

（二）养成观察习惯、丰富生活体验需要家校共育

要培养学生细心观察的习惯，这是一个潜移默化的过程。学生的观察习惯要在生活中养成，家庭教育比学校教育能起到更大的作用。只有将教育与实际生活相结合，才能真正培养学生的观察能力。家庭教育通过生活体验活动，营造良好的家庭学习氛围，通过引导学生细致观察，帮助学生积累丰富的感性体验。只有贴近生活的教育，才能拓宽学生的写话思路，为学生开辟想象的空间。

（三）丰富语言积累、落实语文运用需要家校共育

在写话中要乐于运用阅读和生活中学到的词语，正确使用标点。首先，有意识地培养阅读习惯，注重在生活中积累词语，是培养写话能力的必要过程，也是衡量写话水平的重要标准。其次，学生的阅读习惯除了教师的正确引导，也离不开家长的陪伴。良好的家庭阅读氛围对学生的阅读习惯养成至关重要。另外，学好语文也离不开语言实践，要让学生多听、多说、多读、多写、多思。让学生在教师的引导和家长的辅导下，将课堂上所学的知识主动运用到生活中，在生活中主动开口说、积极动笔写，能更好地提高学生的写话水平。

二、小学写话教学中家校共育的现状所需

笔者在小学低年段的写话教学中，发现了一些普遍性的问题。

从家长的角度看，大多数家长对学生的写话辅导"心有余而力不足"。根据调查结果来看，家长对学生的写话辅导意愿是很高的，但多数家长对学生的写话能力感到不满意，或对自身的写话辅导能力感到力不从心。大部分家长在辅导学生写话时遇到的最大困难是：不知道如何用专业、规范地表达写话的要求，家长对如何辅导学生的写话也在摸索中。

从学生的角度看，反映出的问题是有的学生无话可写，有的学生因为畏难情绪重而丧失写话的信心，还有的学生徘徊于家校间的指导差异而无所适从。

在校时教师难以进行一对一指导，大部分学生表示希望家长能在家辅导自己练习写话。可见，家长的辅导特别需要教师的指导，家校共育才能促进学生写话能力提升。

从教师的角度看，有的教师专业的写话指导能力还需要提高；有的教师认为缺少充足的课时对学生进行针对性的辅导；也有不少教师认为目前没有一套针对写话教学的权威评价标准，教师的评价标准不同也导致了教师在指导过程中的目标指向不明确。另外，教师对家庭辅导缺乏具体指导。不少教师在写话方面仅限于反馈学生写话的情况，或者强调家长应重视学生的写话，但是很少有教师会对家长提供具体的辅导方法，甚至没有家校共育的意识。

教师和家长处在"各自为营"的状态，这会导致在写话教学方面出现学生迷茫、教师挫败、家长焦虑的情况。所以，从家校共育的内在需求和教育教学的现实需要来分析，小学写话教学进行家校共育是十分必要的。

三、探寻家校共育视角下的写话教学策略

基于以上分析，探寻家校共育促进写话教学的策略，笔者得出以下总结。

（一）家校共育写话教学确保双向沟通

所谓家校沟通的双向性，即教师和家长互为沟通主体，以各种方式为沟通渠道，内容针对性强，在一定时期内交流频率较高，以保持信息的对称性。在家校共育视野下小学写话教学要注意家校沟通的双向性。教师是从事教育的专业人员，要作为主动方做好沟通的指导。教师要积极主动地将学生的学习情况、教学情况、教育动向等反馈给家长，并且家长也要能主动反馈学生的学习情况、在家表现、思想状态等。没有顺畅的家校沟通，家校共育就无从谈起，家校共育写话教学就没有保障。在双向的家校沟通中，家长能了解到教师在教什么、如何教的、如何评价、如何进行家校共育等，只要家长能有较高的配合意识，这些信息是非常有利于家校共育的。为了让沟通和反馈更加便捷有效，教师应该积极运用便捷高效的沟通平台，比如微信群、老师助手或班级优化大师等家校沟通软件，鼓励和引导家长在平台上进行反馈、交流、提问等，提高家长的沟通意识，促进家长对写话教学的重视和了解。

（二）家校共育写话教学要整体统筹规划

家校共育写话教学的整体统筹理念可从教师个人、教研组、学校层面来构建。从教师层面，在家校共育的视野下，教师根据教学需要设计好写话教学的序列规划。写话的序列性不仅要考虑到学生因素，还要考虑到家长因素。在写

话教学过程中，不仅要设计针对学生的教学目标和重难点，还要设计家校共育的写话目标和重难点。完整的写话过程大致可以分为储备、建构、输出和延伸阶段，教师要重视这几个阶段的内在有机关联性。教师在教学中，要放眼整个小学阶段，以过程为导向，做到写话教学有计划、有序列、有方案。从教研组层面，教研组在设计教学进度和统筹教学计划的时候，应明确规划语文学科甚至是细化到写话方面的家校共育的方案，制定学期、学年，甚至是小学阶段的家校共育规划与方案。从学校层面，学校处于指导地位，要依托各种形式的活动确保家校共育在学科上的落实，如开展家长学校、家长讲座，围绕家校共育做足工作，并将家校共育纳入学校发展规划。

（三）家校共育写话教学应关注个性问题

写话是语文素养的综合体现。每个学生的优点各有千秋，其存在的问题亦是各不相同，如有的学生因为拼写原因导致写话语句不通顺；有的学生因为积累不足导致表达受阻；有的学生因缺乏生活经验而无话可写……这些问题的解决方法不可"一刀切"。家校共育视野下的写话教学策略，可以兼顾学生写话的个性和共性等特点。教师在常态课上偏向于共性的视角，那么家长在家的辅助则偏向于个性的视角。教师在进行写话教学的时候，要熟知学生写话的个性问题，帮助家长和学生进行个性化的写话共育方案制定。此外，不同的写话板块，评价标准应有所不同；对不同的学生，评价标准也要有一定的区别。如对平时写话语句不通顺的学生，只要他能在表达通顺方面有进步，那就应对其予以肯定；对平时无话可写的学生，只要他愿意开口，那么就应该给予其鼓励……在写话的每个阶段，教师都要做到眼中有每个学生。教师要坚持评价的多元化，注重过程性评价。教师最好能征求家长的评价建议，做到评价主体和评价方式的多元化。让每个学生都能在教师的指导下和在写话的过程中散发个性的光芒。

从教育教学层面，家校共育得到了普遍的应用和实践，但具体到小学写话教学方面，家校共育的理论研究和实践研究都还不够完善。本文在查阅家校共育写话教学相关理论的同时，积极将其运用到实际写话教学中，经过不断探索，最终总结出家校共育写话教学的有效策略。笔者也体会到推进家校共育视角下的写话教学必然会经历一个较漫长的过程。希望教育研究者、教育实践者不断努力，最终促进学生写话水平和语文素养的提高。

泡小西区　陈雅婷　罗　腾

家校共育助力孩子快乐学习

摘要：教师与家长共同树立学生为中心的教育观念。教师是学生学习的主导者，家长则是学生学习的助力者。教师和家长应该是平等的合作伙伴关系，有着共同的目标——让学生快乐学习，在各自的角色里承担各自的责任，对于学生的学习统一教育策略和方法。家校共育让学生能快乐的学习，使他们的学习达到事半功倍的效果。

关键词：家校共育　共助　快乐学习

在"双减"背景下，家校共育遇到了新机遇和新挑战。一方面是家长对于教育教学质量有了更高的要求，另一方面是教师教育教学的方式需要进一步改进。在变革中，教师与家长仍需本着"学生为中心"的理念，互相尊重、互相信任、各司其职。在变革中，教师内修素养、外炼本领，丰富教育教学方式，提升沟通能力，担负起家校沟通的主体责任。家长也需要加强与教师沟通与配合，分享与交流。通过家校共育助力学生学习水平的提升，实现学生快乐学习。

一、教师与家长相互尊重与信任，构建和谐的共育环境

面对学生的教育，教师与家长有完全平等的关系。教师应放下权威，拉近与家长的距离，家长不必畏惧教师，要适时地表达自身的想法。教师与家长的第一次见面和第一次沟通尤为重要。教师需注重外在形象，适时展现自己的专业水平。教师需要认真倾听家长对学生的描述，尊重家长对学生的评价，尊重家长对学生的个性化教育。教师还可以从专业的角度给予学生一些肯定，给学生的学习提供一点建议。在班级交流中，教师避免给家长居高临下的感觉，应该更加平和、主动，针对不同的家长尝试使用不同的沟通方式，建立起彼此之间的信任，这样教师和家长才能劲儿往一处使。

面对孩子的教育，家长也需意识到家庭教育是不可缺少的部分，千万不能把教育孩子的责任全部推给教师。作为家长，对于自家孩子未来的发展，个性化的发展需要更应进行有针对性的教育，弥补学校教育中的不足。当家庭教育与学校教育发生冲突时，要及时与教师沟通，合理地表达自己的想法，消除误会，真诚地沟通，相互理解，为家校共育创建和谐环境。

二、课堂再现架起家校共育的桥梁

一方面家长对孩子的学习非常关注，但不得其法；另一方面孩子并不完全认同家长的教育方式。目前，学生的家长多数是"80后""90后"，具有较高的文化水平，但教材改版多次，对于学生的发展目标也做出了调整。随着改革深入，教师的教育教学方式更丰富了，评价方式多元化，而部分家长还用老眼光、老方法教育孩子、评价孩子。面对学校和家庭不同的教育方式，学生的认知被割裂开来。

为了让家长更好地了解课堂、了解孩子，笔者会在完成每天的教学任务后，把当天的学习情况分享给家长。分享的内容包括当天的学习目标、学习重点与难点、课堂上的学习方法、学生的精彩瞬间、学生的易错点、学生的困难点……分享的形式可以是带有批注的文字、图片、微视频等。家长可通过这样的课堂再现及时了解新教材的新要求，了解学生的学习情况，了解教师的教学方法。家长在给予孩子个性化的辅导时，可以与学校的方法保持一致。部分家长也可以根据孩子的需求提高、创新。教师与家长统一了教学策略与方法，学生的学习得到了多方面的有效帮助，学习起来自然就快乐了。

三、正面评价激发学生的学习动力，肯定家长做出的努力

传统的教育教学中，当学生出现比较严重的问题时，教师通常会给家长打电话说明情况。而现在，教师对学生的评价方式丰富而多元。一名刚工作的青年教师，每天批改学生的作业时，会手绘出各种萌卡表情给学生不同的鼓励；一名老教师发现学生错题多时，没有批评学生而是肯定学生做得好的方面，与学生一起分析错题；班主任会根据学生的特长与发展需要，为每个学生量身定制班级小干部；有些教师会从学生一年级入校时就用手机记录下每位学生获奖、上台展示、课堂精彩分享的点点滴滴。每当学生一段时间表现很棒时，笔者会给家长打电话，汇报学生的在校情况，重点表扬学生做得好的部分。每当学习有困难的学生有进步时，笔者会给家长打电话，及时表扬学生的进步，肯定家长做出的努力。每当班级中比较安静的学生积极举手发言或主动展示学习成果时，笔者会给家长打电话，希望家长能及时表扬孩子的主动参与，给孩子反馈教师对他的关注和喜爱。教师的正面评价，既可以激发学生学习的动力，还可以让家长更愿意参与学生的学习，让家校沟通更愉快。

四、开设家长课堂，为孩子个性化发展提供保障

"双减"政策落地后，作业量少了，课外兴趣班也少了，孩子与家长在一起的时间多了。家长为孩子个性化发展制定了发展目标，所以好多家长对孩子教育有话说。笔者根据家长的意愿在班级群里开设了美美妈妈文学社、馨馨妈妈讲绘本、达达爸爸讲数学、妍妍妈妈手工坊等家长课堂，如美美妈妈文学社会在星期二下午放学后为学生诵读美文，发布学生的优秀作文和动人诗句。美美妈妈文学社的家长制作了美篇欣赏，优美的朗诵获得了大量的班级小粉丝。妍妍妈妈手工坊总会在星期五的晚上由家长教学生剪纸、折纸、做家务、做美食等。学生跟着家长学会了剪窗花、折纸船、扫地洗衣、做面条……家长通过家长课堂发挥了自己的专长，不仅体会了教师的工作，加深了对教师的理解，还深入了解到同年龄段学生的认识水平。学生通过家长课堂拓宽了视野，丰富了技能。当学生看到父母精彩的讲解时，对父母的崇敬之情更深了。由家长拓宽了学生视野的边界，让学生的个性化发展得到保障。

"双减"政策给予学生更多的课余时间，推动了学校教育和家庭教育回归各自的角色。教师和家长积极互动，双向奔赴，学生、教师、家长、学校齐头并进、共同配合，共同助力学生快乐学习。

泡小西区　李　霞

技术赋能教育，智慧悦启未来
——教育信息技术背景下小学家校共育实施路径研究

摘要：在学生成长的过程中，学校和家长都发挥了教育作用。家长是孩子的第一任老师，学校是带领学生产生智慧启蒙的地方。现阶段在家校共育的背景下，只有充分协同好家校共育的力量，形成教育合力，才能让教育在新时代绽放光芒。而现在的家校共育一改传统的沟通模式，教育信息技术的引用，使得家校共育促进教育智慧共享实施成为现实。本文在研究的过程中，以"技术赋能教育，智慧悦启未来"为主题探究了信息技术背景下小学家校共育价值，以此来探究消除学生学习困难的实施路径。

关键词：信息技术　教育智慧　共享

教师对学生传道授业解惑不仅仅是学习知识上，更是对学生行为上的引导。学生每天跟教师相处的时间非常长，尤其是在中小学阶段，正是学生思维和品德发展的关键时期，学生品德、习惯的养成，是家庭、学校共同起作用的，在这样的背景下，就需要学校和家长达成共识，分享教育智慧。"双减"政策背景下，要求减轻学生的学业负担，提高教师的教学质量，通过在校内的学习是不可能完成的，还需要家长的有效配合与积极参与。通过教师的有效引导，帮助家长掌握科学合理的育儿方法；通过家长积极反馈，教师不断更新自己的教学理念和技术；家长和家长之间也可以通过教育智慧分享促进家庭教育质量提升，落实小学阶段"双减"政策的育人要求。因此，在教育信息技术背景下，寻找家庭和校园的共同育人模式是现代教育发展的探索和追求。

一、教育信息技术背景下小学家校共育价值

家校共育是实现高质量学校教育和良好家庭教育的纽带，通过家校共育的实施，能够促进教育手段的合作共赢，共同实现学生的培养目标。在教育信息技术背景下，家校共育要充分利用互联网。互联网以其即时性、便捷性的特点，打破了传统家校共育的模式，增强了教师与家长之间的交流与沟通，发挥了家长资源在家校共育当中的重要性，引导家长理解教师的教育模式、教学观念，真正实现了全方位、深层次和多角度的家校共育互动。泡小西区的家长课程体系实现了"学生入学，家长即入学，家长、教师互为资源"。教育智慧在家校共育当中的应用使得课程充分吸收各类资源，以解决学生的实际问题为主线，促进学生的品德发展、习惯养成、成绩提升。泡小西区针对教育信息技术背景下的家校教育智慧共享，主要有三种途径，分别是成绩提升——优学派，家校互动——希沃白板，家长互动——家长论坛。

二、教育信息技术背景下小学家校共育路径

（一）优学派

优学派是泡小西区为了消除学生的学习困境、提高学生学习主动性的重要模式。线上教学时，学校主要使用的教学工具是钉钉软件，但是钉钉软件相对而言功能较单一，基本只能满足线上教学的要求。而优学派是在学生复课之后，结合学生的"线上+线下"教学模式的融合而被广泛采纳的教学软件，相较于钉钉软件而言，优学派更加复合型，对学生的学习自主性的发展更高。优学派为不同的主体设置了不同的界面和应用，家长、教师和学生都可以创设自己的账号，不仅可以共享优学派上面的优质学习内容，同时教师还可以利用优

学派安排课前的预习活动、自主复习活动，比如说完成任务以后，可以直接通过优学派上传自己的作业。另外优学派还有学生的自主空间，学生可以将自己的任务完成情况在优学派上打卡。平时优学派还可以统计学生在学习过程中的实际情况，细化到学生知识点的测试、学习态度、知识掌握等，帮助教师实时监测学生的情况，便于实施精准教学。另外，针对学生在学习过程中产生的疑问、难点，家长无法正确引导和解决的，还可以结合教师安排的自主学习任务、合作探究任务等攻克难题。优学派上还有很多优质的课程资源，学生可以结合自己的情况对疑难问题进行搜集和自主学习。优学派还可以实现教师的教学智慧分享，家长通过优学派的账号，能够直接看到教师安排的任务，能够不受时间和地点限制开展学习、教学、辅导、交流，如家长在账号上能够直接监督学生的学习习惯，家长对学生的学习情况通过平台可以直观清晰地看到。优学派也成了家校共育的重要阵地。

（二）希沃白板

希沃白板也是当前学校在家校共育的过程中使用比较频繁的一个软件，希沃白板当中有一项功能是"云班牌"，该项功能的实施能够多维度地对学生的信息进行管理，加强学校与教师之间的沟通互动。利用希沃白板的功能还能够实现班级文化建设，班级文化建设是在教师的引导下，由家长和学生共同建立的，因此凝聚能力较强，是班级文化展示的重要窗口。例如，"云班牌"当中的云端储存功能，教师可以将学生在校内的情况、班级情况活动展示，利用该功能上传到平台，通过图片、相册、视频等方式，与家长分享学生在校内的表现情况，增强学校与家长之间的交流和互动。另外，该功能还实现了考勤打卡等功能，为校园智慧管理提供了可靠的工具。班级通过希沃校园助手的方式能够查看学生的课表信息、学校的相关资讯、班级相册的内容等，家长还可以直接在留言平台上留言，展示自己想对孩子说的话。

（三）家长论坛

家校共育是帮助特需学生巩固干预效能，促进其全面发展的最佳途径。搭建家校互动平台可以为家长提供教育资源的推送和支持，如家长通过线上的亲子同步课堂，掌握孩子的教育进度，在教师的及时反馈和指导下不断学习教育的方法策略，参与学生的教育过程。又如，教师建立班级家长群，在积极做好线下家校沟通交流的基础上，还进行线上即时互动交流，共同承担促进学生成长的责任。家长论坛也是家长的交流圈，在教育智慧共享的过程中，家长论坛也起着不可缺少的作用。在传统的家长会模式下，时间有限，每位家长不可能对自己的教育智慧和分享能做到面面俱到，而家长逐一向教师反馈的模式信息碎片化，使教师难以做到有效梳理。而家长论坛是学校在实践过程中促进家校共育的一种模式，不仅实现了家长与家长之间的沟通与分享，同时，部分家长还能将自己的教育经验和教育智慧直接通过公众号的形式发布出来，使其他家长能够观摩与学习，教师也能够通过家长反映的信息得到相应的教学反馈，便于改善自己的教学方法。教师也可以通过家长论坛的方式召开家长会，将阶段内学生的表现情况、心理发展及后期的提升等向家长讲清楚、说明白；而且家长论坛还可以打破时间与空间限制，不需要家长聚集到学校中，也不需要家长即兴演讲，这改善了传统教育智慧分享的方式，在教育信息技术背景下，使家校共育教育智慧分享成为可能。

为了进一步提高教育水平，家校共育是必不可缺的一种途径，而在教育信息技术的背景下，以信息化平台助力家校共育的实施、以信息化平台促进教育智慧的共享，让学生家长和学校共同享有教育智慧，让家长有效配合学校实施育人活动，这样不仅能够真正有效提升家校共育的质量，同时还能打造互联网背景下，家校共育的新生态。

泡小西区　郝　柳

用爱与真诚搭建家校沟通的桥梁

摘要：在《中华人民共和国家庭教育促进法》如火如荼推进下，家校共育模式逐步深化。只有做好家校沟通才能有效减少家校冲突，使学校和家庭取得一致性；用爱与真诚搭建和维系好家校沟通的桥梁，才能促进学生的健康成长。

关键词：家校沟通　家校冲突　沟通策略

教师与家长之间的良好沟通策略可以促进学校教育和家庭教育有效配合。班主任的工作之一便是努力做好家校沟通，家校沟通好了可以减少家校冲突，家长也可以更加理解、支持、配合学校的工作，最终取得家校共育的良好效果。

一、用爱搭建沟通平台

与家长沟通，是班主任和家长的双向互动活动，是语言、情感的双向交流。家长的人生阅历、性格特点等会直接影响沟通效果。因此，在家校沟通中要因人而异，要重视倾听与理解，多与家长"共情"，在家长信任教师的基础上，顺利达成认识上的一致，才能促进学校教育与家庭教育拧成一根绳，真正形成了一股合力，共同帮助学生全面发展。

在体育课上，学生小张和小王发生矛盾，小张的家长在得知这件事后情绪激动地打电话质问班主任如何处理这件事。班主任先安抚了家长情绪，又询问了小张的伤势，告知家长调查清楚后再回复，也提醒家长，如果是课堂上发生的事，体育教师一定是及时处理过的，希望家长信任体育教师。家长非常气愤，不愿听班主任的意见，要求班主任严惩小王同学，不然就到学校自行解决。之后，班主任向体育教师了解情况，初步知晓体育课上并未受伤，衣服上的血迹是由于上火导致的。在小张和小王动手后体育教师立即制止了他们的行为，观察小张并无大碍，但出于安全考虑还是让他去医务室留观，并严肃批评了小王的行为，在小张从医务室回来后也进行了询问，班主任和体育教师调取操场监控，还原事情真相，视频中小张先动手打人，小王正当防卫，与小张向家长说的情况严重不符。在事实面前，小张最终承认错误，向同学道歉，也为自己欺骗家长、欺骗教师的行为道歉。

后续在和小张家长的沟通中，教师提出："听到孩子说被打得流鼻血了，作为家长关心则乱，确实会很着急，作为教师很理解当时家长激动的情绪，但是请相信教师对学生的关爱不比家长少。"家长提到其实也发现小张在生活中有撒谎的情况，但他们却没有引起重视，相信了小张的一面之词。教师也适时提醒家长："以后遇到问题要先了解清楚再解决问题，相信教师和家长一样关爱学生，有问题及时和教师沟通。"

对于小张撒谎背后的原因，教师也与家长进行了原因分析，小张希望得到父母的关注，说明他在平时生活中得到的关注没有得到满足。家长说："每天小张上完托管班回家后都会陪他一起玩了再睡觉的，他想要什么也基本满足他了。"教师强调："对于小张这样的学生，应该给予适度的爱和关注，但家长要有原则性，比如可以给他布置一些积极关注的小目标、小任务，约定好的事情不反复更改，有意识地培养他的独立性，引导小张养成好习惯，而不仅仅只是陪着他玩。"

为了实现家校间的平等交流，就必须让家长信任教师，家长的不信任往往是家校冲突的根源,而信任是建立在充分了解的基础上的;教师可以用专业教师职业素养取得家长信任。家长的素质、性格各不相同,所以教师与家长沟通时要耐心倾听家长的意见,理解学生家庭的差异性、理解学生家长的个性化,只有充分了解了家长的诉求才能更快的"对症下药",解决家校矛盾。教师多站在家长的角度思考问题,才能在家校沟通中多共情式表达,才能增加彼此的信任。

教师在沟通时要多和家长共情,让家长感受到教师对学生的关注,用事实来化解误会,加深彼此的信任,这样也能避免类似事情的再次发生。在沟通中发现家庭教育中的问题适时提醒家长,及时提醒引导家长正确区分"养育"和"教育"的责任并提出解决问题的可行性建议,这样才能让家长能够信任学校教育,配合教师一起培养学生的习惯与自立。

二、真实表达促真诚合作

不管在任何时候,真诚都是心灵沟通的一座桥梁,在班主任和家长的沟通中更是如此。教师在与学生家长沟通时要以诚相待,只有这样才能打动家长,使学生家长与教师产生教育共振,有效地配合教师开展教育工作,用真实的表达来促进家校间真诚的合作。

小云同学被小紫同学多次揭发偷东西,教师先告诫小紫同学"偷"这个字很严重,没有证据不可以冤枉同学,要对自己说的话负责。于是小紫同学又带着"证据"和"证人"报告情况,教师通过对学生一对一的询问,了解到事情的真相。在此期间,小云同学一直在一旁默默不语,也不反驳,也看不出有一丝的愧疚。随后,教师对小云同学进行单独教育,在交流中教师意识到小云同学根本还不清楚"拿"和"偷"的性质是完全不一样的,在教师的批评教育下,小云认识到了自己的错误。之后教师与其家长联系后告知情况,家长一开始是无法接受的,觉得教师在夸大其词,说自己家庭条件也不差。教师提醒家长对于此类情况要引起重视,若这一行为不及时纠正则后患无穷。又帮助家长分析学生这一行为背后的原因,家长说不想养成孩子浪费的习惯,所以小云同学想要的一些东西就没给她买,但是没想到她会因此去偷拿同学的东西。教师先是肯定了家长想要养成孩子节约的意识,又引导家长在家建立"家庭奖惩制度",引导小云学会通过自己的努力合理获得自己想要的东西。第二天,小云同学将自己偷拿同学的东西悉数归还后得到了同学的原谅,教师也提醒那些"失主"在原谅小云同学的同时要为她的错误行为保密,维护小云同学的自尊心。

首先,没有调查就没有发言权,面对学生在学校里发生的事,家长是不知情的，所以当得知自己的孩子犯错时，家长第一时间无法接受也是在情理之中的，作为教师不能直接给学生"贴标签"。因此，教师与家长沟通前，一定要了解事情的来龙去脉，做到知己知彼，这样才能真正让家长信服，避免家校冲突。切莫在没有充分了解事情的情况下，就急不可耐地与家长联系，这样，不仅会冤枉学生，还可能给家长留下教师不稳重的印象。

其次，在与家长沟通的过程中多一些客观的具体事例，规避掉"我认为""我觉得"等这类主观性的表达，多用描述性的语言来代替判断性的语言，避免在语言上刺激家长。家庭教育是所有教育的根基，学生的健康成长需要与家庭教育紧密结合。教育无小事，要充分肯定家长的价值，让家长能更加积极地参与家校共育。与家长的沟通中最重要的是要让家长明白家校共育的目的是让学校和家庭形成合力，这样才能有效促进学生更好地成长。在家校沟通中要用真实的表达让家长明白只有教师和家长劲往一处使，才能引导学生找到正确的成长方向，以利于学生健康成长。

总之，家庭教育是学校教育的互补因素，二者配合得越默契，产生的教育合力就越大，效果就越显著。要使家长的教育配合学校教育，二者保持一致性的关键在于班主任与家长的有效沟通。家校沟通的目的是让学校教育和家庭教育在教育的根本层面上达成一致，即培养什么样的学生，只有在教师和家长共同的育人目标下，才能够在求同存异中互相信任。在教书育人的道路上，教师付出的是汗水和泪水，收获的是家长们沉甸甸的信任。多一点倾听，多一分理解，以诚相待，用爱与真诚搭建和维系家校沟通的桥梁。不管是家庭教育，还是学校教育，教育的最终目的都是促进学生的全面成长，只有教师和家长各司其职，形成合力，才能让学生在健康积极、和谐融合的家校共育环境中茁壮成长。

泡小西区　柳欣怡

找回无畏勇气，直面人生课题

摘要：在当今"双减"政策的影响下，学生的心理健康越来越受到社会、学校、家庭的重视。本文运用心理学相关观点对教育案例进行了分析，就家校共育的重要性、家长如何做好家庭教育展开论述，以期形成家校共育的良好教育生态，为共同关注学生内心动态，适时纾解心理压力提供了一定参考，以此进一步促进学生的身心健康发展。

关键词：家校共育　心理压力　育人案例

一、学生情况概述

还记得一年级新生入学没几天的时候，小锋（化名）妈妈告诉我，孩子今早不想来上学，我问家长为什么，原来是小锋看到别的小朋友被科任教师批评了，担心自己如果事情做得不好，也会被科任教师批评。客观来说，这个学生内敛含蓄，很静得下心来，但平时很少主动回答问题，在与人沟通的时候很友善，但比较害羞，在班上交到了几个好朋友。他的学业总体表现很优秀，如上课时非常专注，写字态度非常端正，作业质量也很高。科任教师几乎没有批评过他，但是他还是产生了这种焦虑，说明他给了自己过大的压力，伴随而来的是焦虑的问题。

这其实是一种逃避，其思维的逻辑是不去学校就没有任务需要完成，就不存在完成得好或坏，也就不会被教师批评。

其实小锋讨厌的不是学习本身，而是讨厌受到批评，讨厌这种尊严受损的感觉。不光是小锋，很多同学都有这样的心理，总是希望得到别人的认可和肯定，这种烦恼实质上是对人际关系的烦恼。

二、家校共育解决方法

要如何应对类似这样的人际关系问题呢？有一个很好的方法，那就是直面自己的人生课题。

（一）什么是人生课题？

一个人想要在社会中生存下去的时候，就会遇到各种人际关系，这是我们每个人都需要面对的人生课题，人际关系包括亲子关系、师生关系、同伴关系。

（二）为什么要直面人生课题？

小锋刚刚升入小学，刚刚接触到教师和同学，会有诸多的不适应，也还没有产生对班级的归属感，所以一面临问题，就想逃避到自己所熟悉的环境中去，这也是很容易理解的。但是如果不想面对就不面对，小锋就没有机会通过后面的接触慢慢融入班级，很难实现自身的成长，也难以找到在班级的归属感了。如果始终找不到这种归属感，小锋后面再出现类似的心理困扰，第一时间就又会想要逃离。

其实每个人都在寻找这样的归属感，而直面人生课题，可以帮助人们获得归属感，在今后遇到类似问题的时候就不会第一时间选择逃避了。

（三）怎么样才能做到直面人生课题？

1. 改变观念，直面课题

直面人生课题，前提是改变世界围着我转的观念。因为带着这样的观念生活就会以自我为中心，总是等着别人融入自己，不会主动融入别人。实际上，每个人都是渺小的，没有谁是世界的中心。每个人都必须自己主动面对人际关系。归属感不是什么都不做就能直接获得的，而是需要自己努力，积极主动地去面对种种课题。

2. 摆脱羁绊，分离课题

人们的很多心理困扰都来自人际关系，来自社会与他人的评价。如果总是很在意他人的评价或猜测可能的评价，就会在无形中给自己的内心套上重重枷锁，让自己的一颗心充满羁绊，自然会时常感到压力。

怎样才能摆脱这种负重的感觉，让自己的心变得轻盈呢？其实只需要理解一个重要的观念：每个人的课题都是分离的。简单来说，那就是我怎么爱你，这是我的课题，而你要不要接受我的爱，这是你的课题。学会将自己与他人的课题进行分离，只守自己的本分，过自己的人生，那么你就会发现人和人之间根本没有那么多纠结和烦恼。

三、具体过程

对于小锋来说，怎么完成学习任务，这是小锋的课题。而教师会如何评价，这是教师的课题。小锋能把握住的只有自己的课题。换句话说，也就是只要小锋认真完成了自己应该做的事，就已经是勇敢地面对了自己的课题。至于教师会如何评价，已经不再是小锋需要考虑的范畴了。

（一）直面课题

基于此，教师鼓励小锋再来学校感受一下，并且私底下找到他，和他交流谈心，他一开始有点胆小、怯懦。

谈心时，我先不发表意见，主要是倾听他内心的想法，了解他主要是因为什么学科的什么事情引起了他这么强烈的焦虑。只有充分地与学生交谈，了解学生内心真正的感觉，才能有针对性地解决他的压力和不适应问题。

倾听了他的想法之后，我温柔地和他分享自身的体会。刚刚新生开学，不光是学生，其实教师也有很多问题，如学生是否能适应学校生活？能否喜欢学校生活？能否转变状态，逐渐成为一个合格的小学生？能否调整课堂状态，专注听课？能否和同学友好相处？能否交到朋友？接着让他换位思考，这么多的问题，教师要怎么去处理，是否也可以逃避回家，不来上班？如果大家都逃避问题，问题能否得到解决？小锋摇了摇头，看来他已经隐隐懂得：只有直面问题，才能解决问题。

（二）分离课题

教师慢慢引导小锋回忆一下教师批评一个人常常是什么原因，一般都是应该做的事没有做好，反而去做了很多不应该做的事，这样才会被批评，小锋明白了教师不会无缘无故批评一个人。

接着我告诉他所有的评价，不管是好的还是坏的，都是基于学生表现，如果努力去做了，教师是不会批评人的，如果做得好或取得了进步，教师还会表扬。这个世界上没有完美的人，每个人都有缺点和不足。教师是学生成长路上的指路人，帮助学生走在正确的路上，帮助学生发现自己的问题，鼓励学生勇敢面对遇到的困难，最终帮助学生成为更好的自己。

"科任教师都非常喜欢你，特别爱你。如果哪一天，有教师批评了你，不代表他不喜欢你，他只是希望你及时发现自己的问题，及时调整，变得更好。你要明白，你做成什么样是你的事，老师怎么评价是老师的事，你只需要集中注意力把自己的事做好就可以了。你刚来学校，就表现得沉稳、认真，善于倾听，能静得下心来做事，这是你很大的一个优点。你上课时非常专注，作业完成情况很好。不仅如此，你与人相处时也很有礼貌、很友善，这些都是通过你自己的努力实现的，真的很棒，所以要始终相信自己呀。如果以后还有什么问题，不管是学习上的还是心理上的问题，都可以来问我，我一定会倾力相助的，好吗？"

在这次谈话的过程中，我一直在观察小锋的反应，一开始他的眼神很胆怯。慢慢地，在交流的过程中，小锋的眼神中多了一丝踏实。在夸奖小锋的时候，他的脸上浮现出淡淡的微笑。谈话结束的时候，小锋说："好的，谢谢老师。"这次小锋的眼神里有了更坚定的力量。

在接下来的这段时间里，我一边观察小锋的情况，一边和相关的科任教师沟通，科任教师对于这个学生的性格更了解了，也更知道用什么方式和他相处了。

（三）"五个多"

学生遇到的问题在学校层面得到了一定的解决，但是家长才是孩子背后最重要的知情人，父母对孩子的教育有着不可代替的作用。因此，和家长的沟通也必不可少，让家长明白家庭教育的重要性也尤为重要。要知道，家庭教育可以对学校教育进行良好的补充，也可以实现时空上的衔接，学生受到的教育才不会出现割裂。那么具体来说，家长们可以怎么做呢？

1. 多关注

孩子遇到困难时，有时候不会和父母主动说起，把许多事憋在了心里。不过行动上是瞒不过去的，会出现一些消极情绪、反常行为等，这就要求家长多关注孩子的身心变化。另外，家长应多关注孩子的进步，多表扬孩子的优点，这样可以减轻孩子的压力。

2. 多陪伴

高质量的陪伴对于孩子的成长有着深远的意义，用心倾听孩子的想法，给予他们尊重和信任，多一些耐心，如当孩子压力较大时，家长应多陪陪孩子，帮助孩子缓解压力。可以一起做些喜欢的事，如亲子共读、互动游戏、散步遛狗等。家长不要成为孩子学习的监督者，而是成为他们的陪伴者，和孩子一起成长。

3. 多包容

人生不是与他人的比赛，不把自己的孩子与别的孩子做比较，只求孩子自己进步，只让孩子与"理想中的自己"做比较。平时不要太强迫孩子去做某件事，多维护孩子的想法，尊重孩子的决定。另外，要允许孩子失败，我们每个人都有失败的经历，重要的是如何看待失败以及要学会在失败中总结经验，用发展的眼光看待孩子。

4. 多引导

家长要保持一颗平常心，成绩不意味着一切，孩子的发展有很多可能性。家长要帮助孩子正确认识自己，找到最适合自己的道路。当孩子压力大、紧张的时候，家长首先要弄清楚压力来自哪里，平时多与孩子谈心，鼓励孩子把心里话讲出来。当孩子遇到困难挫折时，家长要引导孩子换个角度看问题，找到挫折背后有利的那一面，鼓励孩子乐观看待生活。

5. 多体验

换个环境会带来不同的心情，父母可以带领孩子多体验新活动，多去户外接受新事物，通过各种体验和活动来提高孩子应对不同事物的能力，同时新奇的体验也会减轻孩子的压力，丰富孩子的见闻，带给孩子好的收获。

(四)"五个少"

1. 少包办
孩子的学习是他自己的课题,家长不能越俎代庖,什么都要包办。家长要把握好帮助的界限和方法,尽量让孩子独立完成任务,这有助于培养孩子独立思考、解决问题的能力,又有助于教师掌握孩子的真实学习情况。

2. 少代替
在孩子的兴趣培养上,家长不能代替孩子做选择,应该让孩子先多多接触各种项目,在不停的尝试中,找到自己真正的爱好才能坚持下去。

3. 少抱怨
孩子的心思都非常细腻,对于父母的情绪能很敏锐地捕捉,如果家长经常在家里抱怨工作和生活,久而久之,孩子也会觉得生活真苦,这样的家庭氛围不利于孩子的健康成长。所以,尽量不要在家里说太多抱怨的话,努力创造一个和谐且温暖的家庭氛围,在这样的环境下长大的孩子也会更阳光、自信、开朗。

4. 少批评
父母要注意辅导孩子所用的方式。即使没有用言语直接表达,但通过语气、态度等让孩子感受到了指责,同样会给孩子带来心理压力。像"怎么又做错了?""怎么这都不会?""怎么这么笨?"等话语都会让孩子感到紧张。同时父母如果没有关注或捕捉到孩子的心理变化,没有及时调整自己的教育方式,很可能导致孩子产生心理问题。

在这样的方式下,一提写作业,一提学习,孩子想到的都是紧张,都是担忧害怕,他自然不能集中精力学习,不愿在这上面当"傻瓜",也就自然会逃避学习,逃避写作业。

5. 少争执
在学习时,孩子常常会与父母发生矛盾、争执。即使没有显现出很大的冲突,但其实孩子的内心已积攒了很多压力,只是大多数时候,孩子在自己慢慢消化,或是他虽然消化不了,但当作习以为常。这些心理状态不外显,经年累月后会内化到他们的性格、人格中,成为自身的一部分,影响着他对待学习的态度和热情。

(五)方法在学生身上的实践和体现

针对小锋的情况,我和小锋的家长进行了进一步沟通,希望他们多鼓励小锋,多鼓励他做一些力所能及的事情,关注他在这些事情中的表现。另外,应多培养孩子的兴趣，课余时间有自己喜欢做的事是一件很幸福的事，可以很好地转移注意力，纾解孩子的心理压力。

小锋接下来的几周里情绪稳定多了，上课时眉头舒展了许多，有时还会绽放出可爱的笑脸，面对教师对其他学生和对自己的批评，也能更加坦然地面对了。

通过这一次家校共育，教师、家长和学生之间实现了彼此理解，实现了学校、家庭的双向奔赴，其实每个人都曾是"小锋"，之所以能一次又一次地闯过难关，靠的是面对困难时迸发的无畏勇气。希望我们都能拥有这份勇气，在未来的日子里直面自己真正的人生课题。

泡小西区　肖定军

社群共建——孩子成长的大家园

摘要：学校作为教育学生的主阵地，是学生接受教育促进身心成长的重要场所。学校应该发挥其纽带作用，将家庭、学校与社区融为一体，在学生拥有更多自我发展机会的同时，各方联合协作形成一个相互促进、共生共荣的生活学习共同体。

关键词：差异化发展　和谐融洽　社群关系　文化共同体　模范公民

学校是教育学生促进其身心成长的重要场所。学校、家庭和社区是学生接受教育的重要环境，因而学校在立校之初就重视家庭、学校和社区的紧密合作，共建和谐融洽的社群氛围和彼此协作的社群关系。

学生的教育是受他所接触的环境影响的，不是哪一个家庭、哪位教师能单独胜任的，必定要从各方面共同合作，方能得到充分的育人效果。泡小西区作为学生教育的主阵地，能充分发挥主动性向家庭传达"生活即教育，环境即教育"的理念。同时学校积极和社区沟通合作，努力和社区一起致力于将家庭、学校与社区融为一体，提供给学生更多的自我发展的机会，使学生在与他人合作共处中形成健康良好的社群价值观。在践行学校理念的这些年来，笔者也分享自己的几点社群共建的体会。

一、社区和学校共同携手丰富居民的文化生活，提升家长的文化修养

社区不仅仅是生活共同体，更是精神文化共同体。父母养育孩子是需要智慧的，而家长是学生成长的第一任教师。在社区的支持下，以学校为中心，开设市民课堂，水墨画课程、合唱社团、吟诵课堂、灯彩课堂……开展多年来一直深受居民的喜爱，在亲子学习中营造出书香家庭、艺术家庭的文化氛围。学生在进入社区参与各种庆典活动。比如在元宵节的时候，社区为参加制作元宵节花灯的家庭提供了材料和制作教学说明，然后由家长和孩子一起设计图案、制作各种造型的花灯，元宵节大家提着花灯来开灯会、猜字谜、秀才艺，极大地丰富了社区的文化氛围；在国庆节期间社区和学校开办亲子家庭影院活动，在校园里共看红色经典电影融入了爱国主义的教育……参与各种庆典活动的学生也更了解了身边的人文环境，让每个家庭深度参与其中，就形成了和谐的社群关系。这样家庭、学校、社区精神环境的一致性充实了社区共同体的情感基础，增强居民和各个家庭对社区和学校的认同感，有利于学生在成长中有一个和谐稳定、价值观一致的外部环境。

二、学校和社区合作把种植农耕带入城市家庭，让学生和家人参与田园城市的建设

耕读治家是我们这个民族的优良传统。如果学生能有机会每日照料、观察农作物的生长变化过程，他才会了解自然的节奏与循环，丰富感官体验才能让学生建立与外部世界的情感交融，感受自然世界的生命活力。于是每年社区都会在春秋两季给学校分发蔬菜苗，班级的阳台就成了阳光菜园。班级也会给每个学生一些菜苗带回家种植，每周学生家长都会在群里分享蔬菜的生长情况，如何培育、如何除掉虫害、如何施肥浇水等。大家在社区教师的帮助下学会了种植蔬菜，家长与学生在互相点赞、留言、答疑中既建立起了彼此的亲密关系，让学生增长了农业知识，也认识了餐桌上的一粥一菜的来之不易。家庭小菜园成了大家共享劳动成果的场所，也是形成共同价值核心的精神载体，自然教育在这样的过程中充分发挥了作用，学生在虫害中认识了生物体的共生共存的关系或者寄生关系，同类中的竞争关系，也认识到了植物的叶的种类不同，花的种类也相异，学生还由此思考为什么会不同？这样学生对植物的思考和探索也变得宽广起来。

三、学校和社区协同创建文明社区，让学生参与社区建设

建设城市环境靠市民，成都多次被评为全国文明示范城市，那是每个社区和其中的大小市民共同建设的。学校获得社区的指导和资源保障，请消防单位为学生带来消防常识教育和技能训练。让学生知道遇到各种突发自然灾害如何逃生自救；学校请到社区卫生院的医生给学生讲护眼爱牙知识、卫生保健知识，让学生习得如何让身体良好发育的营养讲座；学校请交警叔叔进课堂讲如何遵守交通规则，如何维护交通秩序；也会邀请社区志愿者讲述为何去做志愿者等。学校会组织一些为社区建设出力的活动，让学生走出去为小区居民做好事，主动招呼邻居、主动帮扶小区老人、主动为他人开门或电梯等；为上学路添光彩——捡拾他人乱扔的垃圾，扶起倒在路边的共享单车；为社区图书馆整理修补书籍等。在这些拓展的和日常生活息息相关的课程中让学生也带动家长慢慢成为模范公民。

四、学校和社区协同开设社区少年宫课程，丰富学生的差异性发展

在开展了延时服务后，根据家长的需求，学校提供了场地，社区协调了社区少年宫为学生开设了几十门兴趣课程。有的学生喜欢运动，操场上一群群学生随着篮球、羽毛球奔跑跳跃，舞蹈室里学生随着音乐翩翩起舞，实验室里学生对着各种实验的变化惊叹、尖叫，绘画教室里学生涂染着缤纷的色彩，书法课上学生精心描摹，这群学生享受着快乐的学习时光。这样既解决了家长的下班时间接送学生去校外机构学习的困难，也让学生在校内服务这段时间的选择变得有趣生动起来，有利于学生的差异性发展，这样学生才会各有所能、各有所长。同时，因为泡小西区是一个有着 6000 余名学生的超大体量的学校，学生放学后需要有一些户外玩耍的空间，社区和学校一起规划了学校周围的公共活动空间，增设了一些适合学生的玩乐设施，如秋千、沙池、滑梯、草坪等，供学生在放学后和伙伴们还可以玩一玩。学生之间的友好伙伴关系也发展为家庭之间的友好睦邻关系。

泡小西区　赖彩舲

实践取向的家校社一体化德育课程体系现状调查

摘要：家庭、学校、社区是儿童生活学习的重要场所，也是他们成长最重要的教育参与者。泡小西区通过开展"校内常态课程""校外实践课程""社区反哺课程"等形式多样的德育实践课程，努力构建家校社一体化体系，力图为学生成人成才提供更为和谐稳定的环境和氛围。

关键词：实践取向　家校社一体化　德育课程体系

在上级主管部门的指导下，泡小西区在家校社协同育人理念的引领下，长期坚持以立德树人为本，力图通过形式多样的实践课程构建家校社一体化的大德育课程体系。这一举措成功为广大的师生搭建了自我提升、服务社区的平台。在这个过程中，泡小西区为提高学校德育工作的实效性，积极探索新形势下德育工作的有效途径和方法，主动争取社区、家庭的通力协作，形成学校教育、社会教育和家庭教育的综合合力，牢固树立协同育人、课程育心的目标，努力践行社会主义核心价值观。

截至目前，泡小西区实践取向的家校社一体化德育课程大致从以下三个维度展开。

一、校内常态课程

（一）"泡家讲坛"课程

"泡家讲坛"课程是泡小西区长期开展的一项德育融合性课程。泡小西区将搜集到的优质的各行各业的家长资源转化为教育资源，有的甚至是各行各业的领衔人。他们走进学校，跨界变成教师，通过自己的专业、人生经验等，为师生带来丰富的课程体验。

通过每周五下午班会时间，开展大量的活动，如"李伯清老师眼里的成都""法国领事馆总领事（地质博士）讲述地球的演变""法制副校长的普及课程""卢克爷爷讲飞机制造""泡妈青春期系列课程""泡爸行走无人区经验分享""成都市妇女儿童医院专家营养课程""省院妈妈讲述卫生安全小常识""芝莺妈妈童书绘""儿童财商课程""社区一木环保课程"等上千次课程，大千世界，各美其美，深受师生的喜爱。优秀的家长本身也是社会一员，我们认为让家长通过这样的方式参与到学校教育中，是对学生最好的教育。

（二）社区实践课程

以班级为单位每周一次的社区实践活动，是一种良好的泛载学习。每个人的自然属性是客观存在的，而最终的社区属性是每个人最重要也是长期需要学习的一种属性，从小就应该树立"我是社会人，我应该为社会服务"的理念，而泡小西区搭建的社区实践课程就是着眼于每一件力所能及的小事，从小事做起、从身边的事做起、从我做起。这其中涵盖劳动教育、生命教育、自然科学、文化、艺术、美术、阅读等。

走进幼儿园，为弟弟妹妹们讲故事；走进敬老院，为爷爷奶奶表演节目；走进残疾人中心，为本身有缺陷的人们送去绘画作品或者一首小诗……当看到共享单车乱停放和被损坏时，制作了倡议小卡片、小报，张贴起来或放在车里；走进社区，与社区的叔叔阿姨在植树节一起种树，并写下美好的祝愿；一起走进咖啡店，用剩下的咖啡渣种植小植物，再送给社区中心、小区门卫，宣传环保的理念；在小区里、社区内，打扫公共区域、擦拭共享单车、打扫校园外部清洁，只因劳动让我们快乐！走进大自然，和社区的叔叔阿姨一起参加了自然学堂的课程，观察社区的清水河的植物、鸟类、昆虫，制作了许多可爱的自然画，同时也明白和自然和谐生存、保护自然的道理；热爱祖国、热爱文化，社区的叔叔阿姨一起创建了东坡家风广场……这些活动让学生学会生存的本领，懂得了生命的意义。

二、校外实践课程

（一）行走课程

每月一次的行走课程是以少先中队为单位进行的为期一整天的外出实践课程。由泡小西区大队辅导员带队，班级教师负责，家长委员会家长陪同，全体中队成员一起去感受历史、文化、艺术、城市的变迁等一系列主题课程。师生一起参与了"走进川菜博物馆""走进成都地震博物馆""走进成都市规划局""走进科技馆""走进非遗文化中心""走进少年儿童惩戒中心""走进武侯祠""节气中行走"等活动。

成长就是那些年一步步行走的足迹，是那些一本本翻阅的书籍，是那些一个个带来启迪的人，是那些一件件构成和丰富了人生的事，在岁月的沉积中，让每个人拥有了现在，拥有了一种完全不同于别人的生活姿态，一种独立于外的内在价值观和世界观，一种选择性记录下场景的视角。所以，同样的行走，每个人看到的东西和收获到的东西，是完全不一样的。

（二）综合实践活动

在上级教育行政部门的指导下，泡小西区分别在春天和秋天各开展一次综合实践活动。通过活动让学生了解大自然深秋的美丽景象，开阔眼界，激发学生对大自然的热爱之情。在活动过程中培养公民意识，爱护周边环境，强化文明习惯，体验欣赏美好事物的愉悦感受。让学生走出校园，品味传统民俗，感受文化，热爱生活、亲近自然，培养学生热爱家乡、热爱大自然、热爱生活的情感；培养学生在公共场所良好的礼仪习惯、卫生习惯和自护能力；与语文、数学、英语、美术等学科教学内容相融合，让学生学会在生活中学习，在学习中生活。

三、社区反哺课程

（一）社区教育基地

构建完善的终身教育体系，形成"人人皆学，处处可学，时时能学"的良好环境，推进学习型社会的建设，不仅是社区教育工作者的神圣职责，也是所有教育工作者义不容辞的责任。泡小西区的"五进社区"工作，是社区教育工作的重要部分。泡小西区希望通过大家的共同努力，来完善社区终身教育服务体系，为社区居民终身学习提供更加优质的教育服务，从而推进学习型"五进社区"建设，在社区教育学院的指导下，开展社区开放课程。泡小西区先后开设了水墨画课程、吟诵课程、篮球课程、羽毛球课程，深受社区居民的喜爱。

（二）"党建领航 优教青羊"公民共建的和谐社区

为深入学习贯彻党的十九大精神和习近平新时代中国特色社会主义思想，增强党组织的凝聚力和战斗力，泡小西区党支部按照青羊区教育局党办的统一部署，将党建工作纳入学校办学章程建设，与东坡路社区搭建学校与社区之间党建及各项工作的交流平台，如与辖区内民办单位艺晖舞蹈培训学校的党支部着力构建党建共建机制，共享社会治理新格局。在今后的工作中还将进一步完善融合党建的工作体系，发挥共建共享的联合服务作用，紧密结合社区实际，加强沟通，携手合作，形成资源共享、优势互补、互促互助的良好氛围。

"教育"当以"育"为先，"育人"又应以"育德"为首，一切教育归根结底都应当是"德"的教育。只有家庭、学校、社区三位一体形成闭环，通过内容丰富形式多样的实践活动，让学生乐学善学好学，从而为其构建更为和谐稳定的家校社协同育人氛围，使得学生成人成才之路越走越宽。

泡小西区　李怡蓓

社校合作，教育相长

摘要：好的教育模式和教育方法能够对学生进行有效的培养，广泛的教育定义是指学校、家庭和社会公众方面对学生进行的教育，而狭义的教育定义指的是专门的教育组织机构所进行的教育，也就是常说的学校教育。但学校教育却不仅限于学校内部，而是指教师采用正确的教学方式，使学生能够形成正确的品格品质。因此，学校教育也离不开生活教育、社会教育等，而教师需要合理地运用社会教育，积极与社区进行合作，拓宽对学生的教育渠道。

关键词：社校合作　学校教育　学生成长

社区教育对学生的影响也是相当重要的，小学班主任的工作就应该与社区教育进行紧密的结合，班主任在教育工作当中遇到的一些问题，也可以从社区教育中寻找到答案。教师在教学过程当中，也应该利用社区教育更加全面地对学生进行培养，让学生在成长过程当中能充分发展自己的能力，意识到自身优点。

一、班主任与社区进行合作的原因

（一）教学环境的复杂性导致班主任需要与社区合作

学生的学习与成长不仅与自身的努力有关系，还与周围的学习环境有着很大的关系。教师与家长都应该为学生创设良好的学习环境，那么站在教师的角度上来讲，就应该为学生创造良好的教育环境。教育环境是影响学生学习与成长的外在环境，其中包括教师教学方式、科学技术发展水平、学生家庭状况等。因此，教学环境是极其复杂的。学生在如此复杂的教学环境中学习与成长，可能会出现某一种因素对学生产生影响从而转变学生性格的情况，所以教师必须对学生的教学环境负责，需要对其进行调节控制，与社区进行合作教育，能够使学校教育、家庭教育与社区教育相结合，做到三方教育共同培养学生。

（二）教师管理模式存在弊端，需要及时进行改革

在现如今的教师管理模式当中，很多教师依然采用传统的管理模式，但是，随着现代教育制度的不断改革与发展，传统的管理模式早已不适应于学生。因此，教师的教育必须结合社会力量，通过与社会力量的结合形成社会与

学校的合力教育，做到教育上的事半功倍。在现如今的教育理念下，教师的教育必须以学生为本，这也是班主任工作必须与社区相结合的另一个重要原因，社区教育的主体就是学生，它能够摒弃课堂上以知识为主体的教育陋习，做到全面的培养学生。

二、与社区合作满足学生的发展需要

（一）满足学生交流的需要

现在的小学生大部分都是独生子女，他们缺少与他人沟通的契机与条件，即便是在班级当中，学生也只是常和要好的朋友玩，这对培养学生的沟通交流能力作用有限。而这个时期的学生正是需要良好的交流，社区教育可以满足学生的交流需要，为学生进行活动提供充足的场地和人员，班主任可以通过举办的社区活动让学生在这里学会与他人进行沟通，学会关心他人，学会表达自己。

（二）满足学生求知的需要

小学生的求知欲望非常强烈，他们不仅会对没有掌握的书本知识产生好奇心，还会对生活中的未知充满着好奇，因此教师要多带领学生走出班级，走向社会，通过一定的社会实践满足学生的好奇心。在新时代的教育观念下，教师不仅要教会学生理论知识，更要让学生学会如何做人，让学生能够将书本上的内容融入生活实践当中，社区教育就能够满足学生的求知欲望。

三、积极与社区进行合作的有效途径

（一）帮助学生树立公民意识，培养学生的社会责任感

很多学生知道要在学校做一名好学生，在家里做一个好孩子，但是在社区活动时却忘记了还要做一个好市民。常常会发现这样一种情况，那就是在校园中学生不会轻易在地上乱丢垃圾，并且能够做到看到垃圾随手捡起扔进垃圾桶里，但是在社区当中我会看到很多小朋友乱丢垃圾，或在公众场合中大吵大闹。其中的缘由很可能是在校内有规章制度约束着他们，从而逐渐让学生养成了良好的行为习惯，在社区当中没有明确的文字规章制度，学生也就随心所欲了起来，因此这种无论在什么地方都要有良好的品行这种意识需要教师去培养。教师首先要让学生养成一种特定的意识：行为习惯并不是依靠规章制度来约束的，而是一种普遍存在于日常生活的必要行为准则，学生需要明白自己在社会当中扮演的角色，拥有小公民的意识，明确社会公德的重要性。给学生列

举缺失社会公德会给全社会造成什么样的负面影响，从而让学生明白美德就是要从小事做起，培养学生具有一定的社会责任感，感受到自己作为小公民自身的发展对于社会的重要意义。

（二）创设小队服务、建立评优机制、培养健全人格

促进学生成长的最有效的方式就是带领学生走向社会，通过一定的社会实践或社区小队服务计划，让学生有良好的社会体验感，加深学生对社会责任的理解。就以学生在社区乱丢垃圾为例，教师给学生分好小队，组织学生在社区当中做公益活动美化环境，看看哪个小队的学生捡的垃圾最多，教师就要给予哪个小队相应的奖励。同时，教师也要把学生活动之前的社区场景拍张照片与学生活动过后的照片形成对比，让学生意识到社会环境美好的重要性。教师可以将小队服务变得更加多样化，最好能与社区人员进行一定的关联，或将社区的居民干部邀请到学校当中为学生开展有关小朋友要为社区做贡献的讲座，并且讲述一些自己平常在社区当中的工作，让学生了解自己从没接触过的领域。并且学生能够通过居民干部的讲座了解社区对他们的教育与期盼，其实无论是家庭教育、学校教育还是社区教育，这三种教育对学生的要求都是一致的，通过创设小队服务让学生更加明确自己的社会责任，养成健全的人格。

（三）通过社区活动培养学生的创造意识与独立人格

学生创造意识的形成能够帮助他们在学习和生活当中更加有欲望和憧憬，保护学生的好奇心和培养学生的创造意识是班主任工作中的重中之重。因此与社区进行合作的教育方式要求教师必须带领学生进行社区活动，通过社区活动的举办让学生拥有创造意识，如教师可以在节假日或者有实践任务的课程时带领学生在社区当中举办集体活动，为社区创造主题板报、与社区人员进行游戏活动等。在这些活动当中，学生因宽松的外在环境可以充分展示自己的能力，大胆提出自己的想法，从活动当中体验到乐趣，让学生真正了解社区活动，真正热爱社区活动。社区活动不仅能让学生发挥自己的才能，还能让社区人员发现学生身上的闪光点，班主任也可以从社区工作人员那里得到有效的反馈信息，从这些反馈信息当中，教师对学生的行为和状态进行总结，并且针对学生的行为选择更加适合学生的实践活动。同时，社区活动的多样性能让学生接触到更多的实践活动，教师带领学生去更有意义的场所进行实践，以此来开阔学生的眼界。并且教师还要与家长进行及时的沟通，尽量在社区活动当中融入家长的参与，让家长也能感受到学生的能力，而学生在通过社区活动的洗礼后会做的事情也越来越多，学生掌握的这些本领能够熟练地运用在生活当中，家长

也会慢慢发现社区活动对学生有利的影响。社区活动对学生的影响不仅能让学生拥有良好的创造能力，还能够让学生形成独立人格，在日后的生活当中做到自己的事情自己做，这种积极向上的人格也是班主任教育的最终目的。

总而言之，班主任的教学工作不能只依靠自己独自开展，而是应当运用多种正确的渠道促进学生的成长。与社区进行结合的教育工作就能够在一定程度上帮助学生提高自己的能力，通过社区活动增长学生的创造力，让学生有一定的公德心，培养学生健全的人格。同时教师也要关注到这种将学校教育与社会教育相结合的教育方式，尽量在自己的教学过程当中多运用这种模式，让学生能够在多种渠道中获得正确的教育。

泡小西区　何　婷

整合社区资源　推进美育建设
——以泡小西区非遗灯彩课程为例

摘要：泡小西区将家庭、学校、社区等多方优质资源为教育资源力量的理念秉持至今，积极开展"灯彩＋教育"的课程研发，学校建成了微型灯彩博物馆，开设了灯彩非物质文化遗产课程。创设更多适合学生最大可能发展的活动课程，促进学生自主管理、自我发展、自我完善，培养健康、快乐、智慧的学生。

关键词：艺术课程标准　社区合作　美育　灯彩课程

一、规划背景

近几年国家鼓励学校与美术馆、博物馆、青少年宫、社区及当地社区艺术家工作室和民间艺术工作坊携手，开展多种形式的艺术教育教学活动，以便通过优质校外艺术资源共享，提升学校的艺术教学的质量。

泡小西区以美术学科为核心，以中华灯彩为主题，同时将国学吟诵、生活教育、民乐、水墨画、机器人课程、乐高等特色项目与学科整合，不断助推学生多元发展，积累发展与成长的基本素养。集传统文化教育与学科整合于一体，开发兼具普适性和针对性的阶梯式发展课程，打造泡小西区非物质文化遗产特色课程。泡小西区的灯彩非物质文化遗产课程走出学校，走向社会，让更多的学生有机会参与自主动手、劳动创造、美育熏陶下的"制灯、赏灯、读灯、游灯、乐灯"为一体的实践体验，并用学生的灯彩作品点亮金沙太阳节、自贡民俗文化节等活动。以美育人、以美化人、以美培元，把美育融入学校人才培养全过程，贯穿学校教育各学段，培养德智体美劳全面发展的社会主义建设者和接班人。

二、规划方案

（一）寻找社会资源打造微型灯彩博物馆

在成都市文化广电旅游局非物质文化遗产处、中国国际贸易促进委员会自贡市委员会的大力支持下，整合学校、家庭、社区、企业、社会机构等多方优质资源为教育资源，2020年在学校A区打造泡小西区微型灯彩博物馆和A区综合楼灯彩课程研发中心。馆内展示了灯彩文化背景的介绍、独具代表性的学生灯彩作品等，营造了浓厚的美育教育氛围。

（二）整合美育资源，通过社区打造项目沉浸式学习课程

整合非物质文化遗产传承人、艺术社团、艺术场馆等社会美育资源，统筹学生艺术实践需要，优先在校内或学校周边新建文化艺术项目。计划通过相关项目开展沉浸式学习课程，在自贡彩灯博物馆、自贡彩灯集团、金沙太阳节、天府芙蓉园、年节文化交流平台等充分展示学生的学习成果。

（三）把灯彩传统文化引入课堂，通过社区走向社会

如何将灯彩与美术课本知识相结合，如何与其他学科相融合，让学生通过一些社区活动了解"灯彩"的发展史、构造、不同灯彩的寓意、原理来挖掘里面的知识，锻炼学生查找信息、处理信息、整理信息的能力，并能用所学知识欣赏评述美的感受，发现生活中不同材料的美，学会运用不同素材创造身边的美，通过这些社区活动让知识走向生活，又从生活走向社会。

三、实施办法

（一）完善灯彩课程设置，针对不同学情做出课程设计

低年段：在社区综合实践活动过程中，培养兴趣深入了解灯彩文化，提高学生对灯彩纹样及形状的鉴赏能力。培养灯彩制作过程中需要的简单剪纸、绘画技巧。用描绘、剪刻和印制的方法，进行简易版画与灯彩相结合的艺术实践。

中年段：在社区综合实践活动过程中，运用线条、形状、色彩、肌理和空间等造型元素，以描绘和立体造型的方法，选择合适的工具、媒材，记录与表

现所见所思、所感所想，发展学生的美术构思与创作的能力。

高年段：在社区的综合实践活动过程中，培养学生合作学习、共同完成创意的能力，培养其团队精神。尝试不同的造型表现方法，如写实、夸张、抽象、装饰等，运用造型元素和形式原理，运用泥、纸、泡沫、塑料等多种媒材，创作动物、人物和景物等立体造型作品。

（二）树立社区融合理念

加强美育与德育、智育、劳动教育相融合，把灯彩构建成以美术、音乐、书法、舞蹈、科学、信息技术等学科与社区文化相辅相成的融合课程，充分挖掘和运用各学科蕴含的体现中华美育精神、民族审美特质的心灵美、语言美、行为美、健康美、艺术美等丰富的美育资源。有机整合灯彩课程相关的美育内容推进课程教学，将社会实践和校园文化建设进行深度融合，大力开展以美育为主题的跨学科灯彩教学和校外灯彩美育实践活动。

（三）寻找成都特色，科学定位课程目标

1. 构建有成都特色的学校美育灯彩课程体系

明确各学段美育课程目标，开发具有成都特色的灯彩地方课程。以艺术史的发展脉络贯穿大中小幼相互衔接的美育课程体系，充分发挥不同学科领域承载的美育熏陶作用，通过学校组织的课内外美育教育教学活动，丰富学生对灯彩文化的历史积淀，提升美学审美能力，培养学生热爱传统工艺的兴趣，激发学生艺术兴趣和创新意识，培养学生健康向上的审美趣味、审美格调。

2. 以灯彩课程为媒介通过社区丰富美育实践活动

在社区、家庭、文化馆、企业等的帮助下，泡小西区鼓励将灯彩课堂搬到文化馆、美术馆、博物馆、展览馆等社会场馆，挖掘社会大课堂的美育资源。每年开展学期常规课程、社团课程、研学课程等实践活动，加强灯彩精品班的建设，发挥高水平学生艺术社团的示范引领与辐射作用；支持精品灯彩课程社团服务国家和本市组织的重大展览、对外交流等活动。

3. 通过社区、企业等媒介加强美育教师队伍建设

人之本在"教"，教之本在"师"，全体美术教师2021年与2022年连续两年暑假前往自贡参加灯彩教学相关的研修班培训，促进美育教师的成长与成才，建设一支师德高尚、业务精湛、充满活力的高素质美育教师队伍，培养教育情怀深厚、专业基础扎实、勇于创新教学和具有终身学习发展能力的美育教师，积极参与学校美育实践。

第一，通过一些社区活动，构建新的灯彩校内课程，推动学校美育发展。

第二，扩大灯彩的研究对象范围，填补此项传统文化在学生美育教育中的理论空白，实现更多的研究价值。第三，创新灯彩工艺技能研究领域，从社区、家庭各方面的研究，充实当前美育教育体系，为学校美育发展添砖加瓦。

四、结果分析

泡小西区从2020年9月建成微型灯彩博物馆，开设灯彩非物质文化遗产课程至今，在推进学校美育教育上取得一些阶段性成果。

在"双减"政策的影响下，泡小西区以美术学科为核心，以灯彩为主题，打造泡小西区国家级非物质文化遗产特色课程，集传统文化教育与学科整合于一体，开发了兼具普适性和针对性的阶梯式发展综合课程。

第一，通过一些家校社协同育人课程，加强了学生对传统灯彩的认识，提高了学生的美术兴趣。通过学习和制作灯彩培养了学生欣赏美、追求美、创造美的品格，从而进一步促进学生综合素养的提高。第二，让学生掌握正确的灯彩制作方法，在实践活动中运用剪、接、贴、画等制作灯彩，提高综合实践运用能力，形成终身受用的美术技能。第三，在社区、文化馆、企业等支持下，通过灯彩教学，在综合实践活动中使学生认知了民间工艺、欣赏传统文化，培养了传承祖国传统文化的责任感。第四，以灯彩教学为切入点，通过一些社区活动让学生了解此项非物质文化遗产文化的发展过程、内在含义等，使学生领悟祖国博大精深的传统文化，在学习态度、行为习惯、智力开发、品格意志、爱国情怀等诸多方面都得到良好的发展，全面提高学生的综合素养。第五，通过项目沉浸式学习课程，在中国彩灯博物馆、自贡灯彩文化产业集团有限公司、成都金沙太阳节、成都市青羊区文化馆、首届全国劳动教育现场会、成都城市音乐厅等各大平台参与展示、交流等活动。第六，通过非物质文化遗产灯彩课程的美育实践活动，泡小西区被评为中国民间文艺家协会彩灯艺术传承中心研学实践基地、成都市非物质文化遗产传承基地学校、成都市保护非物质文化遗产优秀实践单位、成都市青羊区文化馆非遗·灯彩分馆，营造了良好的校园文化艺术氛围，推进了泡小西区美育发展。

泡小西区将继续结合地区特色，开展以地方文化为主题的灯彩综合实践活动。继承和发扬优秀传统文化，促进传统文化与课程之间的交叉融合是当前学校教育关注的热点问题。学校作为文化教育的前沿阵地，承担着提高学生民族文化意识、树立学生民族文化自信的重要使命。在学校与社区合作推进的美育工作中，还要继续解决以下问题：一是缺乏灯彩综合实践活动课程家校社协同育人实施模式；二是灯彩课程活动主题如何选择；三是灯彩课程如何在社区有效发挥作用的问题;四是综合活动评价实施有难度等问题。

在灯彩课程的开发中,泡小西区整合了学校、家庭、社区、企业、社会机构等多方优质资源为教育资源,将长期坚持每学期开展美德行综合实践活动,校园环境整体设计,体现立美育人;美化班级文化,凸显"立美育人";开发灯彩美育课程,丰盈学生精神世界;开展灯彩综合实践活动,促进德美和谐发展。泡小西区做到了月月有主题,根据本地的灯彩教育资源,每学期都和社区合作不断灵活地加以充实、丰富,以顺应时代发展的要求,通过美德行活动,继续在灯彩课程中探索小学生美德塑造的新途径、新策略,建构一个具有时代气息,具有较强可操作性、科学合理的社区合作模式,建立起科学合理的评价导向,让美育才能真正回归"以美育人、以美化人、以美培元"的本位,从而实现学校德育规范化、现代化、科学化的理想与愿景。

泡小西区　朱　玲

校社合作在学校育人中的必要性及路径浅析

摘要:在大教育环境背景下,校社合作共育越来越成为教育改革和发展共同关心的问题。校社合作以自我概念、人类发展生态学等为理论基础,在儿童发展中的作用日益凸显。学校教育应紧跟"命运共同体"的步伐,充分利用社区的资源优势,建立学校与社区之间的互动交流平台,将"走出去"和"引进来"有机结合,实现双赢的教育效果。

关键词:校社合作　学校育人　必要性及路径

长此以来,学校在教育体系中处于核心地位,是儿童教育的重要机构。随着时代的发展,人们越来越认识到儿童教育不能仅仅依靠学校的教育,而应该更加重视家庭教育。家长是孩子的第一任教师,他们的行为和思想会对他们的发展具有深刻的作用,不仅会干扰他们的学习,还会塑造他们独特的个性。这些不同的家庭又与一个个社区相连。社区是学生早期接触的社会,它拥有社会环境的特质,也影响着学生的成长发展。在追寻高质量教育过程中,在如今大教育背景之下,社区、学校、家庭的三方合作成为教育发展和改革共同关注的问题。现在国家强调加强儿童服务能力,构建以社区为基础的保护机制,整合社会资源,积极发挥医疗机构、中小学校、义工和社会等各方作用,共同推动儿童保护工作的开展。基于此，本文从社区合作的必要性及路径进行综合分析，以期为进一步展开和提升校社合作提供思路与方向。

一、校社合作的必要性

（一）校社合作的理论依据

1. 自我概念理论

埃斯萨等人创立的自我概念理论指出，校园、家园和社会三者构成了学生的生活，其中社会处于最外围。他们强调校园、家庭和社会相互之间的关系对学生的发展非常重要，因为学生的学习范围可以从自身扩展到校园和周边社区。随着年龄的增长，学生对周围的环境和社会运作模式更加感兴趣，因此，校园、家庭和社会相互之间的紧密合作可以有效地帮助他们建立起积极的自我认知。[1]

2. 人类发展生态学理论

人不仅具有生物属性，也具有社会属性，他们与各种社会媒介、物体紧密相连，在与他人、事物和自然环境的互动中不断发展壮大。知名的自然心理学家布朗芬·布伦纳开创了人类发展生态学研究，以此来解释人们如何在这个复杂的世界中生存和蓬勃发展。这项研究深入探讨了影响人们的关键因素，主要是自然环境、家庭教育和学校学习。他指出，孩子的健康成长深受周遭环境的影响，这种环境由多个相互关联的体系组合，形成一个同心圆。社区环境中的幼儿可以通过与社区、家园中的物质和人或物的互动来获取知识和经验，这种互动是相互制约和联系的，任何一个系统的变化都会导致另一个系统的变化。为了促进孩子的健康成长，我们应该努力改善他们的成长环境，加强校园、家园和社区之间的联系，建立积极的互动关系，让孩子们更好地认识世界，并培养他们的适应能力。[2]

3. 情境教学理念

根据情境教学理念，知识只有在实际活动和情境中才能被真正理解，因此，知识不能孤立的存在，而是人与环境交互作用的结果。知识就像生活中的工具，只有通过实际应用才能真正掌握它们，因此，对于学生来说，教学内容应该来源于现实生活，比如动物、植物、建筑、人、科技等各个方面的认识，以便让他们更好地理解知识，并能够灵活运用以解决实际问题。通过实际情境

---

[1] 宋睿. 家、园、社区合作共育的实践研究 [D]. 南京：南京师范大学，2008.
[2] 转引自宋睿. 家、园、社区合作共育的实践研究 [D]. 南京：南京师范大学，2008.

的了解，学校及教师可以帮助学生更好地理解和掌握知识。社区是学生最真实的家园，我们应该从中汲取有益的信息，并将其用于教学，以激发学生的自主教学能力。①

（二）校社合作的意义

1. 教育资源的充分利用

社区教育是一种以社会组织和社会团体为基础的多元化教育形式，它不仅可以提高学校教育的社会支持体系，还能够为儿童的健康发展提供有力的保障。

2. 全面发展的迫切需要

社区环境对儿童的发展至关重要，它不仅可以创造优越的教学环境，还能够激活他们的潜力，促进他们的成长。因此，儿童教育应该重视这种特定的环境，利用社会群体的力量共同推动儿童的发展，使校社共育能够让双方的学习经验更加紧密、一致和互补。首先，儿童可以在社区中获得更多的经验，这些经验可以帮助他们巩固和发展在学校所学到的知识。其次，在学校读书过程中，儿童也可以运用这些经验拓展和提高自己。因此，校社合作有利于儿童身心获得全面发展。

3. 课程开发的坚实阵地

在落实国家发展课题的重要基础上，支持各地开展符合当地的特点教学，并且学校也应该充分利用校本课程，以满足本校的需求。社区作为重要的校外课程资源，学校可合理挖掘与利用。

二、校社合作的开展路径

（一）树立大教育观，打造共育平台

树立大教育观是家、校、社区实现合作共育的基础。社区教育资源丰富，形式多样，可把社区资源融入学校中。教育的力量来自社会各个方面，除了教育自身的途径和方式外，还需积极利用多种教育渠道和途径，使教育发挥最大的作用。学校教育既要注意与家庭之间的联系又要面向社区，以整合优化社区资源。从长远考虑，教育必将走向社会，充分利用社会的各种教育资源，甚至可以与中学及大学建立起相应的联系，为每个学生创造优良的学习环境。因此，教育须与家庭、社区教育相结合，进一步面向社会，开展多种模式的共育活动，

---

① 宋睿. 家、园、社区合作共育的实践研究 [D]. 南京：南京师范大学，2008.

在最大限度内产生影响，教育事业只有依靠社区和社会，才会取得长足发展。

（二）依托社区平台，开发课程资源

1. 走出去

通过利用社会资源优势，积极开展教育项目，让学生能够走进社会，学到书本上无法涉及的科学知识。例如，体验银行职员的工作方式或者观看商场销售员是怎样招呼顾客的；学校通过邀请消防员来学校，向学生讲解消防设备，共同了解消防基本知识，也能够开展灭火器使用方法演示，以进一步提高学生的消防安全能力，培养他们的消防安全保护意识，为社会做出贡献。通过亲身体验消防扑救等情景，学生能够学会怎样在紧急情况下开展自救和逃生。此外，泡小西区还希望通过世界地球日和世界水日课程中的宣传活动，呼吁大众节约用水，这些都是思想课堂上无法单独完成的教学内容。

2. 引进来

校内的教育资源无法满足教育需求，集体出行又无条件的情况下，可以考虑将社区优质的物质资源和人力资源请进来，如开展特殊工作需要具备的物质资源等。社区中有各类职业工作者，学校可以将社区中的职业人员请进校内，围绕其工作特点，配合一定的真实情境，帮助学生深入了解社会生活中的不同职业；社区可利用传统文化资源开展活动，如请进擅长国画、剪纸、绢花、蛋壳画、漆画、木工的民间手艺人；也可利用传统节日开展活动，重阳节可以请一些学生祖辈进校，可以为他们表演节目，做力所能及的事情，学生通过活动可以习得尊老爱幼等中华传统美德。

（三）发挥组织作用，构建保障机制

学校与社区合作共育，除了激发家长、社区居民、教师的参与积极性及提升参与能力外，还需要各个部门有力的支持，只有在内不断加强，在外得到支持的情况下，校社合作共育才能走得更远和发挥更大的作用。

教育是学校、社区、家庭的合作共育，互相配合、互相统一、协调一致，以达到资源互通，形成三位一体的教育模式，使学生的学习、生活习惯、交往能力、语言表达能力在此良性循环中得以提高，促进自身的成长。

泡小西区　陈琴霞

学校与社区的德育共建

摘要：探索学校与社区德育共建，贯彻立德树人的根本任务，让学生走进社区，让德育面向社会。学校与社区联动实现了德育课程与社区活动的有机融合，突破了德育教育在形式、空间、方法上的局限性，增强了德育教育的实效性，充分发挥了学校与社区对小学生进行思想品德教育的功能性，引导学生在日常学习与生活中践行社会主义核心价值观，同时推进社区建设，在社区加强社会主义精神文明建设，让"立德树人，德育为先"的宗旨能真正落地生根。

关键词：立德树人　学校德育　社区德育

近几年来，国家进一步推动、深化基础教育改革，重在落实以人为本的育人导向。在"双减"背景下如何科学推进义务教育阶段以人为本的育人导向，贯彻"立德树人"的根本任务，充分彰显德育阵地的作用，是泡小西区一直以来在不断思考、探索和实践的。泡小西区不仅重视校园主阵地的德育课程与德育活动开展，更着眼于学校与社区德育的共建。泡小西区积极与社区双向互动，积极用好社区资源，让教育的发生和让学生的成长面向社会。让学生走进社区、让德育面向社会，通过与社区联动实现德育课程与社区活动的有机融合，对学生道德品质培养有着重要意义。

一、学校与社区德育课程建设一体化

受"双减"影响，教育远离了"唯分数论"的现象，对小学生素质教育起到了积极的推进作用，学校对学生的教育与培养应该真正贯彻落实"以德为先，以人为本"的理念，通过学校的德育课程和丰富多彩的德育活动让小学生树立起初步的世界观、人生观与价值观。社区是以全体成员为对象，充分利用社区环境与资源，通过开展提高社区成员生活质量与人文素养的各种活动，促进社区的可持续发展和每位成员的全面发展。为了更好地开展小学生的德育教育需要学校与社区进行统筹协调，充分发挥学校与社区对小学生进行思想品德教育的功能性。

以环境保护教育为例，在学校德育课程中通过教师讲解与小组合作查找资料，学生了解了当前环境污染的危害，认识到保护环境的必要性和长期性，同时协同泡小西区所在的东坡路社区开展了"逸趣东坡，一起爱地球"的自然学堂活动，在社区自然学堂活动中，学生用视觉、嗅觉、触觉观察植物生长的环境，通过拍照等方式，把它们记录下来，最后再把自己找到的各种植物布置成自然宝贝博览会，并和大家分享了自己的收获。通过学校德育课程与社区的一体共建，培养了学生的观察能力、动手能力，也让他们感受到大自然的魅力和神奇，从小树立环保意识，自觉参与环境保护活动，立志做环境保护的小卫士。

此外，泡小西区还将"感恩教育"与东坡路社区的"敬老爱老"活动相结合，实施"服务社会，从我做起""拯救共享单车"等一系列的学校、社区德育一体化教育活动。在学校与社区德育课程的一体化建设中，泡小西区从学生与社区成员这两种角色出发，让学校的德育课程与社区的德育活动主题保持一致，把学校与社区的育人作用与各种资源相结合，充分发挥各自的优势，形成合力，共同承担立德树人的重要任务。

二、学校与社区德育双向互动，优势互补

学校作为落实立德树人根本任务的主阵地，是以新时代课程标准和教材研读为基础，有规划、有目标地进行德育教学活动，教师整体道德水平高，有利于德育的顺利开展，因此与其他教育环境相比，是更为规范、稳定、正面的，但学校的德育往往是以课堂为主体，在教育的广度和开展形式上相对单一，从思想浸润到实践行动的过程中缺乏校园到社会的有效载体。社区是社会的缩影，各类资源丰富且有各类专业人才，具有很强的实践意义，但是社区的道德教育存在相关人员德育水平参差，德育内容、环境和方法不规范的问题。因此，学校与社区的德育需要互为补充，弥补缺陷，发挥各自在德育教育中的优势。

社区为德育课程的开展提供了广阔的天地。每年三月，在教师和社区志愿者的带领下，学生来到东坡路社区绿化带，参加"种花种树种春天"的社区服务活动；在社区公益活动中，学生走进了东坡路社区，在活动中培养学生乐于奉献的精神；学生受邀参加了东坡路社区第二场共建家风广场活动，在活动中充分发挥主人翁精神，从小培养学生的公民意识与社会责任意识；在社区的支持下，成都市青春护航社区工作服务中心来到学校开展急救进校园活动，安全讲师以意外伤害及简单应急处理、火灾逃生及烫伤处理等常见急救知识为主题，通过专业讲解、案例分享和实操训练，加强学生的安全意识，提高学生的安全自护能力。

学校也在社区德育中发挥了重要作用，当出现许多恶意损坏共享单车的新

闻报道、各种不文明行为的照片出现在大众的视野中，泡小西区组织学生给共享单车过度打气、清洗、清理小广告，将乱摆放的车辆整齐摆放到统一位置，到社区宣传栏张贴爱护共享单车宣传小报等活动；学生积极参与社区法制宣传教育活动，手拿宣传资料，向居民们宣传法制教育，用实际行动宣传知法、懂法、守法、用法，让法律深入人心；学校的微型灯彩博物馆在周末、节假日与寒暑假向社会常态化开发，开展社区彩灯教育，中华彩灯文化惠民讲座、图书资料查阅、宣传交流等活动。

通过学校与社区德育双向互动，改变了传统的德育模式，避免了各自的弊端，充分发挥了各自的优势，从根本上突破了德育教育在形式、空间、方法上的局限性，增强了德育教育的实效性。

三、学校与社区联动，积极推动社会精神文明发展

学校与社区联动之后，能够进一步完善学校与社区的育人机制。这个过程既是对学生进行思想品德教育的过程，也是对社区全体居民进行思想政治教育的过程。学校可以成为社区精神文明建设的窗口，发挥其在教育引领、设施资源等方面的优势，结合社区在各级层面的资源与宣传力量，协同发展、互相促进，共同发挥社会主义精神文明建设的作用，思想品德的建设就从学生个体辐射到家庭，从个人成长影响到社区成员，这对城市建设、社会发展具有积极意义。

在2021年文化和自然遗产日时，泡小西区与东坡路社区联合主办了"中华文化，点亮东坡"传统文化大课程沉浸式体验活动。学校充分发挥育人主阵地，与社区一起挖掘资源，以传统文化为载体，让学生与家长一起去探究发现中华优秀传统文化的美，让德育从课堂走向生活。在体验活动中有"童心向党，礼赞百年"画展、"中华传统，雅文化"课程、"传承与弘扬"家风家训展及各种传统文化体验、学生与家长身着汉服，共赴了这一场传统文化盛宴。在与社区联办的"童音润心田，家风传万家"活动中，学校以"泡泡家族迎国庆红色基因代代传"的德育课程为载体，积极发动各个家庭唱红歌，让红色精神代代相传。在活动现场，每个演唱家庭都体现出了良好的家风家貌，本次活动带动了学生，感染了家庭，大家都在潜移默化中受到了熏陶，将红色精神根植在了大家心中。

从学生到家庭、从家庭到社区，在活动中推动了中华优秀传统文化的传承，弘扬中华民族优秀传统美德，加强思想道德建设，实现了德育课程与社区教育的有效衔接，实现了"教育一个孩子，带动一个家庭，文明整个社会"的

德育教育理念。

通过学校与社区德育共建，不断丰富德育载体与手段，多途径、多渠道为德育教育提供丰富的社会资源，让思想品德教育全方位、立体化，提高学校德育实效性，引导学生在日常学习生活中践行社会主义核心价值观，同时推进社区建设，在社区加强社会主义精神文明建设，让"立德树人，德育为先"真正落地生根。

泡小西区　郑　琳

家校社协同育人促成长

摘要：家校共育是学校教育和家庭教育共同培育学生。二者各有特点，相互联系、相互作用、相互影响。家校共育对学生的成长裨益良多，而社区作为学校和家庭之外的重要场所，逐步引起了越来越多的人的关注，如何联合社区资源，与社区展开密切的合作，促进实现家校社协同育人，这值得大家深入思考。笔者尝试从社区教育资源和文化资源两个小的切入点展开思考和探索，希望对家校共育中连接社区合作有所帮助，也希望此类思考和探索可以促进学生的成长，扩增其成长通道，帮助其快乐成长，最大可能地实现家校社协同育人的目标。

关键词：家校社协同育人　社区合作　学生成长

承担着不同教育角色的学校、家长针对同一教育主体（学生），采取一致的行动非常有必要。在家校社协同育人的大背景下，社区作为二者的过渡地带，有扩增学生成长通道的可能性。学校、社区、家庭三方相互联系、相互支持、相互配合有助于更好地实现共育，促进学生成长的目标。那么，如何积极促进社区合作，扩增学生成长通道，这值得进一步探索。

一、重视社会教育资源，开展丰富的校外活动

学校、家庭作为教育的主阵地，为了更好地实现家校共育，应该重视社会教育资源。在校外、家庭外开展各种丰富的活动，引导学生把书本知识与社会实践进行连接，促进学生成长。社区拥有丰富的社会教育资源，积极促进社区间或社区与学校、家庭的合作，有利于开展校外活动。比如，消防知识演练、

社区环保、垃圾分类、陋习与文明等校外活动。

（一）消防知识演练活动

消防知识关系到每个家庭的安全，泡小西区为了宣传消防知识，多次联合消防大队就发生火灾后的紧急疏散、日常用火安全、消防器材的使用等方面进行了宣讲和现场演示，旨在倡导更多的人了解并重视消防知识。这一系列的做法完成了知识层面的宣传，但在实践层面还远远不够。如何展开消防知识的实践呢？那就不能只依靠学校和家长，还需联合社区，三者之间形成合力，共同为学生搭建一座通往动手实践的桥梁。要想学生真正内化消防知识，学校、家长、社区应该积极协作、互相支持配合，尽可能地创造出消防知识演练的情境，引导学生在紧急的情境下正确运用消防知识脱困，使消防知识能演变成实际行动。这不仅仅是学生从知识层面到实践层面的进步，还会关系到各个家庭的安全、学校教育的有效性、社区的平安状况等，从个人到社区层面，该活动都有十分重大的意义，既有助于学生的成长，也有助于实现家校社协同育人共育的目的。

（二）社区环保活动

当下，环保问题的重要性愈发突出显现，大家对人与自然和谐相处，保护环境有利于可持续发展等观点的认可度极高。学校、家庭在日常的教育生活中，发挥了不可忽视的重要作用，如何让学生从意识层面的环保上升到日常行动中的环保，这值得泡小西区及教师深思。环保跟每个学生的日常生活紧密相关，要想学生在行动中践行环保，离不开家校社共育的三方紧密合作，社区是学生除了学校、家以外最熟悉，也是最常停留的场所。如果社区可以经常组织社区范围内的不同环保主题的活动，辅之以游戏或小奖品等具有吸引力的措施，一定可以引起学生的兴趣，进而引导他们参与进来。参与社区环保活动的学生，对环保问题的认识深度和广度进一步加深，在日常生活中也更容易从参与的活动中获得指引，逐渐由了解知识到初步实践，由学生一人带动家庭其他成员，慢慢整个家庭开始养成环保的生活方式，尽可能践行环保理念。社区作为学生教育的补充场所，通过该活动不仅会促进学生的成长，扩增了学生成长的通道，还从侧面辅助学校、家庭为学生创造教育的情境，帮助学生在知识、理念、实践等方面获得长足的进步，这也有利于环境保护，能促进社会、经济的可持续发展。

二、重视社区文化资源，开展多主题乐学活动

社区连接了不同的家庭，在当下家校社协同育人的大趋势下，社区所蕴含

的丰富的文化资源，开始获得越来越多的关注，如何有效运用这些隐性的文化资源，这需要家校社协同育人的主体——学校、家长、社区负责人共同来思考。作为家校社协同育人的其中一方，笔者尝试进行了如下的思考：将社区不同文化资源与学生兴趣相结合，期待多主题乐学活动对学生的成长能有所裨益。

（一）音乐伴我成长活动

音乐对学生的成长具有多方面的影响，概括地说可以陶冶学生的情操，可以促进学生注意力的集中，还可以减轻学生压力等。社区的居民群众中爱好音乐、擅长不同乐器的人数众多，这是每个社区宝贵的文化资源。如果社区能够提供一定的场地，号召各个爱好音乐的居民集中起来定期举行音乐相关的活动，引起学生的兴趣，进而组织一系列的试学活动，帮助学生找到自己最擅长的乐器，感受音乐蕴含的独特魅力，让学生从内心感悟到音乐背后的力量。进而，社区组织音乐伴我成长活动，引导充满兴趣的学生与社区音乐爱好者进行一对一的友好沟通交流，帮助学生在成长的道路上不断汲取来自音乐的力量，扩增其成长通道，促使其具有更多的可能性和多样性。基于此，家校社协同育人的作用便能很好的实现，也能促使家校社协同育人的三方主体后期更加紧密积极地展开合作。

（二）运动伴我快乐活动

运动是学生成长和发展的重要组成部分，它有助于学生的心理健康和身体健康。学生经常运动可以获得技能、经验和信心，这有助于发展学生个性。

社区作为学生除了学校、家以外停留时间最长的场所，同时作为家校社协同育人不可或缺的一方，有必要创设一定的条件允许学生参与运动。运动需要场地和设施，偶尔也需要一定的人员进行指导。社区群众中爱好运动的人不在少数，如果社区能够提供适当的场地和设施，组织社区爱好运动的人积极参与进来，引起学生对此类活动的关注，进而组织学生运动专场，可以竞技，也可以自由活动。借此，在响应了国家全民健身号召的同时，还增强了社区群众参与运动的积极性，增加了学生参与运动的场所和时间。在学生成长的过程中，社区多次举办这样的活动，不仅给学生的成长带来了快乐，还有利于学生成长过程中身心健康。社区在家校共育的活动中借此发挥了重要的作用，更好地实现了共育目标。

综上所述，家校共育离不开社区合作，如果能充分利用社区丰富的社会教育资源、文化资源及其他资源，相信这对学生的成长具有不可忽视的重要作用。同时，学校、家庭也可利用自身优势，积极宣传社区面向学生的不同主题的活动，带领学生进行尝试性的参与。在三方的密切配合下，相信社区活动可以更加顺利地展开，也可以最大限度地实现社区教育资源的作用，帮助学生从一开始的关注，到最后的密切关注和积极参与。从兴趣上引导学生自主参与进来，发现自己的爱好点，由此转为内驱力，由尝试变为坚持，由初步了解变为长期交流。长此以往，学生在社区找到了兴趣爱好，并定期参与；家长在家庭教育方面予以适当支持配合；学校在学校教育方面与社区展开可能性的校外合作，至此家校共育的目标基本实现，学生的成长通道得以适当扩增。

泡小西区　范立立

第二节　家校社协同育人实践故事

他们的变化

一、一个学困生的变化

作为教师应把每个学生看成一朵还未开放的花骨朵，静静地观察，耐心地浇水、施肥，慢慢地期待它逐渐绽放。

记得我接二年级的时候，有一个小朋友，叫杨××，是一个小男生，个子不高，爱微笑，喜欢与老师闲聊，但数学成绩不理想，总是考80多分，于是我想帮助他。我通过仔细观察，发现他上课很不专心，经常在数学课上玩小东西，如玩橡皮擦，在橡皮擦上用铅笔尖戳洞，或用直尺和铅笔搭各种玩具形状，如飞机、大炮等。我提醒了他会管几分钟，一会儿他又会拿出一个小东西来玩或在本子上随意画画，注意力总是很难集中在听课上，偶尔他感兴趣的地方会认真听一下，还会举手发言，但经常答非所问。面对这种情况，我知道不能让他养成上课不听讲的坏习惯。

有一天中午，我把他叫到办公室，请他坐下来，再慢慢跟他聊。我问他：你喜欢数学吗？他笑着说：喜欢。我又问，你觉得数学好玩吗？他又笑着说，好玩，我爸爸都教了我好多数学知识。我接着问，爸爸都教你些什么，说给我听听，他又笑着说：什么都教，只要我不会的（此时我好像明白了他上课为什么不听讲的一点点原因了）。我又问：那你喜欢你爸爸吗？他还是笑着说：喜欢。我话锋一转：那你觉得你上数学课认真听讲了吗？（他摇摇头说：没有）在干什么呢？（玩东西）真是一个诚实的孩子，老师也发现你上课有时要玩小东西，没认真听讲，这样可不好，学不到知识和本领，成绩也不好，会越来越笨的，我们要养成认真做事的习惯。今天，我们俩来做个约定好吗？他迫不及待地问：什么约定？我说：从今天起，上课要认真听讲，眼睛要看着老师，脑子要积极思考，小手要放好，不能玩小东西，你能做到吗？（他点点头说：能做到）。大声地再说一遍，他一本正经地大声说道："能做到！"我接着说：如果每天都做得好，老师每天都有奖励，做得不好，就要被批评了。（他又好奇地问：有什么奖励）我说暂时保密，到时候你就知道了，你同意吗？（他点点头说：同意）那我们拉拉钩表示说到做到。于是我边给他讲边示范，上课要怎么样听讲，再让他照着做了几遍，并对他说，从今以后，就要这样上课了，既然你喜欢数学，觉得数学好玩，那就要好好听课，学更多的数学知识，回家讲给爸妈听，他们一定会夸奖你的。他微笑着点头说好，我便让他回班上了。

下午，我把杨××的妈妈请到学校来进行了沟通交流，首先了解了孩子在家的表现及基本情况，妈妈说孩子在家做事就不专心，比如吃饭，刚开始吃几口，就说要上厕所，上完回来没吃几口，又要喝水了，吃了几口又要喝水了，一顿饭要吃半个小时以上，玩玩具也不收拾，哪里玩哪里丢，看书看几分钟就坐不住了，而且不喜欢看有文字的书等。妈妈边说边叹气，不知道该怎么办？接着我又给杨××的妈妈讲述了孩子在学校的上课情况和作业情况及今天与孩子的谈话和约定，希望家长对孩子有更多的了解和正确的认识。最后，我和杨××的妈妈根据孩子的情况商量了接下来的教育策略和措施：第一，定好规则，遵守约定，制作行为规范表和作息时间表。第二，身正示范，少说教，多默默地做示范。第三，给他玩的时间和空间，不打扰。第四，教育以引导和鼓励为主，切忌贴标签和指责，奖罚分明，尺度合适。第五，好习惯要长期坚持，不能半途而废……妈妈满怀信心地说，回家一定这样做。

第二天上课，我就开始特别关注杨××，刚上课时他坐得端端的，小手乖乖地放在桌面上，眼睛看着我。我走到他身边，摸摸他的头，对全班小朋友说，看杨××同学今天坐得可端正了，小手放得可好了，我们掌声鼓励他，希望他能坚持。这时，杨某某开心地笑了！（因为他得到教师的表扬和同伴们的鼓励）过了几分钟，当我的教学进入第二个环节时，杨××有些坚持不住了，小手开始乱摸，眼睛不时看看我，我趁机走到他身边，把他的小手放好，并悄悄对他说，要坚持，你能做到的。他又坐端了……虽然他不能坚持多久，但他已经在进步了，下课了，我叫他帮我拿东西到办公室，然后对他说，今天你真棒，能说到做到，上课没玩小东西了，老师给你一个奖励，我从抽屉里拿出一个红色的棒棒糖给他，说这是你努力得来的，回家告诉父母后才能吃。他高兴地拿着棒棒糖，蹦蹦跳跳地出去了，看起来开心极了！

接下来的每天，我都在关注他，每周都与他的家长沟通交流，谈谈他近期的表现和进步及需要注意的问题和下周重点关注什么。家长也觉得，现在孩子要听话多了，做事也不那么磨蹭了，回家还要主动讲讲学校教师今天又讲了什么新知识，还得到了哪位教师的表扬和奖品，可开心了！当然，他也有反复，有时很乖，有时又控制不住要玩一下，这很正常。当他表现好的时候，我都会及时的表扬或鼓励他，表现不好时就宽容他。慢慢地，他上课不再玩小东西了，还积极发言了，成绩也有了提高，我和他的家长都很开心，期待他有更大的进步！这就是天真、灿烂、可爱的孩子，我们积极开展家校共育，用心呵护每个学生！

二、一个爱哭小男孩的变化

在教一年级的时候，班上来了一个很爱哭的小男孩，教师说他一句他就会哭，上课回答不出问题时也要哭，教师没请他回答问题也要哭，作业改不完错也要哭，同学说他一句也要哭……总之，只要不合他意，他就会哭，而且他不是小声哭，而是大哭，哭起来一时半会儿收不了场，要哭累了才会停下来，导致班上其他同学都没办法学习，都怕他哭。但这个孩子很聪明，思维很活跃，表达也很清楚，很有逻辑，解决问题的方法也较多，动手能力也很强，所以我既喜欢他又怕他，喜欢他上课时认真听讲，积极举手回答问题，发表自己不同的想法；又怕他哭，他哭起来就没法上课，其他同学也没法学习，劝也劝不住。所以，我有时很头疼，怎么才能让他不哭呢？

首先，得了解他爱哭背后的原因，我从班主任那里侧面了解了一些孩子的情况，才得知，孩子从小是爸爸在带，妈妈在外面开公司，挣钱养家，半年左右才回来一次。原来是这样，爸爸带小朋友，难免有些粗暴，哪有妈妈那么细心和耐心，所以他会以大哭的方式引起爸爸的关注。我好像一下子明白了他爱哭的原因，同时也可怜他，没有在妈妈的温柔呵护下慢慢长大，还是有一些缺失的！

接下来，我与孩子爸爸进行了沟通，爸爸说孩子从小到现在都是他在带，还有一个小他两岁的妹妹。他妈妈在国外，工作很忙，每半年才回来一次，但每周都有视频，平时可能对他的关注不够，因为还有小妹妹要照顾，孩子在家也爱哭，饭吃不完要哭。作业做不来要哭，喜欢的玩具不买要哭，总之，凡是遇到不合他心意的就要哭，一哭爸爸就要打他，有时打了他就不哭了，有时越打他越哭，哭着要找妈妈，孩子爸爸也很烦，不知怎么改掉他这个爱哭的毛病。我对孩子爸爸说，孩子小，需要父母更多的关怀和帮助，特别需要妈妈的爱抚和关心，可他妈妈又常年不在家，孩子本身就缺少母爱和安全感！他只有用大声哭泣引起大人的关注，表达他的情绪，从而达到他的要求，长此以往，就养成了爱哭的毛病了。孩子爸爸不停地点着头表示赞同！接着，我和孩子爸爸商量怎样帮助他改掉爱哭的毛病，我们制定了两种方案：第一种方案是让妈妈回来带孩子，因为妈妈的爱更细腻，更能关注和发现孩子的点滴变化，对孩子的情绪影响更大，能更好地引导他健康成长，可以等孩子大一点了再离开他们，这样，孩子可能会好一些；第二种方案是依旧由爸爸带，但在家里，爸爸要多扮演妈妈的角色，多一些细心和耐心，多关注孩子，特别注意观察孩子的情绪，遇到孩子要哭的时候，多一些语言和动作的安抚，多正向引导和鼓励，少一些责骂和打闹。这样，我和孩子爸爸探讨了很多教育方法和策略，希望家校共育能帮助到他！

　　了解了他的情况后，在学校，我尽可能多地给他以母爱般的关心和爱护！上课时，多走到他身边，关心他、摸摸他的头，回答问题后及时表扬他，作业有错，单独叫他来办公室改错，并借此机会与他多谈心、交流，教他控制情绪的方法，课间，还让他多为其他教师和同学做点力所能及的事，然后找机会在班上表扬他，使他感受到教师和同学对他的关注和信任！还不定期地对他给予物质上的奖励。他可开心了，笑的次数也多了！慢慢地，通过家校共育，他哭的次数减少了，变得更积极阳光了，还喜欢帮助同学，同学也更喜欢他了，我也更喜欢他了！

　　通过以上事例可以发现，孩子出现问题是有原因的，教师和家长要找到问题的原因，通过分析孩子在家里和在学校的表现，找到问题的症结，然后制定合理有效的教育方案，家校配合坚持一段时间，看看效果，再调整，这样孩子的问题就会慢慢得到解决。

泡小西区　张彩霞

用爱守望花开
——同心协力，共筑孩子美好明天

一、春已到，花未开，便遇见

十几年的班主任工作，回忆很满，细品很甜。令我印象最深的就是那个头发乱蓬蓬，表情呆萌萌，脸上脏兮兮，身板很瘦小的学生小博。

他一听到音乐就会用双手紧捂耳朵，缩成一团，面露恐惧。他不喜欢与人交往，但又喜欢吸引人的注意，常去逗同学追他，同学受不了，起身去追，他就会向楼上跑去。他不喜欢用语言表达自己的感受，常常大哭不止。他会为学校朗朗溪的鱼儿翻越栏杆；会手握学校花台里的昆虫，肆意摆弄。他不喜欢教师发给他的任何小奖品，总是拒绝别人的好意。他上课喜欢满教室转悠，喜欢自己发笑，喜欢一溜烟跑出教室上厕所，很久不回课堂，要么就摆着各种造型发呆。

我试着找他谈心，他总是睁着大大的眼睛东看西瞧。我请他看着我的眼睛，跟我聊聊天，他的目光聚焦总不会超过三秒钟。

二、走近花芽

通过与其父亲的谈话，我才知道小博家境富裕，父亲是一家建筑公司的董事长，工作很忙，每天与孩子见面不到一小时。母亲常年待在国外，照顾身边的两个弟弟，打理国外的公司。在孩子成长的前七年基本属于父母缺失状态。小博从小由外婆照顾长大。在外婆眼里，小博似乎全是缺点。而外婆的情绪又易波动，稍不满意就会吼叫或打骂孩子，使小博表现出孤立、封闭、自卑的特征。以至于我最初想将他拥入怀中时，他却挣脱了我。

谈话后，我内心久久不能平静，像打翻了五味瓶！一个没有家庭温暖的孩子，多需要人爱护；一个没有人同情的孩子，多需要人帮助。我找到了他平时表现出来的"冷漠"是因为他长期得不到"爱"。我何不以"爱"的方式来解决他的思想问题呢？

我先设法接近他，清除隔阂，拉近师生关系。经过观察，我发现他喜欢研究昆虫。到了课外活动时间，我看他趴在花台捉蚂蚁。我就问他，你知道蚂蚁是怎么搬动比自己身体大百倍的东西的吗？他不理我，于是我拿出之前准备好的动画电影,给他看看蚂蚁的交流暗号及它们如何合作搬动奶酪。见他兴趣浓厚,我请教他蚂蚁的身体有哪些部分?有多少种类?它的家在哪里?并提示他,多参加一些蚂蚁这样的集体活动,大家会更喜欢他。因为我爱他,其他教师爱他,班里的同学也很爱他,很希望跟他玩。通过几次的接触,我与他慢慢交上了朋友,但他仍然不喜欢跟我交流昆虫之外的任何事情,行为更是没有多大转变。

为此,我在班里专门召开了一个班会,号召其他同学一起来关心、爱护小博,也跟科任教师交换了意见,希望我们能共同帮助他。我再次找到小博的父亲,与他进行了沟通,希望他能多抽出时间在家陪陪孩子,每天带他出去运动,表现出父亲对孩子的爱,多与孩子进行身体接触。也建议爸爸请妈妈每天给孩子连线一个微信视频,问问孩子一天在校开心的、不开心的事情,让孩子感受到妈妈的关心;请外婆把小博打扮得帅气一点,多给予小博夸赞。

这之后,我更加关注这个孩子:一边与他研究昆虫,一边与他交流讨论生活,进而讨论学习。我开始有意叫他到我办公室读书、拼拼音,耐心地指导他学习;在路上遇到他,我会有意识地先向他问好,细心地帮他整理衣衫、拍拍衣服上的尘土、擦擦鼻子;只要他的学习、行为有一点进步,我就及时给予表扬、激励;他生病时我就去他家看他……刚开始孩子有些抗拒,渐渐地他习惯了我的这些做法。慢慢地,小博开始与其他教师有交流了,话也显得多了些。但孩子对于父母、教师、同学的爱仍然未从心里接受,独来独往、我行我素,易怒、暴躁、不耐烦,趁别人不在,毁掉一切美好的东西,拒绝上美术、音乐课……

三、走进花芽

我又一次找到了小博的父亲,希望家长正视孩子的问题,带孩子到专业的医院做个预防性心理检查。经过多次谈话,小博的父亲为孩子做了心理专业咨询、检查,小博患有精神性抽动症、自闭症伴有轻微多动症。找到了小博出现问题的根源,我主动提出与医生积极配合,为小博单独建立家校联系本,用于家长、医生与我针对小博情况进行交流。我和小博的父亲每天将孩子在学校、家里的情况,教育、帮助他之后的反应、表现记录下来,供医生做参考,医生再有针对性地为我们提供改进方案。

我依旧"固执"地告诉小博:"你是个聪明的孩子,声音很动听、悦耳,只要你认真去听、去做任何一件事,都会做得比别人好!"在课上我开始有意无意地点名请他朗读,并及时表扬他的声音听起来是多么舒服,字音读得多么标准;我还常常把他的作业展示给全班看:书面干净、整洁、书写工整……渐渐地，他有了自信，我开始告诉他许多危险的事情是不能做的，要懂得爱惜自己的生命，绝不能爬高楼、窗台、玩其他危险的游戏，更不能欺负小朋友，因为大家都爱他！时不时我会为他的进步额外发些小奖品，也与他有私下的"约定"（某方面某段时间做好了，就会有哪些奖励）。现在这个孩子已基本能与其他孩子同步学习了，上课知道要认真听讲，还会积极举手发言，学习能力也提高了，字也写得非常漂亮，开始与同学接触了……尽管孩子身上还存在一些令人忧心的地方，但我坚信随着时间的推移，伴着大家的关怀，这个孩子一定会健康、快乐地成长。

四、家校共育，守望花开

孩子是一朵健全的花儿，他们需要我们——家庭、学校还有社会共同的爱护。花朵的茁壮成长需要温暖的阳光、甘甜的雨露和良好的环境，孩子的健康成长也需要家长的关怀、教师的培育和社会的包容。教育不仅是学校的事情，它也是一个社会性质的系统工程，需要家庭、学校和社会的共同参与。现代教育，尤其是现在的儿童教育更加注重家庭教育在教育中的地位和作用。因为儿童的身心发育尚不健全，很多事情离不开家庭的照料和关心，更离不开家庭与学校的相互配合和互相交流沟通。在儿童的意识里，家庭和学校的界限并不是泾渭分明的，家长和教师在儿童的成长过程中扮演一个被模仿的角色，孩子长大后的许多行为甚至思维方式都会留有家长或者教师的印记。由此可以看出，家庭和学校在儿童身心教育中是何等重要。因此，家庭和学校应当共同承担起儿童教育的责任。当然，在这个过程中，社会的影响是不容忽视的，社会的大环境会对心智发育不健全的儿童产生极大的影响，所以，社会也有义务为儿童的茁壮成长提供健康的环境。

作为一个小学教师，最重要的还是做好自己的本职工作——教书育人。要做好这项本职工作，首先要做到"有教无类"。所谓有教无类，是指对所有的人都进行教育而没有类的差别，即不因为贫富、贵贱、智愚、善恶等原因把一些人排除在教育对象之外。上面提到的小博，调皮、目中无人、扰乱课堂……可是，我们不能因此而厌弃他，相反还应该给予他更多的爱护和帮助。教育公平，不只是宏观方面的地域间平等、教育资源公平，还有微观方面的个体能接受平等的教育。不因为个体差异而进行歧视性的教育，应该是教育公平的一项重要内容。教育公平是社会公平的基础，只有社会成员不分你我，平等地接受了教育，才能获得平等的发展机会。孔子卓有成效的有教无类教育实践，开创了平民教育的新纪元，有力地推动了我国社会和文化的发展。现在处于深刻转型期的中国社会更应当把教育公平放在一个重要的位置，因为，教育公平可以为社会成员提供平等的发展机会，可以为中国社会的华丽转型奠定基础。

那么，作为一个教育工作者又该如何教书育人呢？除了上述有教无类之外，还应明了教的含义。在教育教学的过程中教师应正视学生的个体差异，善于发现学生的优点、长处，帮助学生克服弱点，扬长避短，并运用多元智能的评价方式，通过多种渠道，采取多种形式，因势利导地培养学生的自信心。对于学生的心理健康教育工作要做前、做细，做到"发展性教育"与"补救性教育"并举。调动学生学习的积极性、主动性和创造性，尽可能地发挥学生潜能，促进学生的身心发展。这就是欣赏教育，就是从学生的长处和优点着手，多表扬、鼓励学生，给予学生自信。上述案例里的小博正是因为感受到了教师、家长和同学的不断表扬和激励，发觉自己的优势，才逐渐建立起自信，逐渐从自我封闭的状态中走出来，与同学一起玩耍、一起学习，融入群体里面。欣赏教育的一个前提就是教师包括家长要善于并能够准确地发现孩子身上的优点和缺点，要全面地了解孩子，做到有的放矢。

教和学原本是相互关联的统一体以实现教学相长，运用到心理健康教育上也是同样的道理。教师其实就是比学生学习在先，知道在先，应用在先。教师也是需要不断学习的。在上述案例中，通过对一个问题学生的教育和引导，我认识到教育不是单向的灌输，而是双向的沟通，甚至是多方的努力。一个优秀的教师不是把所有的学生都塑造成一个模样，而是尊重学生的个体特征，进行启发教育，教会学生认真做好自己，能帮助问题学生找回自我，实现健康快乐成长。学生从教师的教育教学中得到知识、学到方法、受到启发、找到自我、突破自我，同样，教师也能在教育学生的同时受到启发，不断改进教学方式方法，最终能真正帮助每个学生快乐成长。其实，教育就是一个教师和学生之间不断交流、相互促进，最终实现自我完善的过程。

教育的过程是爱心传递的过程，是守望学生精神家园的过程。充满爱心的教育教师会用鼓励的目光，用欣赏的目光守望孩子。不强迫他的意志，不独占他的空间，不干扰他的成长，懂得每颗种子都会自我成长，并给他们空间，让他们来彰显自我成长的能量，开出最美丽的花朵！

泡小西区　珂艺滔

家校共育助力学生成长

2017年，根据学校的安排我需要中途接班，这本来是一件稀松平常的工作安排，遇到了一位令我印象深刻的学生，但这样一个案例的辅导转化过程却让我受益良多。

一、个案基本情况和问题行为

先天的感统失调和原生家庭的很多矛盾使孩子特别的敏感，情绪难以自控，还会有一些自我伤害的行为，在整个班级中几乎没有朋友。六岁他才开始学习和别人沟通，有时精神无法集中，有时情绪暴躁，有时有暴力倾向，上课却安静不下来。自入学以来，他暴躁伤人事件屡屡发生：经常无缘无故打同学，揪女同学的辫子，影响其他同学学习，严重违反了学校行为规范。在家里也不听父母的话，经常发脾气，动辄摔东西，与父母吵闹，甚至有攻击行为。他与父母的关系和班级同学的关系处在一个僵持的阶段，班级的其他家长对此也是颇有微词。

面对这样的情况，我不仅要维护这个学生接受教育的权益，而且要照顾全班其他学生的安全和学习，甚至是整个班级的和谐发展。随着时间的推移，我一切的付出慢慢带来了变化。

二、行为观察和分析

首先，这个孩子因为家庭氛围的影响，他的边界感是模糊的，同时，由于周围人的敌意，他的攻击性也较强，尖叫、攻击、恶作剧层出不穷，其他孩子对他敬而远之。每次和他谈话，他要么点头，要么摇头，不能用语言和我进行交谈，甚至与我是对立的。

其次，这个孩子长期生活的家庭环境使他处于家庭各种关系比较复杂的情况，父母之间的紧张关系让孩子处于一种紧张的感受中，这造成了孩子的压力和行为变形，以其行为引起父母的关注。

最后，父母疏于与孩子沟通，老人对其过分溺爱，造成他任性、爱发脾气的特征，使孩子心灵变得敏感和脆弱，过分在意他人对自己的态度，为引起别人更多的关注而常常做一些反常行为。

因此，针对该生的特点与问题，作为教师首先要从生理上关心他和照顾他，并逐步适当地对其进行引导、教育，走进他的内心世界，引导他愿意与同伴交往，克服自身任性等方面的问题，同时必须从家庭入手，和父母之间进行良性沟通，以期调整家庭的氛围及与父母之间的关系，从家校共育入手，同心协力方能助力孩子的转变。

三、辅导策略

（一）教师的教育和引导

我发现这个学生其实是很渴望爱和平等的，有一次，同学来投诉说他打人了，我急匆匆地赶过去，看到被打的同学委屈地哭泣，他在旁边冲着被打的学生嘶吼，还想再扑上去。我没有立即批评他、指责他，立刻先检查被打学生是否受伤，确认被打学生无碍后，我一把抱住他，慢慢地对他说："不要着急，深呼吸，老师相信你！"渐渐地，他平静了下来，开始靠在我肩头，放慢了呼吸。接着我又找到其他目击的学生一一询问，才发现他是受到了很难听的言语的刺激被激怒了才推了那位同学，但是不明真相的同学就起哄，说要告诉老师，这让他更加的激动。问明了真相，我又找到被推的学生，那位学生也诚实地面对了自己的错误，我先鼓励被推的学生先去道歉，当听到"对不起"的时候，他的眼睛突然亮了，什么也没说，呆呆地望着我们，哭了。从此以后，他开始信任我，我对待他也是一视同仁，该表扬表扬、该教育教育、该帮助帮助，渐渐地他感受到了善意和尊重，也更能接纳自己和其他同学了。

记得第一次上课的时候，正当我讲课讲得津津有味时，却发现他没有认真听课，侧身坐着，还不时地找同桌及前后的同学说笑。看到这种情况，我指着坐得最好的一个学生对所有的学生说："看某某同学做得多好！"其他学生都自觉地坐端正了，唯独他依旧我行我素。我马上走到他的身旁，望着他的眼睛说："课堂中要求坐姿端正，这是每个学生都应该做到的，老师相信你一定可以。"他满脸通红，斜着眼睛瞪着我，小嘴努得歪到一边，含糊不清地大声说："又不是我一个人不守纪律，你为什么不找其他人？"我没想到他的反应如此强烈，一下愣住了，但是经验告诉我，要冷静。我盯着他看了几秒钟，灵机一动，故意放慢语调说："因为老师知道你是最聪明、最懂道理的孩子，一定能正确看待自己的错误，也一定能改正，老师希望你能给其他同学做个榜样。"下课后，我拉着他的手，尽量用柔和的语气说："你帮老师想个问题，如果每个小朋友都像你刚才那样，班级里会是什么样？如果你是老师，你会怎么做？"他看了我半天，低下了头。

我还在班级中要求同学要谅解他，要采取冷静、忍耐的方法。我告诉他如果一周内没有攻击性行为或者没有一节课影响课堂秩序,他可以选择自己喜欢的方式对自己进行奖励,如在班上得到一次公开表扬等,让他充分体验到成功的欢乐,不断进步。

(二)父母的配合

经过和其父母长时间的沟通,在如何教育他的问题上,我们逐步达成了一致意见。我劝导他的爸爸要多和他相处、交谈,和妈妈共同构建相对和谐的家庭氛围,保证成人之间有什么问题不涉及孩子,更不能将孩子作为博弈的工具。对此,我在与他父母交换意见后,父母之间的关系逐步缓和,集中精力关注孩子成长:第一,在家规范习惯,和学校同步发展。第二,通过模拟的方式让孩子学习如何与人沟通、互动。第三,建立规则意识,划分孩子的边界感。第四,改看一些既有教育意义,他又喜爱的书报,陪伴孩子多阅读。第五,增加亲子时间,一起出游、一起打扫、一起分享,定期开家庭会议。为孩子营造一个温馨、和睦、充满爱的家庭环境。这样既能促进家长与孩子的沟通,又有利于减轻孩子与家长交往时的紧张感,消除家长和孩子的隔阂,增进家人之间的亲情与温暖。同时也能帮他树立自信心,增强自尊心,这是促使他与人自信交往的起点。

当他的坏习惯逐渐改变时,我又要求他的家长及时对他给予表扬,并用奖励的方法给孩子买些学习用具、玩具等,从正面对他的行为予以肯定。

(三)同学关心

集体的力量是无穷的,教师改正他的学习习惯,还注意发挥集体和其他同学的作用,通过师生对他的关心与督促,及时提醒他认真完成作业。

首先,为他营造一个平等友爱的学习环境。我安排一个外向、活泼、乐于助人的中队委与他同桌。这样当他有困难时,同桌就能热情地帮助他,帮助他恢复对自己的信心。其次,也能让他在与同桌交往的过程中学习与人交往的方式,帮助他人是赢得同学喜爱的首要条件。在潜移默化中,帮助他适应班级人际关系,走好同学之间人际交往的第一步。

四、个案辅导成果

三年来,经过教师、家长、同学的帮助,这个孩子易怒、易暴的情绪逐步稳定下来了,他脸上的怒气少了,微笑多了,和同学的关系也一天天逐步得到了改善,也乐意为班级和其他同学做事,教师和同学都情不自禁地说:"他的转变可真大啊!"在学习上对自己有要求、有期待,积极展示自己的才华,自信心也得到了增强。家庭的关系也得到了大大缓和,家庭氛围真的融洽了。

这位同学各方面都有了很明显的好转,每当他犯错误的时候,我就会帮助他分析犯错误的原因,提出建议帮助他改正,他总是能欣然接受。由于他的转变,班级的纪律好了许多,学习的积极性就有了很大的提高。加之他的小提琴拉得很出色、画画也是他的强项,我就鼓励他多多表现自己,全班都看到了他另外的一面,开始有同学和他交朋友了。最重要的是,他的父母因为他的变化,关系得到了修复,一家人变得更加和美了,看到这一切,我真的感到很开心。

只有设身处地地理解学生、帮助学生,才能真正赢得学生的心,同时这份对于生命的平等和尊重终将用心灵赢得心灵。同时,对于学生的成长转变仅仅依靠学校教育的单方面的付出和引导是远远不够的,也是达不到更持久的教育效果的。学校教育是培养学生良好社会行为习惯的主要渠道,家庭是学生接受习惯教育最早、时间最长的场所。因此,只有家庭和学校之间配合一致才有利于培养学生良好的社会行为习惯,才能让学生接受更完整、更持久的教育。

泡小西区　梁娜

难忘的教师节
——助推学生成长,促进家校共育

一、跌跌撞撞的成长路

教师节本应是接收来自各方祝福与感谢的日子,但我在这天晚上受到了不一样的"待遇"。

那是一个周五的晚上,经历了一年级第一周铺天盖地的工作潮水的洗礼后,人已经累瘫在办公桌前。这时,班级的微信群里弹出了一个消息——"@小晨爸爸、妈妈,你的儿子今天打了我的女儿,什么时候可以管教好他?"此条消息一出,群里"新账""旧账"一起翻出来了——"你儿子今天也把我女儿打了!""上次我娃只想找他玩儿,结果却被他打了!"……对小晨同学不良行为的质疑、声讨都来了,见此情景,我赶紧联系了消息发起人,先平息他们的情绪,后绪我们一起解决孩子的问题。

一年级的小晨确实是个过于调皮的学生。他敏感多疑,分不清别人对他是好意还是恶意，总是觉得别人要伤害他，或者对自己想要的东西会采取强制手段，也习惯用暴力解决矛盾；但他又喜欢哭鼻子，哪怕只是因为课堂上的小组比赛输了，他也可以动不动就在班级里号啕大哭。从一年级入校开始，几乎每天都有学生来给我告状说被小晨欺负，小晨的父母也几乎每天都在向别的家长道歉，每天也都在惩罚他，这样的事总是恶性循环。其他同学知道靠近他会受到伤害，所以看见他就会躲得远远的。直到发生了一件更严重的事情——有一天，他跑到学校五楼音乐教室里，翻进了阳台，把音乐教室里的乐器、教科书等物品从五楼扔下。事后，他说这样做的理由是自己太无聊了。我知道，小晨的问题越发严重了，赶紧和家长联系，尽快行动起来，商量如何尽早矫正他的行为。

二、家校共育，摸索前行

据我们分析，他造成的事故很多都是因为误会。比如，别人只是摸一下他，他却认为别人在打他；"高空抛物"是因为教师和妈妈给他看过这样的安全教育视频，但他想亲自试验看看；与同学发生口角，怎么也说不过别人，只有动手来解决了……许多"事故"都是因为没有及时表达、沟通而造成的误会。

思前想后，准备了一周。我特地为他开了一场班会，主题为《认识我的同学》。会初，他羞于站上讲台，只敢背对台下。我问大家："小晨同学有什么特点？"不出意料，全是说他爱打人。我说："那有没有厉害的同学能发现他不一样的特点？"全班沉思了。一只小手突然高举："他跑得很快！""对，比我快好多呢！""他是我妈妈朋友的儿子，我们经常一起玩儿""他的字写得很漂亮！""他学习时很认真！"……果然，给学生不一样的视角，他们总是能给你惊喜。背过去的小晨嘴角有一丝丝笑意了。我说："非常高兴你们能有一双发现美的眼睛。小晨同学也听到了你们对他的赞美。很高兴你们再一次认识了他，他也为你们写了一封信，想承认这段时间他的一些错误，请你们仔细听一听。"我让小晨拿出他在家长的指导下提前准备好的信，里面写着这段时间以来自己的错误和对同学的道歉。读完之后，班上爆发出一阵掌声。我说："小晨同学还没有在班上交到好朋友，你们愿意和他做朋友吗？"全班齐声回答："愿意！""他叫什么？我们一起喊他的名字，让他转过来吧！"全班呐喊着他的名字，小晨终于笑出来了！其他同学也笑了！那一刻，同学之间的不计前嫌与天真无邪深深地打动了我，我的眼眶也有些湿润了。

班会之后，我跟他的家长沟通得更频繁了。他的家长深知自己孩子的不足，全力配合教师的指导。根据我的建议，他们在家采取了以下措施：第一，实施积星兑换榜，即周一到周五根据教师每天及时反映给他们的在校情况及阅读、家务、运动等居家表现，对小晨同学进行加减星，达到一定程度，周末奖励一次全家出游或满足孩子一个小愿望。第二，每天晚上进行一次复盘，说说自己今天的得失。爸爸妈妈都要在场，认真地表达各自的观点，倾诉自己对家人的爱意和关心，建立孩子的安全感。第三，制定家规，奖惩分明，如出现严重错误，必须受到惩罚。第四，发挥长处，学习了一个体育项目——踢足球。在足球练习中，充分挥洒自己的汗水，学习团队合作精神，培养毅力与耐力，寻找自己的价值和所长。

三、耕耘静待，指日花开

三年级的小晨同学已经又长大一些了。再要去问同学对他的印象，那会是成绩很好、体育成绩优异、书写漂亮……运动场上我时而看见他奔跑的身影、纵身射门的画面……那才是一个孩子该有的样子，自信、果敢、有责任心。同时，他还拥有一群形影不离的好朋友。

直到现在，小晨的家长依然没有放松对他的管教，总是时不时地和我沟通他的表现，分享他在校内外的一些趣事。他的成长也促进了我的成长，我深深被教育一个人这种神圣的使命打动，也深知教育孩子确实需要教师和家长一同走近他的身边，再走进他的心里。

回想那个晚上，家长在班级群里公然发出这样的声音时，在非常理解为人父母心疼孩子的心情的同时，我也明白其他家长所作所为的目的，想要公开质问对方要个说法，并且尽可能找到共情之人。也有可能是还不太信任才接触到的这位教师，甚至质疑教师对学生的安全教育工作。我也充分理解他们此番做法的原因：终归是缺乏了解二字，我们之间的信任感还需要进一步建立。

那一晚群里安静许久后，我终于发声了：亲爱的家长朋友们，孩子成长的路上难免风风雨雨、磕磕碰碰，但好在有你我携手共进，一直为他们照亮着前方的路。花虽未开，但指日可待；缓缓浇水施肥，切勿揠苗助长；待到花儿烂漫时，我们一起再回首这过往的酸甜，见证我们和孩子的共同成长！

泡小西区　何　瑞

巧借评价之手，培养数学好习惯

一、缘起

（一）教师的苦恼

在儿童教育中，很多教育专家都会谈到培养学生良好习惯的重要性，作为一名教师体会尤其深刻，我们见过太多聪明的学生由于学习习惯的原因出现的各种问题，如在练习中出现抄错数据、算错数据、看漏信息等各种情况，一改都会，一做就错，让家长与教师都很头疼，孩子自己也很苦恼。而这个问题也是每届学生都不可避免的问题，而我为此也很头疼。

我常常想当我接到一群六岁的小朋友时，他们跟着我六年，十二岁小学毕业进入初中，我除了能带给他们数学知识，我还能带给学生什么呢？这六年我还能给他们留下什么痕迹呢？

（二）来自家长的启发

2016年，我教的学生升上三年级了，随着知识难度的提升，题目的综合性也越来越强，平常的作业和考试中上述问题又不可避免地出现了，除了平时提醒学生一定要看清楚问题再落笔之外，我也确实再无他法了。

一个周五的下午，一位妈妈联系我，谈到最近女儿作业中的错误也很是无语和无奈，而我也是附和着妈妈的话语，提到在学校也是对学生不断地强调和提醒，但错误仍然不能避免。

周六晚上，我收到了这位妈妈传给我的两个视频，视频中她的女儿正在做数学习题，但做完后，正在用打钩的标记方式认真检查。我一看，好办法啊！这方法值得全班推广，于是我把这个视频下载到 U 盘里……

受这个视频的启发，我开始探索如何培养学生的学习习惯。

二、初探——培养哪些好习惯

在学习中，教师和家长都希望孩子们都能做到以下几点：第一，课堂上积极思考、认真倾听；第二，作业认真审题、书写工整；第三，主动改错。

如果一个学生在小学阶段养成了以上几个好习惯，他未来的学习之路必然会轻松很多，但学生毕竟年龄小，坚持的习惯要慢慢培养，而且我们成人未必每天都能在工作中做到这样的习惯,又何况学生呢?怎样才能帮助学生将好习惯持之以恒的坚持下来呢?

三、成长——习惯养成之路

通过这六年的实践,我发现利用评价表是一个很好操作的方法。

(一)数学课堂评价表

我希望在我的课堂上学生都能认真倾听、积极发言、敢于质疑,除了做好认真备课之外,我还设计了数学课堂评价表,在每个学生的数学书封面上都贴上,用于记录每天的数学课堂表现情况(如图4-1所示)。

瞧!我多棒(数学课堂表现)			
班级	姓名	学号	合计
习惯星	10月:		
	11月:		
	12月:		
	1月:		
发言星	10月:		
	11月:		
	12月:		
	1月:		
服务星	10月:		
	11月:		
	12月:		
	1月:		

图4-1 数学课堂评价表

习惯星包括坐姿、倾听、课堂上主动回应等；发言星是只要发了言就可以加星，不分对错，用这样的方式激励怕说错而不敢举手的学生，如果发言很精彩，就会为他加上精彩发言星。学生在课堂上争先恐后地发言，而且倾听习惯有了很大改善，我们的数学课堂不仅有师生互动，甚至还有生生互动，这样的课堂多美啊！

（二）作业评价表

我为学生的每项数学作业准备了专门的评价表，并要求将评价表粘贴在对应作业的封面上。这样每次拿出作业，学生都能看到教师的评价，也能激励学生每次都要认真做好作业，也便于家长了解自己孩子的数学作业情况，可一举两得。

为了培养学生认真审题分析和认真书写的习惯，我每天都要对学生的作业进行三方面的评价，并及时地将评价记录在封面的作业评价表中，每天领作业对学生来说都是一种期盼，拿到自己作业后，学生都会先看封面，今天的作业得了几颗星，认真审题得 1 颗星，书写漂亮得 1 颗星，作业全对 1 颗星，得了 3 颗星的学生固然很开心，但只要认真审题，书写漂亮，即使作业中有点错误，也是可以得 2 颗星的，但如果不认真审题和书写，即使作业全对，也只能得 1 颗星。在这样的评价制度下，学生做作业速度慢下来了，没有以前那么浮躁，更注重仔细读题、圈好关键词，需要画图分析或列式分析时会在题目旁边将自己的分析写下来（如图 4-2、图 4-3 所示）。

图 4-2　《口算》作业评价表　　　图 4-3　随堂练作业评价表

虽然这样仍然不可能让所有学生百分之百全做对，但我认为只要能让每个学生尽自己的努力认认真真的学习，就已经是一种成功。

（三）小组评价表

在培养学生主动改错上，我选择了以小组的方式进行评比，每天的作业发下来后，都要当天错当天改，但作为两个班的数学教师，我们并没有太多时间在两个班来回找学生改错，于是我采用了以小组评价表的方式来督促学生改错。通过小组的评比竞争，每个小组长和有荣誉感的组员都会很主动地来改错，而且他们不仅自己改错，还会利用下课时间将自己组内贪玩的同学叫回教室改错，无形之中教师又多了很多小助手，在这些小助手的帮助下，全班大多数学生都能做到当天错当天改完，而贪玩的小朋友也在这些小助手的督促下，逐渐养成改错的习惯。

四、蜕变

从 2016 年开始，我开始尝试用这样的评价方式来帮助学生养成数学习惯，至今已经有六年了，在这六年里，我已经送走了一届毕业生，这一届毕业的学生到了中学以后，很多学生仍然保持着小学时代养成的好习惯，这也是让我感到非常欣慰。新的一届学生从一年级开始，我也开始了习惯的培养之路，在这个过程中不断地摸索、总结、调整，希望能找到更好的方式帮助学生养成好习惯。希望这样的评价表形式能够让学生在小学的学习生涯中体会到学习的快乐，品尝到成长的滋味，感受到成功的喜悦。

泡小西区　李华俊　谭晶晶

家校共育案例分析

但对于一年级班主任而言，教师就是个不断切换频道的"孩子王"。这群小孩子生命鲜活，就像刚从石头里蹦出来的孙悟空一样，天真无邪、活泼好动、不谙世事、不懂规则、率性而为。

在新接班之前，我设想了学生可能存在的种种情况，唯独没有想到"注意力缺陷"的问题。从一年级新生报名当天，小 A 就给我留下了深刻的印象。

报名当天，我设置了一个寻宝小游戏：孩子和我交谈的时候，需要在名单中又快又好地找到自己的名字。名单左边是男生，右边是女生。大部分学生粗略看一下名单，很快就找到了自己的名字。但是小A不一样，教师主动跟他交流，可能因为紧张，他一言不发，眼睛东看看西看看。后来做游戏时，第一遍我说完游戏规则，他没行动，我又说了一次，这次小A的爷爷也急了，拍了拍他的背，这次他才又听我说话。大概花了好几分钟，他逐一从女生找到男生，在倒数第三排找到了自己的名字。当时我只觉得这学生可能怕生，没有往注意力缺陷的方向想。

一、爱的观察，及时沟通

开学了，我们第一周进行入学适应性课程，培养他们良好的行为习惯。教师从进教室到放书包、静息、起立等方面进行示范教学，但小A都表现得很不耐烦。班上也有调皮的学生，但是一叫起来回答问题，至少知道教师在问什么。而小A经常起立都不知道教师在问什么，很多答案都是答非所问。后来又观察了他三周，课上所讲的内容大部分不会，沟通表达也存在困难。九月底，我主动跟小A家长联系，与家长聊一下孩子近期的状况。

我跟家长谈孩子近一个月孩子在注意力上有哪些表现：第一，上课手脚喜欢乱动又坐不住。第二，上课很难保持注意力（一般的学生10~15分钟，小A可能就5分钟），上课读书读着读着不知道读哪里，眼睛东看西看。第三，容易受外界干扰，教室外有人走过，他眼睛就看过去了。第四，课上经常打断别人说话。

家长听完，一点儿也不诧异，因为在家辅导孩子学习的时候也发现了这些现象。但是只当作还没有适应小学生活，并且一再请教师多给予孩子鼓励和帮助，能够让他更快地适应，他们也愿意积极配合。作为教师，我希望与家长心平气和地反映孩子在学校的表现，了解问题更深层次的原因。注意力不集中的现象在小学一二年级非常常见，而小A的情况确实比较严重。可是逃避不是办法，只有想办法去改变他。于是我们进入到第二阶段：了解问题来源，逐个击破。

二、家校共享，教育智慧

跟家长交谈中了解，这个孩子从小父母离异，比较缺乏母爱。父亲脾气比较暴躁，孩子不听话就只会打骂，导致孩子性格怯懦，不敢表达自己意愿。从三岁开始便是和爷爷奶奶一起生活，平时生活起居由祖辈负责。现在一年级了，学习上也是奶奶在督促他。但爷爷奶奶岁数也大了，孩子一撒娇，很多事情便是由他去了，长此以往，在孩子的行为习惯培养上也有所欠缺。

在与奶奶的交谈过程中，奶奶说话的语速非常快。我就在想，如果孩子做事没有耐心，坐一会儿就坐不住了，经常带孩子的大人是不是可以尝试先反思和改变自己，让自己安静一段时间再来观察孩子的注意力是否有提升。所以，我试着跟奶奶说，让她平时和孩子说话的时候放慢语速，一字一句地让孩子可以听清楚，少一些啰唆重复性的语言。奶奶也同意了，愿意去改变。

奶奶每两周会反馈一下孩子在家的情况。接着我建议奶奶在他的房间不放任何玩具，学习的时候不要去打扰他，规定好时间，在此期间不上厕所、不喝水。如果提前完成就给予一定的表扬，如果没有完成也不做批评。奶奶说在家也用印章来奖励，完成得好就贴一个，奖励机制对孩子的影响很大。

三、科学介入，医学辅助治疗

上完一学期在寒假期间，奶奶带孩子去了医院做检查，结果显示有注意力缺陷多动障碍。该疾病为儿童青少年时期常见的神经发育障碍性疾病，发病率高达6%，也就是可能每个班上大概有两三位学生可能受该疾病困扰。这些学生可能上课不遵守纪律、频繁走神、小动作多、作业拖拖拉拉、考试粗心、容易与其他同学发生争执及冲突，影响教师的正常教学秩序，并影响学生的学习成绩和同伴关系。通过医生的科学治疗，我们了解了这类学生的情况。

第一，不是孩子不努力，确实是因为他（她）能力达不到。注意力缺陷多动障碍是一种神经发育障碍性疾病。需要家长放下既往对孩子的评价，重新认识孩子，就像对待一个患有感冒发烧需要被理解、被关照的小朋友一样去理解他的行为。

第二，需要家人一起共同加入帮助小朋友的团体，如果可能也请教师加入进来，共同去帮助孩子。

第三，需要家长为孩子设定一个符合他能力的预期，他的优秀可能跟很多人理解的不一样，需要家长多发掘和赞扬。

第四，让孩子一定要树立治疗的信心，并配合好主治医生，按时服药，定期随访。

国内外治疗指南均推荐"学校－家庭－医生"三体合一的治疗模式。结合医生给家庭及教师的建议，"学校－家庭－医生"一起帮助小A。目前小A在进行康复治疗，在学校里，科任教师也会更加耐心帮助他。一年级下学期结束时，小A的情况就有了比较明显的好转，注意力也可以集中得更久了。

面对患有注意力缺陷多动障碍的学生，教师和家长一起，多一点爱，多一点宽容，多一点时间去等待他们的状况好转。

泡小西区　袁梦男

让每朵花都绽放光彩
——搭建家校共育"立交桥"

一、带刺的花骨朵

刚到泡小西区，接到一个新班，班上的一个女孩引起了我的关注。她像带刺的花骨朵，总嘟囔着嘴，似乎遇到了不满意的事情就不愿让我靠近。她每次交作业都特别困难，没办法主动完成作业，再加上上课时总是开小差，所以成绩也不好。由于开学没多久，我事务很繁忙，还没来得及跟她沟通。有一天，她主动找到了我，说脚伤旧疾复发了，需要请假回家换药。作为时刻跟学生打交道的班主任，我粗略检查了她的脚，确认问题不大，但是她坚持一定要走。我关心慰问了她的身体情况，又联系了家长接送，就让她离开了。

第二天早上，她不情不愿地回来上学了。孩子妈妈告诉我，其实她的脚伤并不严重，只是孩子想以此为借口不上学。而且，孩子妈妈感觉她有点孤独，希望教师能多和她交流，介绍积极向上的同学和她相处。

了解了她的情况后，我有了更强的责任感和使命感。这带刺的花骨朵更需要教师用爱来培育。

二、耐心培育

课间，我找准机会把这个小女孩叫出来聊天，直接进入了主题，谈了她脚伤的真实情况。小女孩小心翼翼地回答了原因：感觉我对学习要求很严格，加上自己之前的习惯养成还不够好，觉得压力很大，于是才以小旧伤的借口逃避。在疏导了她的情绪后，我首先告诉她，人人都会有想逃避的时候，与她产生共情。接下来引导她明白学习必须要努力，一旦体会到学习带来的乐趣，享受知识越来越丰富的成就感，会享受到一种无与伦比的快乐。同时，遇到新教师让自己有更多机会接受不同教师的关心和爱护。我对学生的严格是在校纪班规和学生的学习认真程度上，但对生活和感情是温暖关怀的，她慢慢会感知到。

看到孩子放松了，之后的每天，我都默默地关注她的状况，在下课时跟她"随意"聊两句，问问脚的情况，问问她学习的情况。慢慢地，我看到小女孩上课变得专注了，作业也能按时完成了，当然，她脸上的笑容也变多了。

我知道引导学生的成长是需要家校社三者之间长期的配合。所以，与此同时，我依然跟她妈妈保持沟通，询问她脚伤恢复的情况与运动的注意事项，一同交流如何化解孩子的孤独感。一段时间的沟通之后，家长对孩子在校的学习情况很放心，也开始转变思想与态度，一有空就积极报名参加校园开放日、家长大讲堂等家校共育活动，拉近与教师和学校的距离，让我们的关系从简单的家长与教师，变得更像认识已久的老朋友一般，也会唠唠家常。

三、静待花开

随着时间的流逝，我和小女孩越来越亲近。
"老师，你看我，我这次作业全对哦！"
"好厉害！还要请假吗？"
"才不请呢！舍不得你，舍不得走。"
"老师，老师，您记得给妈妈说一声，我进步很大哦！"
"放心！不光要给妈妈报喜，还要在全班表扬呢！"
"真的？"
"必须是真的！"

看着她上课专心听讲的模样、作业本上一个个的五星，还有脸上日益自信的笑容，我比她还感到高兴。

我知道，在充满爱的培育中，这朵带刺的花骨朵终于绽放出了自己的光彩！

四、收获与感悟

这是我亲身经历的一个普普通通的教育故事，但它却带给了我许多的收获与感悟。

第一，家长和教师之间的沟通应该是畅通的。这里的畅通是意见的畅通。假如没有家长告知我学生脚伤的真实情况，而是和学生一道为了请假找借口，那么学生的转变不可能变得如此之快，还可能会有加长版。而如果教师没有责任心，那么一个潜在的优质学生也许就因此变得平庸了。

第二，作为家长，要如实看待学生的各种状况并及时告知教师，教师亦应如此。家长与教师是最好的教育伙伴，应该彼此信任和依靠，自以为善意的隐瞒恰恰是最不好的示范。了解了学生的小心思，一起帮助学生转正思想，才能让她很快发生转变。

第三，作为教师要学会共情。教师与家长一起，包容和理解学生的情绪后，还可以激发学生诉说的欲望，在这一过程中，才能更好感知教育的契机和切入点。

教学之路，道阻且长，我会通过不断的学习和摸索，让未来的教学之路越来越畅通，与家长一起搭建起学生成长的家校共育"立交桥"，让每朵花都绽放光彩！

泡小西区　吴梦春

爱·成长
——家校共享教育智慧　消除学生学习困难

2022年根据学校工作安排，我接手了一个四年级的班级，在还没见到他们时，内心有些激动，也有点忐忑。可以认识新的学生和他们共同学习进步我感到很开心，但他们班每年都在换班主任，我心里面有点打鼓。跟前任班主任交流，我感觉整体学生比较乖，只有个别有点调皮，可能多次换班主任学生的安全感和归属感不是很强，其他还好。我想只要用心去浇灌，剩下的就交给时间，会越来越好的。

一、师生积极沟通

在大家的共同努力下，教育教学工作开展较顺利。学生渐渐地接受了我，这段时间，班里有两个同学经常发生矛盾，一打听他们两个以前也是这样，因为打架，班主任都处理了好几次，这段时间又开始打架。正好今天又因为很小的事情弄得面红耳赤，我好不容易把他们分开，先各自冷静一下，小刘一边低着头一边嘴里嘟囔着，周老师我错了，我没有控制好自己的情绪……看着他红红的眼睛，我相信他也真知道错了，但也要学会做自己情绪的主人。我再转过头来看看小何。他不敢看我的眼睛，眼睛东看西看的。小何似乎是看着小刘已经认错了，自己迫于无奈也应该认错，但他感觉自己没有做错什么，不想认错。我叫小刘先回教室，小何在办公室再想一会儿，可能是他还没想通。

小刘走后，我拍拍小何的肩膀，问这件事情他怎么想的，他噘起嘴巴说："我也没做错……""确实小刘没有控制住自己的脾气，额，那谁最先去挑起这件事的呢？"他低下了头，用手扯着裤缝，弱弱地冒了一句："要你管……""做得不对的，老师希望帮助你，一起去改正它，这也是老师的职责。"他又低下了头，再也没有说话，我让他先回教室。因为这段时间两个孩子的相处确实给彼此带来了很多不愉快，也影响了各自的学习，我也观察他们很久了，上课也经常不专注，可能是换了班主任的原因，学生在试探我，也就放纵自己了。下来我也把这段时间孩子在校的情况和家长沟通了。

二、教师因势利导

第二天，小何低着头也来为自己的行为向我道歉，只要能改正就是好孩子。这也让我更快地记住了他。小何上课的时候感觉在参与课堂，但请他回答问题又感觉他好像没有认真听课。他的课堂学习效率不高，由此可知他做作业也会很困难。但和他妈妈交流的时候，能够感觉家长很重视小何的学习，私下也给他报了很多辅导班，回家后还要再加一些作业。

听到家长这样说，我都觉得累。家长问我怎么办？"我觉得问题的症结不在于孩子报了哪些辅导班，做了多少作业，关键是有效。学校课堂才是学生的主阵地，身体健康才是王道，在保证睡眠的情况下，合理安排时间，提高上课的效率，养成好的习惯，不是过多追求数量报了多少班。"小何妈妈听了后不停地说："就是，就是，谢谢周老师，我们也意识到这个问题了，有时候就是舍不得，总觉得多报一点，多少有些收获，太急于求成了……"挂完电话不知家长是否真心接受了意见，但我真的好同情现在的孩子，美好的童年天天被作业掩埋，关键是效率低，付出和收获不成比例。想想我们小时候，童年就是在操场上奔跑，去田野里捉蝴蝶，到树上摘果子，好不快乐，我也在心里暗下决心要好好帮助他。

一有空闲时间我就去找他聊天，聊生活，聊喜好，我想更多了解他，也想他喜欢上语文课，课堂上有机会，我就请他回答问题，让他随时关注课堂，真正参与进来。之后我感觉他上课更认真了，但还是不喜欢主动举手回答问题。

只要他一有进步，我就会第一时间和家长分享，小何妈妈很是感激，也说他们取消了很多课外班，剩下的都是小何喜欢的。学生真正的知识营养来自课堂，这需要提高课堂学习效率，每堂课都主动参与进来。小何妈妈问她该怎么做？我说："给他鼓励，肯定他，让他有成就感，效率就会越来越高，这样完成作业的速度也会越来越快。"

三、以点及面

在学校里，只要有机会小何就会回答问题，我都会用各种方式鼓励他，有时候是一个眼神，有时候是一个动作，有时候是一句话语，在鼓励他的同时，也是在鼓励更多像他这样的学生，我看见了有些学生慢慢怯生生地举起小手，慢慢从眼神上和教师互动，慢慢下课后围着教师，小何也是其中的一员，我真为他感到高兴，也明显感觉他做作业的速度变快了，书写也越来越规范了。

第一次考试结束后，很多学生都取得了自己满意的成绩，我觉得小何也尽了自己最大的努力，假如速度再快一点，尤其是写作文的速度，那就更好了，写作确实有些慢了……小何妈妈也发现了这个问题，作文写得慢，需要多读、多写，速度才会越来越快。

我们班每周都在进行小练笔，大多数学生都写得比较认真，这几次发现小何的周记或者读后感都写得特别认真，每次都有800字左右，每次我都在班上表扬他，也让他和大家一起分享自己的作文，小何的作文一次比一次写得好，内容也写得充实。看着他一步步成长，真为他高兴。我也专门打电话给小何妈妈，表扬小何的进步，正是因为有家长的用心陪伴和付出才会有小何的进步。小何妈妈动情地说："小何是家里最大的孩子，是弟弟妹妹的榜样，我给他说他一定会做成一番成就，以后在家庭里要承担更多的责任，周老师和我都相信他，都不停地鼓励他，我们一起制订计划，一起实施，一起复盘，一起再做计划……就这样孩子的积极性越来越高，谢谢老师的各方面肯定和帮助……"

听了小何妈妈的话我特别的感动，被一位妈妈对孩子的殷切期望感动，被父母无私的爱所感动，在家长的用心感动、用心陪伴、用心呵护下，这次期末检测中，小何获得了特优成绩，我真心为他感到高兴和自豪。教师也是这样的，不管班上有多少学生，不管学生的情况如何，他们都是独一无二的，唯有我们的爱能给他们力量，照亮他们前行的路，让他们克服一个个困难。

孩子像花儿一样，在阳光雨露下，慢慢地长高、长大，开出自己理想的花儿。家长和教师一直用心守护、用爱呵护着学生，愿所有的学生在爱的照耀下健康茁壮成长。

泡小西区　　周兰

家校合作，共育共培
——小学生"不交作业"案例

一、案例背景

周周上小学已经有两年的时间了。这期间，周周上课表现积极，对教师和同学有礼貌，但是不交作业这个问题让各科任教师都很头疼。我也发现他做作业时，喜欢发呆、抠手，如果教师的目光停在他的身上，他就很认真地挠脑袋，向左偏下头，向右偏下头，咬一咬笔头，总之就是一副很认真的样子，但作业本上是一片空白。然而下课铃声一响，他就冲出了教室，上蹿下跳，有说有笑。因为他有这坏习惯，每次十分钟的课堂练习题，他都要"琢磨"三十分钟，甚至是一天。如果练习题做不完，他会直接藏起来不上交作业。有的时候发下作业来改错，他也置之不理。

二、案例分析

为了了解周周不交作业的原因，我利用下课时间和周周进行了沟通，问他为什么不交作业。从周周的回答中，我总结出以下几个原因：第一，在学校想玩；第二，作业太多，因为就算在学校完成作业，他晚上回家还要做父母布置的作业。谈话后，我马上就和周周妈妈电话沟通，得知确有此事。我还了解到周周父母以前都是小学教师，他们对周周的学习一直都严格要求。

综合以上情况，我认为周周不交作业的原因有两个：一是没有良好的学习习惯；二是家长过多干预。

我相信只要将这颗种子种入合适的土壤，再细心照顾，学生暂时被埋没的美好天性依然会开花、结果。于是，我采取了以下策略帮助周周早日加入"积极主动交作业"的行列！

三、教育过程

（一）集体的帮助——土壤

首先，面对一个有不良学习习惯的学生，我们需要发挥集体的力量。

我给周周安排了一个非常自律，同时乐于助人的同桌，同桌可以提醒他什么时间干什么事情，不要因为贪玩忘记完成作业。除了安排同桌，还发动学习好的学生做他的"小老师",能够在他想学,但又学不会的时候帮助他。

(二)表扬与激励——阳光

在改变周周的学习环境后,周周终于上交了他本学期的第一份作业。虽然有很多错误,也有没有完成的题目,但是他的学习态度却有了质的转变,这是一个令人欣喜的变化。于是,我当着全班同学表扬周周,并奖励了周周贴纸,告诉他要继续努力,大家都看好他。一次表扬还不能完全激发他主动学习的内驱力,所以,我接着仔细观察周周的学习生活场景,寻找表扬周周的机会。

一天午餐后,我走出教室,看见周周正捡起别人掉落的勺子轻轻地放入筐里。我想这是一个不错的表扬周周的机会。下午上课时,我对所有人说:"中午,陈老师在我们班发现了一个小雷锋,为学校干了一件好事呢!你们猜猜是谁?"同学一脸疑惑,最后我将目光锁定在周周身上,并揭晓了答案,讲述了事情的整个过程,表扬了周周无私奉献的精神。我看到周周先是脸红,接着欣喜之情难以掩饰,然后露出了开心的笑容。同学也对周周竖起了大拇指。

教师和同学的表扬如阳光一般,照亮了周周的内心,帮助他向更好的方向成长。

(三)沟通与引导——雨露

当然,我也知道一两次的表扬与激励,并不能促使周周完全改掉坏习惯。刚过一周,周周就回到原来的状态了,又开始偷懒不完成作业。我转念一想,一个八岁的学生,尤其是一个没有养成良好行为习惯的学生,你要求他在短短的几天时间里就做到坚持完成作业,那真是太难啦!所以,对于这样的学生,我要允许他犯错误,给他改错的时间,同时我还要加强与他的沟通和对他的引导。

周二中午,我把周周喊进办公室,递给他成都市青少年机器人竞赛一等奖荣誉证书,说:"小伙子,不错嘛,动手能力很强啊!"周周不好意思地笑了笑。我继续说:"老师想请你帮一个忙。"周周一脸惊讶地看着我,我说:"请你帮忙在班级组建一个科技小组,带着大家一起做作品,参加比赛。"他有点不敢相信,吞吞吐吐地说:"真的吗?"我大声地说:"真的,但是你记得按时上交各科作业哟,不然你就没有时间来带着小组完成你们的科技作品了。"

于是,我帮着周周在班上组织了科技小组。我还引导他进入书籍的海洋,寻找更多的科技制作知识。我相信周周会在其中发现知识的美好,提高自己的学习兴趣和学习能力。

（四）家校共育——肥料

在前面一系列行动之后，我还需要发挥家校共育的作用。因为教育学生并不仅仅是学校和教师的事情，在他们的成长过程中，父母对孩子的教育起到了至关重要的作用。

针对周周不交作业的这个问题，我与周周父母进行了数次沟通。首先，我肯定了周周父母对周周学习的关心。其次，我表扬了周周近期的进步，缓解了他父母的焦虑。最后，我也对周周父母提出了一些建议："在小学低年段，养成良好的学习习惯非常重要。周周现在就是懒惰，管不住自己，看到别人去玩，也不管作业是否完成了就跟着同学一起去玩。等他想起作业，时间也已经晚了，结果他就放弃不做作业了。现在，我们的首要任务就是要帮助他养成'完成作业再玩耍'的好习惯，你们看怎么样？"

我和周周父母商定了以下两点：第一，家长在家和周周制定一个作业完成合约方案。一周内按要求完成作业，上交教师，可以满足周周一个小要求。如果没有完成，则不允许他看电视。第二，在校内，我也和周周约定：完成布置的作业并上交。如果能做到就奖励一颗糖，做不到上台为大家讲一个故事。

四、教育效果

经过两周的时间，周周已经能做到完成作业并上交了。但是交作业的时间总是很迟。接着我又和周周妈妈取得了联系，经过沟通后，我将学生家里的作业完成方案进行了调整，如果每天能按时完成作业就获得奖励，反之就实施惩罚。

就这样，在大家的共同努力下，经过一个月的努力，周周养成了完成作业并上交的好习惯，基本上能在规定时间内完成作业了。

五、教育反思

首先，通过这件事我更加确定问题学生同样潜藏着变优秀的能力。作为班主任，我们是学生的引路人，需要使用多种办法、联合多方力量，让学生潜在的能力破土而出。

其次，我又发挥集体的作用和家校共育的力量，再采取相关教育原则，为他创设成功的机会，重建自信。例如：周周虽不交作业，但是我发现他很有礼貌，是一个讲文明的学生。所以，我也抓住这一点及时表扬他。之后，我又发现他在制作科技作品方面的才能，鼓励他组建科技小组。

最后，一些学生不良学习习惯较严重，我们对他们的改变不可能一蹴而就，应根据他们的需要设定合理的节奏和分阶段的目标。

泡小西区　陈翠萍

真诚永远是必杀技

随着家长文化素质不断提高，对于孩子的教育也越来越关注。作为教师，怎样将学校教育与家庭教育形成合力，让家长成为我们教育路上的最好的伙伴，这就需要教育工作者与家长之间进行有效沟通。从教以来，家校沟通的策略，从互相尊重到将心比心，从一视同仁到凝心聚力，其核心是真诚，因为真诚永远是人与人之间的必杀技。

一、用将心比心打破质疑，赢得信任

信任不是无根之木，是随着家校沟通的深入而慢慢建立的。

一见面，家长看我的样子，就判断我的教学经验尚浅。我能不能当好班主任，带好他们的孩子，是家长初见我时就在他们心底打下的一个问号，甚至有家长直言想把孩子转出这个班。说实话，这些质疑确实让我有些挫败感，我想，我一定要发挥年轻班主任的优势，以专业的态度、充沛的精力、饱满的热情，以爱心、耐心、责任心投入到班级中，让家长与学生心悦诚服。

但开学第一天就出现了家校冲突。

在我千叮咛万嘱咐的情况下，还是有个学生在走廊上跑太快，撞倒了个子矮小的陶陶同学，我连忙把陶陶同学带到医务室，进行消毒。为了不使家长回家后因一无所知而担心，我赶忙给家长打电话说明情况。电话里家长情绪十分激动："你是怎么当老师的？我们上这么多年学都没有受过一次伤，来你班一开学就脸上挂彩了。你究竟有没有责任心？我马上到学校来接孩子！"

挂掉电话，我反复咀嚼那句"你究竟有没有责任心？"到底什么才叫"责任心"？我每天忙得没有时间喝一口水，甚至没有时间上厕所，更不必说那奢侈的午休了，下班也从来是最后一个离开教室甚至是学校，声音哑得几度说不出话来。但就是这样的忙与累换来的却是一众不信任我的家长。

我在委屈和惆怅中去书中寻找答案，直到一段话直击我心灵：作为一名教育工作者，要始终牢记两句话——"假如我是孩子""假如是我的孩子"。是啊，假如我是孩子，受伤了我心不心疼；假如是我的孩子，他受伤了我会不会难受？于是我收起情绪，多换位思考，将心比心，代入到家长的角色思考问题，一切问题也就迎刃而解了。

刚刚进入小学，对于学生是否能适应小学生活，家长的心里充满了担忧。于是我在教学工作之余变成了班里"行走的照相机"，记录他们日常生活中的点点滴滴，记录他们的每分成长与进步，上传至班级 QQ 群相册，与家长共享。对学生共同的爱成就了教师与家长的缘分，只要教好书、育好人，信任就在一点一滴中建立了。

第一次家长会，对家长还不甚熟悉，但当我通过对学生名字和座位的记忆一个个喊出"某某爸爸""某某妈妈"时，家长感受到了我的用心。会后陶陶爸爸专程留下来，静静在一旁等待我与其他单独沟通的家长聊完后，才说："老师，我想我们一开始对您有一些误解，在这儿真诚地向您说一声抱歉，未来几年，希望我们合作愉快！"当两只温暖而真诚的手相握在一起时，我知道，我用将心比心赢得了家长的信任，家校共育的基础由此建立。

二、用一视同仁避免争议，赢得尊重

每个学生都是家庭中的宝贝，教师应一视同仁又因人制宜才是对每个学生、每个家庭最大的负责。

一次在班级群分享学生的日常照片后，一位家长打电话询问班里是怎么安排座位的，为什么他家孩子个子那么矮小却坐在最后一排。我给家长解释：我们班是先按照学生身高的高矮顺序排列，再进行前三后三轮换，这样每个学生都能坐在前面一点。并不是高个子一定就要一直坐后面，有一天您的孩子可能也会发育得快一点，长高了如果一直坐在后面，您也不愿意是不是？所以我们把学生按照身高排序，同一列的都是相同身高的学生，避免了视线遮挡，与此同时每周车轮式滚动前后左右更换位置，确保每个学生的座位角度能得到调整，尽量保障最大的公平。

在我细致解释后，家长表示理解，随即我又想到肯定不止这一位家长对座位安排有疑虑，于是第一时间把座位安排规则公布在班级群里，告知每个小朋友都会坐到不同的位置，教师上课都是要来回走动的，会关注到每个学生，让各位家长放心并知悉。

但孩子在家长心中都是特别的存在，有一位家长几次与我或电话沟通或当面请求，让我把他孩子一直安排在中间前三排的位置，确保他那有些好动的孩子能够第一时间被教师关注，从而培养他良好的学习习惯。面对这一要求，我坚守初心，对那位家长说："请原谅我不能答应您这个请求，如果这样安排，

那就会打破班里的座位规则，那有一些孩子就会少拥有坐前三排的机会。如果今天我因某个人而对别人的孩子不公平，那可能有一天我就会因别人而对您的孩子不公平。这是我不能做的事情。"那位家长虽然一次次被拒绝，但却从我的坚定中感受到了我的一视同仁，反而更加尊重我。

于是这个规则一直无人打破，每个家长从相处中渐知他们的孩子都在被教师用心对待，改变了起初对我的质疑。

三、用真诚相待凝心聚力，赢得和谐

对于家长来说，为了学生的成长付出再多也值得。故事城堡大赛如约而至，家长都铆足了劲一定要给班级拿第一。

在根据学生的兴趣和特长安排好角色后，有的家长会心疼自己的孩子没演到主角。我告诉他们：只要参演，就是自己人生的主角，在我眼里，每个角色都很重要，他们能站上舞台就很棒了。后面有些学生不满意自己被分配的角色而不开心，家长也帮助耐心开导："没有小角色，只有小演员。只要把自己的角色演好，整场演出就会因你而精彩。"

可能家长感受到了我字里行间的真诚，幕前幕后，所有的家庭都在想方设法为这次活动提供帮助。从一开始，班主任就募招家长以便协助，各位家长根据自己的时间和特长报名。我印象深刻的是，有家长说："我没有什么这方面的经验，但我报名后勤，有用得上我的地方一定全力以赴！"志愿者家长从幕后的剧本、素材、道具、服装、台词、剪辑、化妆等到台前的排练、服装、化妆、护送、提醒上下场、摄影等，家长都认真操办。

毫无疑问，故事城堡大赛的准备一定是很辛苦的，但有了家长的协助，这份辛苦里又藏着甜。作为教师，我十分感激家校共育过程中家长对学校工作的支持，于是我默默把他们的帮助记在备忘录里，想着今后要更加用心教好育好学生，才能对得起这份相助。活动结束后，我在班级群里感谢家长，告诉他们每次合作我都记在心上。家长纷纷回复，"我们都是为了孩子而努力，但李老师却记得所有，让我觉得做一切都值得，能在这个温馨有爱的班真好"。

从"我想把孩子转到别的班去"到"能在这个温馨有爱的班真好"，离不开这场真诚待人的家校共育，化冲突为合作。家校因孩子而有这一场聚首，在合作的过程中难免就会有摩擦，但是只要能同心协力就会为孩子谱写出一曲曲动人的希望之歌。

泡小西区　李义兰

彰显教育高度　用爱托起成长

在中国，有一定数量的孩子正在饱受多动症的困扰，那么身为教师，我们能为这类学生做些什么呢？教育不应该专属于某类人，任何人都有受教育的权利。师生缘分一场，我们作为教师应牵起孩子的手，照亮他们前行的路。

一、与君初相识

小杰是在一年级的时候转到班上的，他是一名多动症患者，脾气暴躁，十分好动，就像一座随时准备喷射的活火山，明明上一秒还晴空万里，下一秒可能就会情绪失控。在童年时期若缺乏正确的行为指导，就会迫切需要别人的关注，对长辈、教师没敬畏心理，和同龄人难以相处，经常沉浸在自己的世界里。班里只要有同学来报告出事了，肯定与小杰相关。当他和同学发生冲突时，拳头就是他唯一的解决办法，班中大部分同学都挨过他的拳头。

小杰同学不仅和同学闹矛盾，还和科任教师顶嘴，各科任教师都向我告过他的状。平时上课时小杰经常吃手，咬指甲盖，上课常翻书，打断教师说话，下课时在楼道跑，大声喧哗。

由于疾病的困扰，小杰在行为、情绪上难以管控自我，经常突然间情绪高昂，动作幅度夸张。其敏感情绪使小杰过于自卑，经常对身边的同学恶语相向，偶尔会产生偏激的举动，导致和同学之间的关系越来越远，也使小杰失去了上学的勇气。他的内心极其封闭，根本不与其他同学交往，而他的封闭又打击了其他同学与他交往的积极性，因此在我们班里没有人愿意跟他交流，也没有人愿意跟他一起玩耍。孤独感也直接导致他变得非常消极，拒绝与人沟通，易自暴自弃。

但另一方面，小杰又是一个非常聪明的学生，对其他同学而言晦涩的数学问题，小杰只需稍加思考就能轻松解开。看着小杰天赋异禀，我实在不忍心这样一个优秀的孩子就这样被疾病打垮，于是我主动承担起矫正小杰行为的责任，一场关于爱与呵护的持久战就打响了。

二、保护壳下的柔软心

首先，教师真正做到与孩子共情，走进他们的内心，只有工作热情和管理能力是不够的，优秀的班主任应具备一些心理学知识，具备心理问题的识别能力和疏导能力，在班级工作中，有时沟通不仅表现在语言上，行为沟通在解决问题时也会起到意想不到的效果。结合医院开具的病情描述证明，我们认为小杰之所以会出现行为问题，可能与家庭成员教育理念不合有关。

为此，我们对小杰进行了家访。见到了小杰的父母，我发现他们十分严厉，和小杰的沟通总是以批评为主，几乎没有鼓励。经了解，原来平时小杰的父母工作太忙，只能把他交给祖父母照看。可祖父母文化水平低，只能看管和照顾小杰，只觉得孩子吃饱穿暖后就万事大吉，不对小杰进行任何的教育，对于其性格发展也根本察觉不到，对其思维引导是少之又少，对其人格的塑造更是漠不关心，这就导致小杰有不自信、抗挫能力差、脾气火爆等性格问题，小杰的父母才意识到要关心到他的心理问题，但缺乏正确的指导和教育意识，对他十分严厉，时常用父母的威严约束小杰的行为，但已是亡羊补牢，为时已晚。这直接导致小杰变得非常消极，拒绝与人沟通，易自暴自弃。

通过家访，我们认为是祖辈的过度溺爱和父母的过分严厉给小杰造成了很大的心理落差，对年幼的小杰来说是一种心理刺激。在家庭以外，学校也是关乎小杰健康的关键场所。由于小杰的表现与常人有异，再加上脾气急躁，其他同学都不愿意和小杰玩，孤独使这个需要关注的学生日趋失控，渐渐形成了恶性循环，对小杰的成长造成了很多不良影响。而事实上小杰是个非常有爱心的孩子，有一次他把班级的水桶砸到地上，弄得满地都是水，我问他为什么要这样做，才知道孩子的本意只是想给干枯的盆栽浇水，从那一刻，我相信小杰夸张的行为下，其实也掩藏着一颗柔软的心，等待教师与家长去挖掘和发现。

三、带他走出孤独的世界

（一）师爱暖心，卸下防备

在与小杰的几次交谈中，我发现虽然他难以集中注意力，总顾左右而言他，但他愿意坐下来与我交流，我意识到小杰其实非常需要他人的关注和关心，这很有可能是由于童年父母工作繁忙而导致的安全感缺乏问题。而小杰时常在课堂上打断教师也很有可能是这一原因。为了在照顾小杰情绪的基础上让他感受到来自教师的关心，我决定采取交换日记的方式传达我对小杰的关爱。小杰在日记中认真地表达自己的情绪和思想，让我认识到小杰和其他学生并没有什么不同，他明白事理，拥有良好的价值观，也同样拥有一些迷茫和困惑。而那些异于常人的表现，是小杰思维与行为意志不统一造成的后果，每次发病之后，他也同样感到难过。独属于我们两人的日记交流让小杰感受到我对他的关心和照顾，也能让他更愿意在日记中倾诉自我。

在得到了小杰的信任后,我们共同制定了短期目标。由于多动症患者难以集中注意力,相对于长期目标,短期目标的达成可以在很大程度上鼓舞患者内心,使其感到被肯定,从而更愿意为目标付出行动。从一开始的 10 分钟内不打断教师上课,到 15 分钟,再到 20 分钟,小杰逐渐对自我行为产生控制力,学会主导自身行为,第一阶段进展较为顺利。

(二)家爱有道,扶正青芽

家庭是学生教育的主阵地,了解学生的家庭环境,能够更准确地分析学生行为习惯、情绪、性格、人格养成的因素,能够为家长提出合适的教育建议,从而形成家校共育的认识。在小杰对在校行为矫正表现出积极配合态度后,我又联系小杰的家长,开启家校共育。通过多次谈话使其父亲的教育理念逐渐得到转化。在双方达成共识后,父亲也积极参与对其行为矫正的过程。第二阶段我们希望通过塑造良好的家庭环境向小杰渗透更为健全的价值观,对其不良行为进行矫正。

首先,我与小杰父亲严肃沟通,要正视小杰的心理需求,学会循循善诱地与小杰沟通,对他的进步给予支持与鼓励,同时要向小杰展示更多的关爱,从而增强小杰的安全感和对外部环境的自我稳定能力。

其次,在小杰做出错误行为、出现偏激情绪时,小杰父亲不会第一时间满足他的需求,而是利用劝导和吸引他注意力的方法,先让小杰恢复平静,在其情绪恢复过后,家长再联系我,我通过微信电话等方式以第三视角的角度倾听小杰复述当时情况,小杰经过复述后也会意识到自己的行为过激,伤害到家人的情感,从而冷静下来,并通过收拾好自己弄乱的东西的方式来向家人表达自己的歉意和爱意。

(三)以趣促学,呵护青苗

兴趣是人生的导师,好的教育是利用孩子的兴趣促进他的成长。我知道,小杰对数学特别感兴趣。我想,为什么不利用他的兴趣对他进行干预呢?为了充分地调动小杰学习的积极性,我甚至让他做起了数学学习委员。在当了数学学习委员之后,他开始严格要求自己,以身作则,在课堂上听课认真又专注,再也不打断教师了。课堂下也经常抱着书本问我问题。这件事让我相信,小杰其实是内心柔软的孩子。其实他只是缺少一个给予他关爱鼓励、帮助他控制情绪的人。

在一次考试后,我当众表扬了他突出的数学成绩,并建议其他同学多向小杰学习。果真一些同学会带着自己解决不了的数学题来找小杰,而小杰也特别耐心地当起了"小老师",为同学一一排忧解难。当他能够帮到同学就会特别兴奋。而在讲题的过程中,小杰与同学之间的关系也越拉越近。

四、爱是教育最好的良方

后来小杰的母亲给我打了电话,她说:"老师,小杰最幸运的事情,就是在他的学生时代遇到你。"听到这些话,我知道过去对小杰的干预如今起作用了;不过,我也知道相较于以前,虽然小杰的多动症状得以缓解,但是他始终是缺乏自信心的。在将来的日子里,教师和家长还需要对小杰同学的自信心方面提出有针对性的干预策略,使他能变得更加自信,并在此后的人生道路上行稳致远。

其实是我何其幸运能在教育生涯中遇到小杰,他给予我的温暖善意远比我付出的多得多。作为一名教师,我们能带给学生最好的礼物,就是慢下来跟随他们前行的脚步,停下来看看学生仰望的方向,静下来发现学生身上的美好,慢下来留心学生点滴的变化,沉下来倾听学生诚挚的心声,牵起他的手,带他走进更广阔的世界。

泡小西区　　黎诚然

家校联手　呵护情绪障碍儿童的成长之路

送走一届毕业班以后,我成为三年级某班的班主任,作为中途接班的班主任,在我与学生逐渐熟悉起来以后,一个与众不同的学生进入我的视线。

一、师生认识经过

(一)"特别的画作"

美术期末汇报展示的主题是"线条与颜色",展示内容是画公鸡。展示结束后,在一沓作品中,美术教师递给我一份特殊的作品——小泽画的公鸡。

其他同学所画的公鸡,线条活泼,色彩明丽,或低头啄米,或昂首高歌,或悠然地漫步在翠绿的青草地上,公鸡生动欢快的样子跃然纸上。看到小泽所画的公鸡,我心中不由一沉。画面上的公鸡龇牙咧嘴,嘴里布满了锯齿状锋利的牙齿,每颗牙齿齿尖部位都涂为红色,一眼望去仿佛是流淌的血迹;锋利的鸡爪也涂上红色。最让人触目惊心的是,公鸡的背部也画着一个巨大的愤怒表情，怒目而视，咬牙切齿，表情凶神恶煞。整个画面是充斥着大红色、黑色和深紫色，让人不寒而栗。普通的三年级学生，对待期末美术作品都是很认真很慎重的，画作颜色基本以明快鲜艳为主（如图 4-4 所示），而他画的公鸡却让人害怕（如图 4-5 所示）。

图 4-4　其他同学画的公鸡　　　图 4-5　小泽画的公鸡

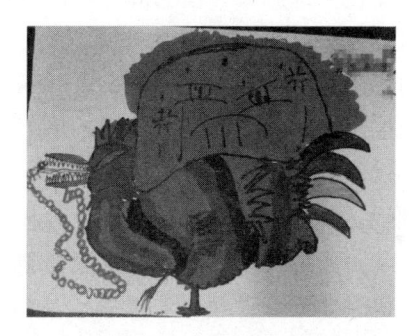

我走到小泽身边，只见他的左手臂上也画得满满的，整个左手手背直至手臂，几乎都涂满了凌乱的线条，充斥着暗沉的颜色，连指甲盖和指甲缝都涂满黑色；抬眼看去，文具盒、作业本，四处可见凌乱的画作……我试图牵他的手带他去把手洗干净，他竟然一把甩开的我手："别管我！"他仿佛总是拒绝与别人的身体接触。

（二）课堂上的冲突

小泽的情绪越来越暴躁，课堂上的冲突也越来越剧烈。

科学课做空气实验，用气球泄气时的推动力推动小车前进，他便将气球一直吹，直至气球吹爆，吓得周围的同学四散而逃；在音乐课上，同学们学习吹奏竖笛练习曲，他吹出尖锐的低音，成为合奏曲中不一样的音符；在数学课上，同学上台演示竖式计算，他冲上讲台，把同学的演示画上大叉号再全部擦掉；尤其是每堂体育课，从集合排队到练习动作，他都拒绝跟体育教师配合，扰乱课堂纪律，影响课堂的推进。

期末时，体育课会进行体质健康检测。同学们正在进行 50 米跑步项目测试，他突然冲到跑道侧面，伸长胳膊作势要拦截奔跑过来的同学，体育教师紧急吹响口哨，让跑道上的同学停下来，阻止可能的冲撞。看到体育检测被干扰，小泽得意地坏笑着。体育教师对他进行教育，他突然大发脾气，嘴里发出愤怒的呜呜声，撞开周围的同学，抢夺过教师手中的测查表揉成一团，还猛烈踢向体育教师。周围上体育课的教师迅速赶过来协助，才阻止了一场更剧烈的风波。

(三)"我要跑走啦!"

眼看着小泽的情绪越发不稳定,课堂上不仅自己不能参与课堂学习,还会干扰课堂,于是,我将小泽的父母请到学校来,希望能够进行深入的沟通。谁知,小泽在父母进入学校的同时小泽混在放学的同学队伍中跑走了。原计划的沟通时间,变成了四处寻找小泽,最终在小区里找到了他。

与小泽的父母沟通才知晓,这并不是他第一次跑走,在家里也出现过多次离家出走的情况,父母都已见惯不怪了;后来听跟他熟悉的小伙伴反馈,他曾经跟小伙伴说过,只要爸爸妈妈打他,他就会离家出走,离开这个家,让谁也找不到他。

小学阶段,有调皮捣蛋的学生,破坏课堂纪律,挑战教师和同学设定好的规则,也会让班级管理非常棘手。但是,他们大多还是很愿意跟教师和同学谈心的,在教师的耐心教育下,在感受到自己被接纳、被认后,他们与教师、同学的配合度都在逐渐提升,也能逐渐走回规则的轨道中。而小泽不同,他总是拒绝与教师沟通、拒绝与同学和平友好相处,他仿佛是一个充满戾气的小狮子,随时可能伤害身边人,伤害他自己。

二、寻因溯源

当天晚上,我到小泽家家访到很晚。在确认小泽情绪平稳,没有离家出走或者其他安全问题的前提下,我跟小泽父母进行了深入的沟通,更加了解了小泽情绪问题的原因,了解了小泽背后的家庭。

以前小泽也是一个快乐的小男孩,虽然他偶尔调皮,但是他阳光开朗,积极参加各种活动,还曾经跟小伙伴一起组队参加校园歌手大赛。性格活泼外向的他酷爱运动,甚至是班级足球队的主力队员,每次足球比赛都能看到他在绿茵场上挥汗如雨的身影,甚至还有不少小粉丝。曾经,他像是一只快乐的小鸟,又像是爸爸妈妈的小宝贝。

后来,家里多了一个新成员——小弟弟,他的生活逐渐变得和以前不一样了。为了照顾两个儿子,产后的妈妈放弃了工作,将生活的重心转入家庭,社会角色的变化让妈妈时常郁郁寡欢,爸爸承担全家人生活的压力,也常常忙得顾不上家里。家庭结构的变化对全家人来说都是不小的挑战。爸爸和妈妈一次次当着小泽的面,为了各种各样矛盾和分歧而吵架,爸爸甚至几个月都不愿意回家。家,对小泽而言,不再是充满关爱和温情的港湾,爸爸和妈妈带给他的不再只是呵护和关怀,小泽惊恐地问爸爸妈妈:"你们是不是会离婚?"得到的回答总是:"大人的事你少管!"

渐渐地,小泽变得越来越调皮,在学校里招惹是非,破坏课堂纪律,跟同学发生矛盾;在家里,欺负弟弟,把弟弟弄哭;每到这时,总少不了一顿皮肉之苦,挨打对小泽来说变成了家常便饭。但,每次挨打之后,小泽不仅不会变得更加听话,反而会更加暴躁,变本加厉地跟同学打架。破坏—挨打—再破坏,小泽的生活变成了一个无限恶性循环。

三、以爱之名,探寻爱你的方式

(一)微信小平台发挥大妙用

由于父母之间的矛盾,不能达成很好的学校和家庭教育之间的配合,作为班主任,我更加心疼这个缺少温暖的孩子。最初,每次小泽在学校发生问题,我都会分别跟他的父母沟通,但却时常会出现父母之间互相推诿的现象。于是,我用微信建立了一个我和小泽父母的三人群,命名为"小泽的大家庭"。在群里,我找来了小泽小时候参加校园歌手大赛的视频,找到他参加足球比赛汗流浃背但自信快乐的照片,找来他刚进小学时拍的可爱的入学照片,照片上的他眼睛像星星一样明亮闪烁。时光是最好的证据,小泽的父母看到当初的儿子和如今儿子的变化,二人都十分动容。

有了这个"大家庭",小泽的父母之间的默契提升了不少,能够客观面对小泽目前的问题了。于是,他们带小泽去看心理医生的事便提上了日程。

当小泽父母带他分别到两家医院检查,最终拿着医院的病情诊断书,告诉我小泽患上童年情绪障碍(其中敌对情绪明显高出基础值),合并注意力与多动障碍时,我其实并不意外。作为一个从教十几年的班主任,一个学生是否身心健康,我有最基本的判断能力。而专业医生的诊断报告佐证了我的初步判断。既能找到原因,又有医生科学判断,我们就能够有针对性地对小泽实施帮助和矫正。我对小泽之前的种种暴躁情绪与破坏行为释怀了,他不是故意破坏,他只是生病了。医生的药物治疗能够帮助他稳定情绪,而我作为班主任更要与学校教师、与其父母一起,携手编织托起小泽成长的爱的大网,让阳光照进他的内心,驱散他内心所有的阴霾。

(二)家长课堂,让家长重新学习当家长

当我将小泽的情况汇报给学校以后,学校无比重视,给予了小泽极大的关注。

学校家庭教育指导中心多次对小泽父母的家庭教育理念和方式进行指导。

我们陪同小泽父母一起学习《中华人民共和国家庭教育促进法》，引导家长依法带娃，科学带娃。

育儿先育己，父母是孩子的第一任老师。在孩子的成长之路上，更要做好引路人的角色。父母不是天生合格的教育者，所以更要保持终身学习的心态，学会热爱生活，学会向身边的人传递温暖和爱。良好的家庭氛围让孩子能感受到家的温暖，才能帮助孩子形成稳定健康的情绪。孩子的模仿性非常高，家长的一言一行都会直接影响他们。当家长把生活的压力和负面情绪宣泄在孩子面前时，这无异于撕碎了他们的安全感，当小小的心灵负荷不了负能量时，也会用同样的方式来破坏他周围的世界。只有家长跟孩子建立起良好的情感"纽带"，孩子才能从心底信任家长，进而信任这个世界。只有父母将无条件的爱给予孩子，孩子才能学会将爱传递出来。

高质量的陪伴让爱的表达更有力量。小泽从幼儿时期至今，心理状态出现如此强烈的反差，与家庭中爱的缺失有不可分割的关系。孩子的成长是一个漫长而复杂的过程，家庭成员结构的变化和妈妈工作的变动，都让小泽感受到父母对他关注的减少和爱的缺失，进而情绪和心理都受到冲击和影响。因此，在家庭教育中，父母更应该提高陪伴的质量，及时捕捉孩子的心理需求，多站在孩子的角度思考问题和解决问题，润物细无声地尊重和欣赏他，让他更加认同自己、相信自己，进而更有力量喜欢自己，喜欢周围的世界。

(三) 各教师联合携手

作为班主任，小泽在学科课堂上出现的任何问题，我都会及时配合科任教老师解决；也随时与各科任教师反馈小泽的家庭教育情况、就医情况和情绪发展变化。随时掌握小泽心理状态的最新情况，教师便能得心应手地处理他的应急情况，理解他并呵护他。

在科学课上，科学教师亲手将比芝麻还小的蚕宝宝，轻轻交到小泽手里，对他细细叮嘱："这些蚕宝宝就像是你的小宝宝一样，一定要精心照顾它们，及时给它们'喂奶'（桑叶），定时给它们更换'尿不湿'（饲养垫），就像小时候爸爸妈妈照顾你一样。"科学教师跟小泽一起观察蚕宝宝各个阶段的变化，观察凤仙花从播种到开花的历程，感受生命的美妙。

在音乐课上，音乐教师在教同学唱国歌时，拍下了小泽佩戴着鲜艳的红领巾，庄重地唱国歌、敬队礼的照片，并将它嵌在精美的相框里，郑重其事地送给他："你看，你唱国歌的时候多么英姿勃勃，这是少先队员最有精神的样子，你长大也一定会成为一个热爱祖国，对祖国有贡献的杰出人才！"那一刻，小泽的眼睛里盛满希望，心里装满了自信。

在美术课上，小泽因为缺少画笔而突然情绪失控，踢翻的自己的课桌，书本和文具散落一地。美术教师一把将小泽抱在怀里，不住地拍着他的背安抚他的情绪，又避免伤及周围同学。余下的课堂时间，美术教师一直把小泽牵在手边，让他当教师的"同桌"。

心理教师专门为小泽建立阳光成长档案，在课堂上和各项活动中，定期观察并记录小泽的点滴变化，抓住每个契机跟他沟通谈心，潜移默化地走进他的内心，消除他与人交往的戒备。每当小泽的情绪状态好转的时候，便及时与班主任沟通，对家长进行科学的指导。

四、结束语

时光荏苒，岁月如白驹过隙。从为小泽建立阳光成长档案，进行行为干预，已有一年时间。目前，他依然在积极配合医院的治疗，偶尔也会在学校里惹出各类事端，或者因同学间的摩擦而突发脾气，然而，情绪爆发的频率与破坏性程度，相较于一年前也大大降低了。

成长，本就不是一蹴而就的平稳坦途，对情绪障碍儿童的干预和矫正，更需要相对漫长的时间。好在，每份爱的付出都不会被辜负。

泡小西区　杨　利　李　蓉

"小河豚"变形记

作为一名小学数学教师，我用心地在自己平凡的工作岗位上寻找生命的价值，在二十多年的教学生涯中总有几许值得回味的师生小故事。

月月特立独行的表现实在让人不得不关注她。椅子方向和大家不一样，要把椅背朝向右侧，她喜欢向右靠着；多次举手后，如果都没请到她发言，会当场发脾气，甚至把书故意关上，对着教师翻白眼；写字时如果连续几次没写好，用着橡皮擦时会突然发火，嘴里念念叨叨，甚至把橡皮擦扔掉，作业本撕了就不愿意再写作业了，犹如一条愤怒的气鼓鼓的"小河豚"……诸如此类的小状况层出不穷，着实让人头疼。

面对这样一位高敏感的学生，首先我与家长建立联系，通过深入交流了解到她的养育情况：家长感觉孩子比较敏感，如意见不合时，月月就会带着情绪不停地争论，情绪表现得很激烈；家长在面对孩子问题时很焦虑，如孩子不能坚持钢琴练习，会非常强硬地要求，家长情绪也感觉无法排解，易发怒，更进一步造成月月情绪不稳定。

于是，我与家长关于高敏感孩子进行了一番交流。第一，明确认知高敏感属于一种内在的气质或性格，是指一些人的神经系统对于环境的刺激很灵敏，容易做出一些过激的反应。据多年的教学观察，一个班里总有那么四五个学生大约会有高敏感的特质。第二，希望家长能更多地包容孩子的负面情绪，如家里设置"安全屋"，让孩子尽情表达，而父母需要保持情绪平稳、不设防。"跟我多说一点吧，还有呢？"父母拥有这样的态度，孩子才有机会完整表达，才可能让你了解到底发生了什么。让孩子完整地感受内在情感，不用一个人独自承受，父母陪她一起承受，这是她更好地融入集体生活的预热与准备。第三，家长要给孩子建立一定的行为准则，形成家长的权威，能心平气和地把准则解释给她听。让月月学会对自己负责，接受后果，如不肯准时上床的结果就会导致没睡够，起床也很困难，影响第二天按时上学；忘记交作业的后果就是被老师批评；不把脏衣服丢进洗衣篮的后果就是可能上学没有干净的衣服穿等。

在教师与家长的积极配合下，接下来的小学低年段月月虽说不是完全风平浪静，偶尔泛起的小水花，我们还是可以顺利接住的。可来到四年级后，明显感觉月月的愤怒频次和层级在攀升，不仅和同学不断发生矛盾，玩游戏时也异常固执，同学纷纷都达成最好不要招惹她的共识；对新换的班主任眼含敌意，经常故意挑衅捣乱；更严重的一次是自己要提前离校，因为忘记带出门条，被延时课教师合理拒绝，月月就拿饭盒砸向教师，情绪彻底失控，在教室又哭又闹！当她来到我办公室的时候，就像一只遇到攻击，把全身的刺全部放出来的"小河豚"，因为哭得过于激烈，缺氧导致满脸通红，上气不接下气地抽搐着。

面对带刺的"小河豚"，我分四步来处理。

第一步：接纳情绪。

先请她坐下来，递给她纸巾，询问她需要喝水吗？作为教师，要接得住学生出现的各种情绪，并且帮助学生接纳这些情绪，尤其是负面情绪。稍事平静后，再问她："你看上去很难过，能告诉我发生了什么吗？"这样的提问，既可以传递出我对她的关心，也表现了对她情绪的认可。她一边抽噎一边说出了原委，是自己忘记带出门条，延时课教师按规定拒绝她离校，所以她不能提前离校上喜欢的课外班，感觉很愤怒，一气之下把手里的饭盒砸向了延时课教师。

第二步：分享情绪。

就是让孩子分享他们当时的情绪。我拍拍她的肩头对她说："哦！原来是'怒怒'这个小怪兽来敲门啦。"月月短暂停止抽泣，疑惑地看着我。

我接着问她:"你刚才的情绪是不是愤怒?给这个情绪小怪兽起个名字,方便我们交流可以吗?"月月慢慢地平静下来。我继续与她交流:"你刚才认出是怒怒这个情绪在左右你吗?你可以试着自己和怒怒像好朋友一样的对话吗?比如'怒怒,我知道你在生气,我们一起看看到底是什么原因?还有没有更好的方式来解决问题?'这样一来,你就能恢复平静,而不会被情绪的小怪兽牵着鼻子走了。"

在分享情绪的过程中,如果学生对情绪的认识不清晰,教师可以提供一些情绪词汇帮助学生描述内心的感受,如把愤怒叫"怒怒"、害怕叫"怕怕"、忧伤叫"忧忧"等。在我们帮助学生描述情绪的过程,这样就是教学生学会接纳自己的情绪,让学生确认当时的内心感受,发展出表达自己情绪的词汇。在学生充分表达情绪以后,一般可以认识到这样的情绪其实是来提醒咱们的,不妨做一点调整了。继而我们会看到学生的整个状态有明显变化,逐渐缓和平静。

第三步:行为引导。

要让学生明白他们的情绪不是问题,而学会处理情绪的不良行为才是关键。他们的感受和想法都可以被接受,但是不代表所有的行为都能被接受,如"教师因为你没有出门条,拒绝你离校。我能感觉你很生气,怪自己没有做好准备。但是你动手打教师,就不是可以接受的行为"。明确要求就是帮助学生在调整情绪的时候,能更恰当、更有效地选择行为。

第四步:讨论解决。

我们和学生可以就"应该怎么处理情绪"进行讨论。本着"不伤害自己,不伤害别人"的黄金法则,鼓励学生提出解决方案,月月立刻想到了,可以请延时课教师和班主任沟通确认她需要离校的事实,再去填写临时出门条,请班主任签字。甚至我追问到,如果联系不上班主任呢?月月又马上想到还可以给妈妈打电话,确认需要离校的情况。此时的月月就不再是愤怒状态,拥有了解决问题与合作交流的态度。通过讨论的形式引导学生,让学生学会三思而后行,对处理情绪问题的方式进行思考和选择,掌握更好的解决方法,提高应对问题的能力。

后续,解决完当下紧急情况后,我们还需要进一步了解学生情绪不佳的深层原因。在与家长沟通后得知他们家近期喜添二宝,所以月月同学深感被忽视,安全感受到极大挑战。家长由于缺乏养育两个孩子的经验,不懂得站在月月立场考虑问题,造成她叛逆、争宠。于是我给家长建议永远不要威胁孩子"我不要你了""我不喜欢你了"。要让孩子拥有爱的安全感以及爱的能力!高敏感孩子对安全感的需求是特别强烈的,而安全感最重要的来源是知道家人对她的爱，始终如一的爱她。当家里增加了新成员，月月更需要不断确认家人是否对她的爱有所减少，家人要给予时间让她慢慢去感受，不做无谓的指责。

我还继续多次和月月交流，通过转变月月的想法调整她的心态和情绪。我为月月举例，比如你和妈妈说话，可妈妈却没有理你，如果你想的是"妈妈一定是故意的，肯定是因为妈妈爱二宝了，不爱我了"，那你就会不愉快。而如果你想的是"妈妈可能没听到吧，二宝正在哭闹的嘛"，那你就不会很介意，不会非得在妈妈手忙脚乱时争个输赢了。

我又给月月爸爸妈妈推荐阅读高敏感孩子的相关书籍，也许可以让他们更好地理解孩子，体验更多孩子成长中的火花……

月月到五年级后越发的可爱、暖心了。有一天正上着课，突然有个学生呕吐了，我立刻提醒其他学生戴好口罩，照顾呕吐学生，安排清扫消毒，联系家长，开具出门条……这时，月月悄悄地走到我跟前，递给我一个口罩，说："杨老师，你自己忘记戴口罩了。"看着她腼腆的笑脸，我的心里可是乐开了花。

前路漫漫，愿我继续带着丝丝善意、点点爱意，每天都做一个幸福的人，教书育人。

泡小西区　杨铮

熠熠星河，你也在闪闪发光

抬头仰望夜空，一瞬间最吸引目光的一定是最亮的几颗星，不过，若你放开视野，周围便会出现越来越多的光点，如点点萤火，每颗星都在努力闪耀自己的光芒。

作为一名班主任，在漫漫一生的教育事业中，只愿在时光深处做温暖而柔和的一束光，白天给予万物暖暖的温度，黑夜也能予以星迹折射的光芒。心中有爱，举手投足间才会流淌出温柔和力量。

早晨，活力满满的阳光已经开始在树叶尖上蹦蹦跳跳，教室里响起了琅琅读书声，刚睡醒的蝉儿也扯起嗓子给课文和起了声。踏进教室，看着一班元气满满的学生，仿佛快乐的一天正在揭开序幕。目光扫过一个空空的座位——少了一个！迅速回忆一下，没人给我请过假呀！于是立刻给小Z家长打电话询问情况。"啊……我八点二十五送到校门口，看着她进了校门……"接到电话的家长也是一头雾水，一看时间，已经过了十多分钟，再怎么样也能到教室了呀。出于班主任的警觉，我立刻安排早读领读员和纪律管理员在教室组织纪律，同时安排两个班长从二楼向下沿路寻找，我则往上一层一层搜索，一路上健步如飞，紧张又焦急。当我气喘吁吁地回到教室时，两个班长已在教室门口，从他们的表情中不难看出——任务失败。一时间，仿佛冷水倾盆而下，我的心情由担心转变为惊慌，脑子里开始飞速运算，设想出各种可能性。好在几分钟后，一个学生去上厕所时发现了躲在楼梯转角处的她，但无论同学如何劝说她都始终不敢自己回到教室。当我出现在她面前的时候，她的眼神里满是恐惧，双手紧拽着衣角，连连往后退。按理说其他学生表现出这类反应，第一时间我会心软和心疼，但长吁一口气的同时，我心里更多的是愤怒和不解，毕竟这种反应出现在小Z身上早已是习以为常。

谈到小Z，或许大多数教师对她的第一印象都是一个乖孩子，作为班主任，我也不例外。从表面看，小Z成绩中上，文静又天真，从来不会调皮捣蛋，从外表上看是个阳光的孩子。然而入学不久后我却发现，她的身体里藏着一个敏感、惊恐、抗拒的影子。比如上课从不举手，一旦被教师抽到便哆哆嗦嗦地站起来，上下嘴皮打架就是说不出一个字来；小组合作从不发言，开火车轮到她时，再简单的问题也不敢回答；与同学相处，常常由于不友善的语言或简单粗暴行为而遭到"投诉"，等等。

一开始，我只是把她当成一个普通的腼腆的小女孩，无论是课上还是课下，无论是在学习上还是在生活中，我总是耐心地引导她、鼓励她，想方设法地给予她信心，教育小伙伴要多多包容她，处处帮助她。当然，学生形成如此性格一定与家庭环境存在必然关系。因此，我常常通过电话、面谈、线上等方式和她的家长沟通，试图从学生每次的反常行为及家长的描述中寻找蛛丝马迹，从而发现原因所在，更好地进行引导。"我也很惊讶，她在家从来不会这样呀！""她怎么会这样子，太出乎我意料了……"小Z妈妈对她在学校的情况表现得非常惊讶，在她眼中孩子可能偶尔会害羞，但绝不会出现这么严重的抵触情绪。然而，小Z在校表现出来的行为已经非常明显，个性问题在家一定多多少少也会有所体现。于是我推测，一是小Z父母在家对孩子的行为不够充分关注，尚未意识到这个问题；二是小Z出现了常见的家校表现不一致的情况，只是这样的反差过于强烈。

为了了解小Z内心深处的想法，我常常找机会把小Z叫到跟前，尝试像大姐姐一样温柔地与她聊天，可无论再怎样引导，她总是惜字如金，一旦谈到她的不足，比如"刚才上课老师发现你非常认真，你一定知道了小ü的秘密……""小ü遇到'j''q''x',摘掉帽子还念ü!""那为什么老师请你发言的时候你不说话呀?"那双明亮的小眼睛几乎一秒钟就包满了眼泪,小嘴一憋,眼泪便吧嗒吧嗒地往下掉,直摇头再也不说一句话。于是,本意是温馨的谈心却又变成师生间小心翼翼地一问一答。

看来谈话的方式收效甚微,并且任何一种方式都可能让她内心筑起的城墙愈发坚固,我便转攻另一种方法——鼓励,多鼓励,花式鼓励。小组开火车轮到她读生字时,不出所料小Z又是紧张得闭口不答,这次我不再让全班同学等她回答,而是紧接着由下一位同学朗读,当小组全部读完时,我再问:"这个字宝宝遇到了一点小困难,谁来读准它?"无数的小手跃跃欲试,同时我也捕捉到她眼中那一秒的光芒,"那就让它本身的主人——小Z来读吧!""桌!"这一回答掷地有声,"你的翘舌音读得真准!"我立即夸奖道,小Z害羞的表情中也透露出一丝骄傲与自信。

就在这样一次次的试探中,我渐渐总结出问题所在:小Z是个自尊心非常强,但内心又极其脆弱的学生,不能接受自己犯任何错误,更不愿意接受来自他人的批评。怕出错而拒绝回答、怕迟到而直接躲起来不敢进教室、怕被批评而选择说谎或逃避……经过多次验证后,我再次拨通了家长的电话,而这次,小Z妈妈也恍然大悟,回想起孩子在成长中确实像个"完美主义者",家人对她比较严厉,总觉得她各方面都不应该也不可能出错,孩子便害怕尝试、害怕表达,因为尝试、表达就存在出错的可能性……于是我便与家长达成约定,当孩子下次再出现类似的抗拒时,不可一再逼问、批评,我们要做到以下几点:第一,给予时间,做好自身心理建设。第二,给予引导,告诉她可以怎么做。第三,给予鼓励,及时表扬"你做得好"。第四,给予"试错"机会,在犯错中总结经验。

有了目标和方法,家校便开始合力执行解决方案,我不再揪着弄明白"你为什么这样",小Z妈妈不再揪着"你为什么做不好"。

一次元旦庆祝活动,我惊喜地见识到她可爱的另一面。小Z主动报名了一段歌舞节目,在教师和同学关注的目光中,伴随着音乐,她开始投入地表演起来,脸上挂着甜甜的笑容和自信,甜美的歌声、优雅的舞姿,多么可爱!这样的小Z是全班同学几乎不曾见到的,随着音乐收尾,全班响起了久久的掌声……当天活动结束后,我再次找到小Z妈妈,将她在活动中的精彩表现转述给她,妈妈既惊讶又欣慰。既然小朋友有这样的特长和爱好,我们何不利用这一点,多多培养和鼓励她这方面,以此来增加孩子的自信心呢。不久后,在征得小Z同意后,妈妈给她报名参加了小主持班和舞蹈班,我也多次鼓励她参加演讲和才艺展示，小Z在同学中树立起了多才多艺的形象。

半个多学期过去了，在学校与家庭的共同努力下，小Z尚未变成能言善辩的孩子，但我却越来越多地听见她的声音、越来越少地看到她惴惴不安的模样。一颗星星也终于有勇气闪耀出自己的光芒。

回顾班上其他学生，其实身上多多少少都带了些小Z的影子，在教师和父母期盼的目光中，他们渴望成为"优秀的孩子"，害怕自己出错，但正因为他们是孩子，正因为他们在成长，才会出现或多或少的不完美，也正是这样的不完美才形成了独特的个体和世界上独一无二的他们。在我看来，每个学生都是一颗星星，无论他是耀眼的大星球，还是小小的星辰，作为一束阳光，我只在意自己每份细微的光线，是否都给了每颗星，是否都给予了他们足以闪耀自身的光芒。

泡小西区　高梦艺

教育，因爱而生
——关爱每个孩子

转眼间，踏上讲台身为人师已经有二十余年了，一路走来，有泪水，也有欢笑；有迷茫，也有收获。在教育教学活动中我牢记作为一名人民教师应该有良好的师德，恪守正确的职业规范和道德准则。这种规范和准则指引我们在教育的浪潮中明确方向。我明白教师的工作既平凡又基础，正因此我们就更要有耐心、恒心、信心和爱心。我们要关注每个学生的身心健康成长，培养学生健全人格，把爱播撒到每个学生的心灵，尤其要格外关注那些所谓的"问题儿童"，正视个体差异，用心去了解学生的成长环境，有针对性地开展教育，帮助学生纾解压力，努力让学生形成乐观开朗、积极向上等良好的心理品质。从教以来，重度抑郁症、人际交往障碍、性格偏执等多种问题学生我都有接触，我深知这些学生的内心和其他学生一样，依旧孕育着春天的希望，他们总有焕发生机的那一刻，肩上沉甸甸的责任驱使我一定要用自己的爱把这些暂时歪曲的小树苗扶正，让他们依然能成为参天大树。

还记得，若干年前我接手了学校三年级四班的班主任兼语文教学工作。开学前我就对班级做了一定的了解，这个班的学生总体来说很乖，习惯较好，但是有个别不和谐的现象，听前面的教师说班上总是会出现掉东西和钱财的情况。有个同学小C是"惯犯",还经常做一些匪夷所思的事情,这显然是个令人头疼的"问题学生"。说小C偷盗这可是需要特别重视的事情呀,小C的行为道德远比学习成绩重要多了,同学竟然给一个三年级的学生贴上了"惯犯"这样的标签,伤了小C的自尊可是会毁了他的一生呀!于是我把对小C这方面的教育放在了重中之重。

所谓问题学生一定有一些致使他产生问题的各种原因,我得尽快找到问题的症结所在。开学不久,便对小C进行了几次家访,和小C妈妈也进行了多次深入的交流。不出所料,通过各方面了解得知小C身在一个极度不健康的家庭,父亲嗜赌又好酒,还欠下高利贷,经常离家去躲债,妈妈把对孩子父亲和家庭的不满发泄到了孩子身上,让原本活泼开朗的小C变得毫无安全感,他想用怪异的行为引起教师和同学的关注,以获得存在感。开学不到一个月,每天都会接到无数学生的投诉:悄悄拿同学和教室内的物品、故意破坏学校的公共设施、公然与教师顶撞、上课中途无缘无故离开教室等。

有天上完语文课后,我刚走出教室,班上的小张便大声嚷嚷着跑上前来告状:"老师,我的餐费掉在凳子下,别人看到被小C偷了,我找他要,他说他没拿……"看着小张一副气急败坏的样子,我轻抚着小张的头,极力安抚着小张的情绪,并轻声说道:"既然是掉了,那应该是被他捡到了,我相信他会把捡到的钱交给老师的,下午我让他还给你,好吗?"这时我没有直接去找小C,而是等着机会找他谈话。到中午给学生打好饭后,我便拿着碗坐到了小C身边。"今天的菜好吃吗?""嗯,好吃,我吃了两碗。"他一边擦嘴一边回答。通过一个多月的了解我知道小C学习非常吃力,有很多坏习惯,但骨子里还是喜欢教师的肯定。于是我摸着他的头,用赞赏的语气对他说:"多吃一点,做了好事的同学更应该吃好。"他惊奇地看着我,我便接着说:"听你的好朋友说今天你捡到了一百多元钱,准备吃完饭后交给老师,你真是一个拾金不昧的好学生,教师还要在班上表扬你,给你加颗美德星,让其他同学都向你学习。"我话音刚落,他便从口袋里拿出钱递给我,高兴地说:"老师,给你。""好,只是——老师还要去查一查是谁掉的。""好像是小张同学掉的。"他吞吞吐吐地说。"是吗?太好了,你帮我还给他吧!"听了我的话,他抬起头,面带羞涩,想说什么却又不知说些什么,只是不住地点头,满口答应地接过了钱。那一刻,我从孩子的眼神中读出了他对我的信任和好感。

下午上课前,小张拿着钱来到了我的办公桌旁,不好意思地说:"老师,小C真的不是小偷,他是个好人。"我便点着头满意地笑了……这一笑不仅是对自己又成功地抓住一次教育契机进行个别教育的肯定,还是因为自己又一次不露痕迹地保护了一个幼小心灵的欣慰。孩子得到了关爱和尊重自然而然地会向好发展，从那以后我几乎没有听同学来报告小C偷盗别人东西的事情了，只要看到他的一点一滴的进步，我从不吝啬自己的赞美之词，还给他安排了多种任务，让他的"才能"得以施展，因为我知道像这样的孩子是极度渴望别人对他给予重视和关爱的，慢慢地小C与同学和教师的关系处理得更好了，在班级找到了自信，当他六年级毕业会演站在舞台中央闪闪发光时，我湿润了眼眶。

话又说回来，偷盗是一种耻辱行为，处理学生偷盗务须谨慎，对于小学生来说处理偷盗更应慎之又慎。因为他们还没有一个明辨是非的观念，倘若处理不当，就会让学生一辈子抬不起头来。轻者毁了学生前途，重者可能严重伤害到一个学生的自尊心，破坏一个家庭的幸福，即使破了案，也未必是一件幸事。如果当着众多学生揭穿他这种行为，难保偷盗学生不破罐子破摔，那样的结果只能是教育的失败，而不是教育的最终目的。

对于一个教育工作者来说可能会面对各种问题学生，我们一定要真正地热爱学生、了解学生，既循循善诱，又诲人不倦，不歧视学生，以建立民主平等、亲密的师生关系，做学生的良师益友。教师对学生的爱是师德的核心。这种爱的受众不仅是教师心目中的优生而是应惠及所有学生，对于差生更应给予爱，使他们向优生靠拢。教师对学生的爱是一种只讲付出不求回报、无私的、广泛的且没有血缘关系的爱。这种爱是神圣的，是教师教育学生的感情基础。学生一旦体会到这种感情，教师就能对学生产生良好的影响。

爱学生就要对学生一视同仁，不能用简单粗暴的做法对待学生或歧视学生。教师应当相信学生都能成功，平等对待学生，尊重个体差异，努力发现他们的闪光点，让每个学生都能品尝到成功的喜悦。

学生都渴望得到教师的理解和尊重。我们要与学生平等相待，不能把学生当下级随便呵斥。只有教师把学生看重了，学生得到教师的尊重了，他们才会尊重教师，愿意学习这个教师所传授的各种知识。用师爱铸就崇高的师魂，在教育中要做到严中有爱、爱中有严，如果教师把学生当成天使，那么教师就生活在天堂，否则，教师就会觉得自己生活在地狱。

我们选择了教育事业，就要对自己的选择无怨无悔，尽心尽责地去完成教师教书育人的光荣使命，不求最好，但求更好，让学生都能尽可能地得到最大发展。教师不仅仅是在奉献、在燃烧，而且同样是在汲取、在更新、在升华。教师要付出艰辛的劳动，但是要苦中有乐，乐在其中。教师的职业是在平凡中见伟大，只有爱岗敬业，教师才能积极面对自身的社会责任和社会义务，才能不断地完善自我,才能在教育活动中有所收获,让教师不吝啬对学生的爱,以爱为底色,做一个温暖的教育者!

泡小西区　黄秋

基于"疏"与"引"的小学生情绪管理教育案例

事实上儿童的情绪是一种极大的能量,对儿童的发展有着促进或阻碍的作用。因此正确、合理地引导学生学会管理控制自己的情绪尤为重要,"缓疏导"和"巧引导"双管齐下帮助学生慢慢走出消极情绪,是教师的工作内容之一,逐步建立积极情绪。

一、"缓疏导"

(一) 正视情绪,耐心倾听,寻找根源

受到刺激才会产生情绪,所有的情绪都是事出有因的,正视孩子的情绪,耐心倾听缘由,寻找情绪产生的根源,教师和家长才能对症下药。小张同学随时都是哭丧着脸,课堂上喜欢玩学具而不听讲,有时候还会缩到课桌下。每当教师提醒他坐直认真听讲时,他却变本加厉甚至会影响前后左右的同学,如果教师再严肃地批评几句或被同学指责几句,他就会号啕大哭且持续很长时间,严重影响课堂教学。有一段时间,我采取的方式是让他单独在办公室冷静之后再给他讲道理,可是我发现效果不但不好,反而向着相反的方向在发展。他一周频繁与其他同学出现矛盾,课堂上发脾气、扔书包、摔桌子。

无奈之下,我看着哭哭啼啼一脸委屈的他,说:"我知道你现在很难过,很委屈,你能把你的难过委屈说给我听听,我看我能帮上忙吗?"正视学生的情绪,让他感到被接纳,破开他心理的防线,让他愿意说出心里的秘密。经过一番控诉,原来他觉得在家里弟弟欺负他、抢他的玩具时,他的父母总是先批评他不让着弟弟,每次让他一个人在旁边哭也不理他,有了弟弟之后,原本属于他的一切都变了。在学校里,他没有朋友,王同学总是欺负他或打他。原来他就是极度缺爱的,他的一系列行为都是在寻求大家的关注,他渴望被关心、被关爱。在了解了小张情绪不稳定背后的真相后,才能谈得上情绪的调整,教师的引导才会有具体的切入点。因而,破解情绪难题需从打开心门入手,需从隐形了解入手。

（二）细水长流，循序渐进处理情绪

情绪是一种能量，积极的情绪产生心灵的愉悦，进而产生较大的正能量。帮助学生由消极情绪转向积极的情绪，增加学生的正能量是教师的重要职责。情绪管理是要从学生的长远发展出发，注重对学生变化的过程追踪，注重学生一丝一毫的变化。

在小张的身上，我看到了导致小张情绪不稳定的主要原因是他的家庭。因为弟弟的出生，家人对他的忽视导致他心理落差很大，心里一时无法接受，同时他心思特别细腻、敏感，又不懂怎么表达心中的想法，只会采用哭闹的方式应对，殊不知他的哭闹反而加剧了父母对他的不耐烦心理。面对家人的不耐烦情绪，孩子是都能感受得到的，如此一来，小张就越发消极，曾经多次对我说过，如"我就不想交朋友，反正大家都不喜欢我！""我就是不好！""我就是差！"有调查发现有很多学生在遇到激烈的情绪时，没有得到适时宣泄及时疏导，甚至会压抑自己的情绪，这样积压的情绪也会有一个恶性的循环，造成一个不良的心理体验，如果长时间压抑情绪会对生理和心理产生不良的影响。小张就开始自我否定、自我不认同了。

其一，我意识到要转移注意力，提升他的自我认同感。于是，我耐心地引导他："班里你最喜欢谁帮助你？"他愣了一下说："罗同学！因为她学习好，而且愿意帮我。"我又接着说："你看，罗同学就愿意帮助你，如果你愿意，我相信她很乐意成为你的朋友！我记得你上次的美术作品画的是海上日出吧？当时你把作品展示出来，同学都惊叹你画得太好了！"……听着我转述同学们对他的肯定，他沮丧的情绪渐渐平复了，说："那幅画，是我和妈妈一起画的！我还会摄影！"言语中略带些骄傲。长期关注缺点容易让人产生自卑消极的情绪，因此通过转移小张的注意力引导他关注自己的优点，只有不断发现自己的优点提升他的自我认同感，才有可能转向积极情绪。

其二，教师帮助学生正确认识并接纳自己的情绪。觉察和接纳学生的情绪很重要。人在情绪很激动时，容易出现冲动的行为，在这个过程中，自己要能正确觉察到自己处于何种情绪，如因被冤枉，出现愤怒的情绪时，如果能很好识别自己正处在愤怒的情绪中，去接受它，再进行情绪调节效果可能会更好。有时候觉察到自己的情绪后，更好地去接纳自己的情绪，本身就起到了情绪调节的作用。后来我跟小张说，每个人都会遇到一些挫折，甚至让人感到难过委屈，我也和你一样遇到难过的事时就想大哭一场，这些反应都是正常的，可是哭过了之后擦干眼泪总结经验再继续做！历代的伟人都是经历了许多的磨难波折最终才成功的。我列举了许多伟人的成长故事，就是想让他认识到人都会遇到很多困难，遇到困难产生消极情绪并不可怕，消极情绪也可以转化为积极情绪。一旦转换成功，心态的积极和情绪的正向必然会发挥神奇的力量。教师以具体的事例来引导学生处理情绪，对这个学生的成长极为重要。

其三，等他情绪平复以后，教师跟他一起总结经验教训。第一，遇到困难和挫折不要害怕，不急躁不哭闹，要想想原因及解决方法。第二，转换消极情绪，将压力变为动力。一旦转换成功，积极乐观的心态会散发神奇的魔力。第三，用积极的心态学会换位思考。任何事物都有两面性，用什么样的心态去看就会有什么样的心境。当发生矛盾时，我们站在对方的立场去思考问题时，你就会豁然开朗……这样的经验总结，对这个学生的成长极为重要。当学生心平气和时才能够把道理听进心里，也愿意心甘情愿地接受批评和建议。当教师把这些经验和教训运用到学生的情绪管理中时，会取得事半功倍的效果。

二、"巧引导"

（一）家校合力，引导积极情绪

学生家庭的教育观念影响学生的情绪管理能力，家长在家中时的情绪、家庭氛围也影响学生的情绪。因此家校共育有助于学生进行情绪管理能力的培养。家长不注重学生的情绪管理教育会阻碍学生情绪管理能力的提升。例如，在家里当孩子伤心大哭时，家长应马上关注孩子的情绪，处理孩子的情绪，然后在他心情平复之后再通过与孩子沟通给予适当的建议。

面对此类情况教师应该采用什么办法和家长沟通，并指导家庭教育。在校内，教师可以通过QQ、微信等方式将学生在学校期间的情绪状态告知家长，在放学后由家长继续关注他的情绪，找时机和他静心沟通，或者和他一起解决问题，或者采取运动等多种方式，引导他渐渐走出消极情绪中。这样家校共同对学生进行情绪管理教育，可以保证学生的身心健康发展，更好地提升学生的情绪管理能力。

（二）转变教育教学理念，巧用"彩虹弹"

现在的小学生是由家人小心呵护着长大的，可能比较自我甚至有点叛逆。但现阶段小学教师对小学生的管理也比较严格。对学生的情绪管理教育理念比较落后，对学生的情绪管理教育效果不是很好。因此，教师需要转变教学理念，将学生的学习主体地位凸显出来，开展以学生为中心的情绪管理教育，教师应该对学生在校期间的情绪有着一定的了解，采用适当的方法帮助学生释放心中的不良情绪，使学生学会释放情绪的方法，促进学生身心健康发展。

在学校里，我随时留心观察小张同学的表现，只要发现他一点点做得好的地方就会肯定他。

其一，夸大"彩虹弹"。有一次，他上课举手发言回答了一个问题，我立刻肯定地说："嗯，今天小张同学很认真在听讲，也在动脑筋解决了这么难的一个问题！看来只要专心听讲，积极思考就会有很大的进步。"夸张的几句"彩虹弹"一抛出，同学都投去了艳羡的目光，小张那得意的表情溢于言表，当即就坐得更端正了，一副很认真的架势。

其二，反用"彩虹弹"。一次课堂上，小张整个身子都缩到了座位下方，周围的同学纷纷告状，我看着他又是一副沮丧自暴自弃的样子，随即话锋一转："嗯，小张同学是在捡东西，他马上就会坐端正认真了！"只见，他表情一下严肃起来，马上端正地坐回自己的凳子上。教师在处理这件事时的故意不点破，给小张留足了面子，也让小张为教师对他的宽容而感动、敬佩。学生情绪管理中，教师同样需要"故意不点破"的艺术，"宽容"也是教育，也会让学生情绪的转化变得自然而然。

不是所有的学生都适合"梅花香自苦寒来"，对于小张这样敏感又情绪化的学生来说，严厉和批评无疑是雪上加霜。我们何不转换教育观念，反其道而行之，以大量的"彩虹弹"来正面引导他树立信心，引导他如何正确地面对困难和挫折，培养他积极乐观的人生态度。

小学阶段由于学生的认知、经验等方面的局限，对情绪的认知能力和控制能力较弱，情绪波动比较大。因此，学生的情绪管理教育十分重要。当学生产生负面情绪，如愤怒、紧张时，"缓疏导"有利于学生释放自己的不良情绪。"巧引导"则是帮助学生发现自己的优点，从而产生积极的、正向的力量。"缓疏导""巧引导"二者合力为正能量的蓄积而助力，为情绪的正向促进作用而助力。小学生的情绪管理教育是一盘大棋，学生、家长、教师及社会都是棋手。当学生与家长、学校、社会协同发挥作用，才能真正帮助学生走出负面情绪，建立积极正面的情绪，还学生自信阳光和快乐！

泡小西区　林琴

和学生一起解决问题

每个学生都是独一无二的。受遗传、环境、生活习惯等因素的影响，有的学生乖巧懂事，有的学生倔强执拗；有的学生古灵精怪，有的学生则略显呆板木讷。成为一名教师已经三年有余，我越来越明白一件事，那就是仅仅凭着一腔热情就去做教育教学工作，是远远不够的。入职伊始，前辈总是会提及的"爱"，对我而言，是个抽象的词。到如今，面对学生要怀有真挚情感，管理方法灵活，给予学生信心、平等、尊重，真正进入学生的内心，充满智慧的教学！

一、初遇

时间回到2019年9月，我真正踏上三尺讲台，成为一名教师。崭新的一页在眼前翻开，学生初来乍到，乖巧可人、个性迥异，我满怀期待，一腔热情似火。可好心情没维持多久，烦恼的事儿就接踵而来。在开学第一天，有一个小男生小E让我印象深刻。在其他学生都按要求有秩序地进行自我介绍时，他是唯一始终待在自己位子上不愿意上台的学生。"我不想其他人看我！"圆脸的小E埋着头说道。"这么可爱的小宝贝，大家都超级想认识你，和你交朋友哦！"可他依旧双臂紧紧环抱着自己，低低地埋着头："不要！"当时我想：这真是个害羞的小朋友啊！于是耐心地鼓励他，让其他的学生送给他热烈的掌声。多番尝试后仍是没有效果，最终他也没有完成自我介绍。我把这件事放在心里，那天放学时，我特地和小E的妈妈沟通了这个情况，了解到小E在幼儿园并没有这样类似的事情发生。我推测小E刚上小学，还需要时间来适应，心里想没关系，可以慢慢来。那个时候的我并不知道，后来这个学生会给我带来那么多"惊喜"！

二、走近

开学第二个星期，已经过了学生常规训练的课程，到了正式的学习阶段。班里的学生已经逐步适应小学生活，而小E却变得越来越突出。

语文课堂上，正常的上课节奏突然被一声尖叫打乱，所有人的注意力都被他吸引过去。我一看，正是小E，立马停下来询问："你有什么需要吗？"

他眼里带着天真，笑眯眯地回答："没有啊！"

"课堂上要学会安安静静地聆听哦！"

他点了点头。事情却并没有结束，不出两分钟，他又开始"啊！啊！啊！"地大声叫喊，班里面的其他小朋友也开始笑起来。我哪有见过这种场面，当下神色一冷，大声地对他说："管好你的小嘴巴，课堂上不要随便大喊大叫，有事下课跟老师讲。"语毕，只见他夸张地用手捂住了嘴巴，教室里终于安静下来。

　　这样的状况没有维持太久，他突然从位置上站起来从教室后门冲了出去，事发太过突然，他的速度又是那样的快，以至于全班一下子都没有反应过来。短暂的愣神过后，我急忙冲向教室对面的德育办公室请李老师帮我守一下班，自己飞快地追过去，抓住他的手臂："上课呢！跑什么呀？"

　　"我去厕所！"他理直气壮地回答，似乎不理解我为什么要追出来。

　　"老师有说过，想上厕所要举手打报告，得到同意后才去，不要一言不发就离开，多让人担心啊。"

　　之后，他上课喊叫、离开座位出教室的情况变得越来越频繁。有时坐在办公室改作业，他也会突然过来晃一圈，一问才知道又是他自己偷偷出来。我开始意识到，这是一个自我意识过于强烈的小朋友，根本没有任何自我行为的约束力，更不要说考虑到自己所作所为的后果。

　　下课的情况也并不能让人乐观，开学不久的一个课间，一个平时乖巧的学生哭着跑过来找我："老师，小E打我的脸。"又一个学生过来："老师，我刚刚出教室，小E就从背后推我。"他伸脚绊我这似乎开启了一个危险的开关，从那以后每天都有小朋友带跟我哭诉："老师，小E又打我了！"甚至只在一天被他欺负的同学就超过二十个。一段时间下来，其他学生都不爱和他一起玩。面对大家的疏离，他也并没有好好反思自己的行为，依然如故。

　　开学不过一个多星期，就遇到这样一个课堂事故频发、课下安全行为让人担忧的学生，实在叫我着急、担忧又头疼，可没有想到，更令人担忧的事发生了。

　　我至今都记得，那是在第二周的星期四下午，科任教师火急火燎地给我打电话："班上少了两个学生，是小E和小张！"我发动班上几个男学生就着学校楼层逐一查看卫生间里是否有他们的身影，自己则一边联络德育处老师说明情况，一边冲向门卫室确认他们是否离校。得到否定的回答后，也开始从操场到教学楼到灯彩楼一个角落一个角落地搜寻。或许上天也感应到我的心情，开始下起雨来。最后，终于在四楼卫生间拐角找到他们，两个学生丝毫不知道发生了什么，还在兴高采烈地玩着墙角的灰尘。我的心一下放松了，但依旧严厉地问他们逃课干什么。"肇事者"小E开心地说："老师，我们在探索校园……"回想起这一段时间发生的种种，我想，他真是一个好奇心旺盛的小刺猬呀！

三、探索

面对这样状况百出的他，我坚持每天和小E妈妈沟通，想要了解他会出现这些行为的原因。尝试通过严厉批评、热情鼓励甚至"以暴制暴"等方法缓解情况，但初期没有任何效果，似乎还有变本加厉的趋势。说实在的，小E的种种行为完全超出我的想象，读书期间学习的教育理论和方法在这个时候仿佛都不太管用了。我苦恼不已，短短的时间内，每天光解决他出现的各种问题就让我疲惫不堪，以至于饭也吃不好、觉也睡不着。甚至开始怀疑自己：为什么他会这样呢？怎么会有这种情况发生？我到底该怎么办啊？我真的能帮到他吗？

我并没有放弃，而是相信小E潜力无穷，他虽然有攻击行为，毫无规则意识，但他毕竟才一年级，我一定可以做点什么。在逃课事件发生后，我更积极地去主动解决问题，而不是发生问题后一个个去解决，却没有太多成效。于是开启了漫漫探索之路。

其一，求助他人，积累方法。我的副班主任罗老师，是一位有着丰富实践经验的优秀前辈，她给予我非常多应对的技巧并告诉我如何去把问题考虑在前面；我也多次请求德育处老师的帮助，她找到了上个年级有类似问题的班主任为我支招；不仅如此，我还寻求学校心理教师的介入帮助，从另一个角度更专业、更客观地去了解这个特别的学生。

其二，理论支持，科学引导。心理教师介入后，我重新翻开了《教育心理学》《儿童心理学》等书籍，再次强化了儿童成长的阶段性、多样性方面的知识，从而更冷静客观地去看待他产生问题的原因，避免让情绪影响我对他的判断与引导。在这个过程中，我更清晰地理解小E的状况及当下的情形。发现他极有可能是因为没有语言能力或技能让自己真正的需要得到满足，从而求诸课堂上发出叫声及一些攻击性行为引起他人关注。

其三，家校沟通，合作育人。在与小E斗智斗勇的过程中，我与小E妈妈日渐相熟，良性的家校沟通让我挖掘到了一些小E行为背后更多的原因：除了解到他入学以前的信息，也意识到他在家庭环境中过于受宠爱，所以有一些出格行为在家并不能体现出来或者没有被意识到。所以进入小学集体生活之后，才会集中暴发。

其四，制度完善，夯实常规。小E的事件让我意识到在学生工作上我做得还不够细、不够扎实，借这个机会，也再次和学生一起讨论公约，补充完善班级常规管理制度，尝试从班级管理角度发动大家的力量共同帮助他。

四、破局

理解认可学生的感受，设立日常界限。面对课堂尖叫、随意离开教室的他，我表示能理解他想要表达与倾诉，但同样和善又坚定地告诉他日常上课需要遵守的常规管理。

发动群众力量，用爱融化防备的心。面对总是攻击其他同学的他，我了解了背后的原因，"你肯定是想和其他小朋友交朋友是不是，打人并不能帮到你哦，反而会让其他同学害怕你，你会和一个总是对你动手的人交朋友吗？"课下我带着他和不同的小朋友玩耍，引导他们一起游戏，也会温柔提醒他不合理的动作。此外，我们还特地召开了"我们来做好朋友"主题班会，大家一起对他进行优点轰炸，也让他防备的心彻底融化，慢慢试着敞开心扉，而不总是像小刺猬一样。

小主人意识，提升班级归属感。面对有强烈好奇心的他，我对他说："我知道你不是想要逃课，是想探索我们学校这个神秘的乐园，老师答应你，只要你上课听话，下课我陪你去探寻。"我还在命他为科学科代表，在课堂上率领大家观察校园的植物、动物……

当然这并不是一蹴而就，在此期间，通过完成约定、奖惩结合，始终不断地与小E家人沟通交流，得到了家庭的大力配合与支持。让他在更宽容的氛围中去正向发展，后来小E已经能够做到课堂上不扰乱他人，还会常常举手回答问题，他还是会有一些攻击行为，但是鲜有发生。我还发现，他虽然调皮难管，但是非常有创造力和想象力，本质上也是个十分纯善、很有礼貌的好孩子。现在四年级的他已经是我们班的卫生委员，总是一丝不苟地检查班级卫生、认认真真地安排每日值日及打扫，跟他回忆起一年级时候的往事，他还会不好意思地说"哪有！"这一刻，我也真正从心里明白"不要把孩子当作问题，和孩子一起解决问题"。

作为一名教师，因为有着发自内心的爱，我不断努力，多方尝试，去擦拭这颗星星上蒙的灰尘，终是不负努力，他也开始一点一点闪出光彩。我亦知晓现在离完美的结局还有漫长的距离，但我会一直努力，去陪伴学生一起书写！

泡小西区　周芳芳

快乐教育，家校共育

家校共育这个话题包含的内容很多，责任太重，初遇这"难题"确实不知如何下手。父母是孩子的第一任也是最重要的老师，而育人是一项伟大的工作，在这个过程中教师被称为人类灵魂的工程师。

一、教育孩子，父母首先要教育自己

每个孩子都是独一无二的，每个小生命都是优良的种子，每个家庭都是一块"试验田"。孩子的点滴成长需要家长细心的浇灌和正确的指引。对于学生的教育，学校就好比是白天而家庭就是夜晚。种子总是在夜晚发芽，人总是在夜晚长高。现在的家长压力很大，身心俱疲。大多数家长最初仅希望孩子平安健康的长大，做一个快乐积极向上的人。家长要做好配合学校的工作，一起帮助孩子在学习生活上进步。

二、快乐是学习的前提

不快乐的学习使孩子很难发挥主观能动性，长此以往，大部分孩子还会产生厌学情绪。但每个孩子都是不一样的个体，家长和教师要紧密合作找到一个孩子喜欢的方式进行引导。我经常会跟孩子沟通，了解他对学校及教师的感受或对学科的评价。比如每当换了新教师后，我都会问孩子喜不喜欢新教师，如果他喜欢，那他才会好好地上课和学习，如果他不喜欢，也要细心地去了解，跟教师多沟通，帮助他克服困难。家长应引导他喜欢这门学科，提高其兴趣，让他慢慢喜欢各学科。家长特别要注意平时不要吝啬自己的夸赞，一点小小的进步都值得夸赞，这能让他感到被认可，从而这样的良性循环使孩子的学习能更有效，更能引导出其内驱力。

周末我们家都会留一天空闲，作为家庭日，带孩子去感知大自然，多观察大自然的一草一木、一山一水、一花一虫……让他们多亲近大自然，更热爱生活以获得身心快乐。这样的亲子陪伴需多多益善。

三、习惯的养成非常重要

孩子不仅要养成良好的学习习惯，还要养成良好的生活习惯。这个说起来容易，实现起来还是比较难的。因为大人必须要坚持有意识地培养他们的这些习惯。人培养了自己的习惯，又逐渐被这种习惯改变，这就是习惯的力量，好的和不好的都同样如此。随着孩子慢慢地长大，家长可以要求孩子做自己的时间管理者，早上按自己设定的闹钟按时起床、穿衣、叠被子；自己整理书包按时上学。要教会孩子一些简单的劳动知识和技能。家长每天让孩子自己按时起床，收拾自己的床铺和房间卫生，还可以让他们做一些力所能及的家务，比如抹桌子、添饭、倒垃圾等。简单的事情反复做，长期坚持这种习惯固定下来后，会促成孩子养成良好的习惯，在此期间可以用自制的奖罚制度和有趣的小游戏诱导孩子参与。

四、学习要有目标

家长要跟孩子沟通学习的目标，要有长远的目标、社会责任和担当。有了目标就会为成为更好的自己而脚踏实地去添砖加瓦。有了目标才好有的放矢，制订实现的步骤计划。我常常会以自己的工作举例给孩子，我怎样制订自己的一个工作目标，然后怎么制订实现目标的策略和方法的细节，让孩子感受到目标不仅仅是学生才有，家长也是有工作目标的。这个目标一定要和孩子共同分析出来，一起制订实现的计划。当孩子达到一个个小目标后，他会更有成就感。

五、努力是一种优秀的品质

我经常会跟孩子说："做什么事都要尽力，你认为你尽力了吗？尽力了就算没有好的成绩，也会让自己身心舒坦，不留遗憾。"暂时的落后没关系，但思想认识要清楚。我们家长和教师要多沟通，从某个点出发帮助孩子，让他发现努力一定会有进步，不要跟别人比较，要跟自己比较，每天进步一点，把努力变成一种习惯。

最后，我想说的是我们要做一个智慧且有耐心的家长。走进他们的心灵，不急不躁，耐心地陪着他们一起成长。教育无小事，需要家校共育。

泡小西区　2019级8班　杨钰儿家长

借助家长资源，讲好"家长讲坛"

教育是一个长期的过程，需要家庭、学校与社会合力完成，孩子的健康成长离不开良好的亲子关系和良好的师生关系，因此，家长与学校之间交流沟通、合作教育是家校共育的基础。

一、家校共育的作用

家校共育有助于学校更好地了解和帮助学生，促进学校和家庭之间的信息交流，使学校充分利用家长这一有力的社会教育资源优化学校教育环境，使教育内容更加广泛，让孩子接受到的教育更完整。只有当家庭与学校相互配合协调，形成教育合力，共同努力，才能给孩子一个良好的教育学习环境，从而促进他们的全面健康发展。

二、"家长讲坛"

随着家长资源在学生健康教育中发挥着越来越重要的作用，泡小西区发现家长参与孩子的课堂十分有必要，而泡小西区一直在开展的"家长讲坛"给了家长很好的实践机会。"家长讲坛"的创立充分借助和发挥了家长群体自身的资源优势，利用家长自身职业特点，拓展孩子的视野，让他们学到了在学校内学不到的知识（如图4-6所示）。

图4-6 正在给孩子讲自来水来源的爸爸

五年来，来到"家长讲坛"上的有牙医妈妈、警察爸爸，还有讲燃气使用安全的妈妈，也有讲大飞机制造的爸爸，有讲国家护卫舰的妈妈，也有讲自来水来源的爸爸，有讲绘本故事的妈妈，也有讲宇宙太空的爸爸。每堂生动活泼的课堂，都是一场心与心的交流，更是一场爱与爱的沟通，这样的课堂不仅能拉近孩子、教师、家长之间的距离，更让孩子受益匪浅。感谢学校给家长和学生创设了一个相互交流的平台，为家长和教师提供了一次增进了解、互相学习的机会，从而促进和谐家校关系的构建和学生的全面发展（如图 4-7 所示）。

图 4-7　家长论坛上积极举手的孩子

三、学生和家长共同成长

（一）学生的成长

在"家长讲坛"中，教师看到了参与课堂授课家长的孩子因为家长的到来自信了很多，在学习能力和生活能力等方面也有了很大进步。因为是家长上课的缘故，其他孩子特别遵守纪律，课堂常规方面有了很大进步。同时，丰富有趣的课堂内容也会让孩子的课堂专注力增强了不少。

（二）家长的成长

"家长讲坛"让教师看到了家长课前踊跃报名及用心准备，他们从刚开始的紧张羞涩到自信讲解，逐渐和孩子们融洽相处。除此以外，通过这样的课堂，我们的家长还能看到孩子在学校的学习和生活情况，了解到教师的教育教学方式及方法，更好地实现了家校共育。

四、结语

"家长讲坛"取得了良好的教育效果，不仅让家长进一步认识了参与教育的重要性，也能充分利用家长专业优势，让教育活动更加丰富多彩。这样的课堂能让教师对家长多一些了解，发挥家长的主观能动性，家长才会积极热情地参与进来，共同促进学生的健康发展。在学校的教育工作中，家长是学校最有效的助力者，期待以后有更多的家长走进课堂，家校共育，让孩子获得更丰富的体验。

泡小西区　2018 级 5 班　赵弈鸣家长

基于 PDCA 思维的家校共育方法探索

其实从小朋友幼儿园开始，我便发现并不得不承认自家孩子存在的两个"不良行为"：一是吃饭很慢，二是起床困难。彼时，孩子妈妈总是劝导我说孩子还小，不用着急也不要干预，等她大一点自然就好了。及至幼儿园毕业时，我猛然发现她的两个"不良行为"不仅没有得到改善，还有愈演愈烈之势。踏入小学时，家里小朋友吃饭已经到了必须要边吃边听故事，吃一口饭需要沉思数分钟，甚至家长不在一旁提醒或催促，就忘记吃下一口饭的趋势。而每天早上起床，也堪称困难，从开始策划起床到实际穿好衣服，少则半个小时，多则四五十分钟不等。这期间我和孩子妈妈也断断续续做过一些努力，然而几乎每次都会在姥姥、姥爷的干预下以失败告终。

当知道孩子要去泡小西区上学时，我不禁有种兴奋的感觉，我知道转化孩子的两个"不良行为"出现了新的契机。泡小西区在家校共育上独树一帜，也许借助家校共育的平台和机会，能为转化她的两个"不良行为"找到新的思路和办法。待得小学生活开始，和她的妈妈单纯地期待依靠教师解决问题不同，由于职业习惯的影响，我开始按照 PDCA 循环的思维开展转化她两个"不良行为"的工作。PDCA，即是计划（Plan）、实施（Do）、检查（Check）、处理（Act）的首字母组合。PDCA 循环，也叫戴明环，原本是由美国质量管理专家休哈特提出并被戴明采纳、宣传普及，用于指导质量控制活动的一种科学方法。但由于 PDCA 循环思维可以使人们的思想方法和工作步骤更加条理化、系统化、图像化和科学化，人们逐渐把 PDCA 循环的思维应用到质量控制工作之外的其他场景中。

P 即计划。在本次家校共育转化孩子"不良行为"的工作中，此阶段的主要有两个大的部分：一是如何充分地熟悉、应用家校共育平台；二是制定转化孩子不良行为的具体方案。家校共育平台不仅需要学校的重视和投入，更需要家长们的积极参与和付出。因此，我做的第一个决定是加入家长委员会，不仅是加入班级家长委员会还努力争取加入了校级家长委员会。通过加入家长委员会,充分理解并认同家校共育理念,是信任、了解、借助家校共育平台的最佳途径。通过在家长委员会一段时间的服务工作,我充分了解泡小西区家校共育的理念和运行机制,同时也和不同层面的教育专家、学校教师、班级教师有了一些有益的交流探讨,为制定转化孩子"不良行为"具体方案做好了知识储备。在制定转化孩子不良行为具体方案时,首先通过倾诉让教师充分了解孩子不良行为形成的历史和原因。其次教师了解家长可以接受的教育理念和方式,制定支撑教师拟制的教育方案。通过多次的双向沟通,我和教师一同制定了一套切实可行的转化孩子"不良行为"的方案。

D即实施。实施环节也包含两个部分:一是家庭家长实施的部分,二是学校教师实施的部分。在家庭实施部分,主要按照既定方案,家长会牵引孩子制定作息时间表,并针对孩子做得好的地方予以奖励,针对孩子做得不足的地方予以惩罚。同时,以学校教师有要求等理由尽可能排除祖辈的不利影响。在学校实施部分,主要借助孩子对教师的绝对信任和尊重,由教师给孩子制定目标并督促落实;同时也借助孩子不服输的性格,由教师引导孩子和班级同学进行比赛竞争。

C即检查。在家庭部分,按照循序渐进的原则,引导孩子分阶段制定目标,并定期检查进展。学校部分,教师也根据既定的目标对孩子在校情况进行检查和评估。家长和教师通过日常作业记录本、微信等方式,交流孩子转化不良行为的进展情况。

A即处理。此处的处理更多的是改进或修正,也就是根据她的实际情况不断调整执行方案的细节。这同样是一个持续的过程,贯穿于整个方案执行过程中,也是PDCA思维中持续改进要素的体现。

通过家校一个学期的互动和努力,学生的不良行为有了本质的改善。这既证明了家校共育的重要性,也证明了PDCA思维在家校共育转化孩子不良行为中的重要作用。

泡小西区　2021级6班　李怡辰家长

家校携手，以"爱"为舟

"爱"是感恩教育的基础，感恩是"爱"的最高表现，让学生从小知道爱别人、帮助别人，理解父母的养育之恩、师长的教诲之恩、伙伴的帮助之恩，用自己的方式表达对身边人的尊重与关爱，传递真、善、美，树立对社会的安全感、信任感与责任感。本文结合了家校共育的一些生动例子，以"爱"为切入口，从懂（懂恩懂理体会爱）、抒（抒情抒怀表达爱）、悦（悦人悦己分享爱）三个关键词入手，探讨家校共育的有效策略。

一、懂——懂恩懂理体会爱

"懂"是懂得、了解、明白。懂爱是会爱的前提，对于小学生来说"懂"不是说教就可以理解的，而应贯彻在日常生活中。看着当初那个只会咿咿呀呀的小孩，如今已经长大了，已经五年级了，有自己喜欢的东西，有自己想要做的事情，有自己想说的话，不再是那个任由谁摆布的孩子。我选择让孩子体验与感受，用言行与榜样示范，用亲情、真情感染，从小培养孩子关心和爱护他人的良好行为习惯，而学校的 QQ 群给了家长很多启示。

（一）爱的环境滋心灵

环境是孩子重要的生存条件，是滋养孩子心灵的港湾。只有充满爱的环境才能让孩子懂得爱，成长为一个温暖的人，性格开朗活泼，善于交往交流。因此，不论是家庭还是学校都应努力为孩子的成长提供一个适宜的环境，一个充满关爱和自由的环境，这远比良好的物质环境更重要。通过 QQ 群的分享，让我深刻懂得家长的言行就是孩子学习的最好榜样：夫妻恩爱，互相尊重，孩子会看在眼里；尊敬长辈，孝敬老人，这是最好的示范；关心亲朋，邻里和睦，孩子才会富有同理心……这就是爱的家庭环境创造的神奇力量。

（二）爱的仪式润心扉

仪式是成人给孩子成长最好的礼物。爱的仪式能让孩子感受到最深的安全感、幸福感，以获得充分的满足感。面对懵懵懂懂的孩子，爱的仪式就显得尤为重要。泡小西区每年都有很多仪式，比如一年级少先队入队礼及每周一次升国旗，还有一些活动让家长配合参与，如"我心中火焰蓝""追寻爱国足迹"等。孩子既体验了成长，又体会了成长路上教师、家长给予的满满关爱。这一系列活动，家长也参与其中，了解了孩子在校园里的表现。

二、抒——抒情抒怀表达爱

抒是抒发、表达、倾吐。抒爱是懂爱的表现，是感恩的浅层表象，家长在引导孩子在懂得爱、感受爱的基础上，用语言、绘画、行为等自己喜欢的方式表达出来，在这个过程中，家长一定要注意千万不要拒绝孩子爱的表达，不要打击孩子的积极性，而应用表扬、激励的策略强化孩子的行为，让孩子体验到付出爱的幸福。

（一）感恩话儿温心坎

有一个词语最亲切，有一种歌声最动听，那就是"谢谢您""感恩有你"，而这样的语言与歌声，需要家校共育，适时的提醒与启发，久而久之，我爱你就成了家庭、学校的常用语，成了孩子表达自己心声的常态，成了最暖心的语言。我忘不了母亲节一大早，孩子送给我的祝福；更忘不了这三年假期，爱的表达更成了链接亲子关系、师生关系、伙伴关系的好助手……这些经历现在想想都是教师与家长满满的爱。

（二）感恩信儿暖心尖

书信是表达爱的方式之一，孩子虽然不会写太多的字，但他们会用自己的方式表达自己的感恩之情，这是小学经常采用的表达方式：给父母的一封信让家长热泪盈眶，给祖辈的悄悄话让爷爷奶奶乐开了花，表达了孩子最真诚的祝福……这样的表达很让人暖心。

三、悦——悦人悦己分享爱

悦是高兴、愉快、分享。悦爱是感恩教育的最佳状态，既悦人也悦己，家长希望孩子有发自内心的情感根基，有持续的反哺行为，能经常感受家庭的幸福，家庭氛围若和睦融洽，学校氛围更为和善友爱，家校关系更为和谐共生，孩子在这样的氛围中会更加阳光健康地成长。

（一）家庭和睦谱心曲

家庭和睦是人人的追求，而爱是最好的润滑剂，家庭成员之间互相体谅、人人心怀感恩是家庭和睦的保障。孩子若能体谅父母的辛苦，父母感恩祖辈的搭手照顾，大人感恩孩子给家庭带来的无穷乐趣……只有这样，家庭才会和睦相处，心灵相通。

（二）家校共育增心智

家校共育是孩子健康成长的关键。为着共同的目标，自从孩子读小学后，我对快乐教育的看法发生转变，对于孩子在排队、拼音、阅读等方面出现的一系列问题，我开始认真反思家庭教育观。QQ群里教师分享的一些教育知识，让我懂得教育是一层一层环绕的。停课不停学期间，孩子、家长、教师每天在线上互动交流，爱在流动、扩散且越来越浓烈……

爱是温暖、是和谐、是平等、是信任，而这样看似平常的爱，却很神奇，很广博，它能在孩子幼小的心灵播下感恩的种子，使孩子长大后反哺社会，爱家庭、爱家乡、爱国家、爱人类、爱动物、爱大自然……让家庭与教师携手，让每个孩子懂爱、抒爱、悦爱，从而知恩、报恩、感恩。

泡小西区　2018级14班　闫清玥家长

同理心的陪伴，做孩子的好朋友

迄今为止，孩子学画画已经整整四年了。四年来，抱着给孩子培养兴趣爱好的初衷，在他的同意下，我们给他报了美术兴趣班，让他能够学习和探索画画的乐趣。令人高兴的是，孩子也渐渐对画画产生了浓厚的兴趣，无论刮风下雨都按时参加每周一次的培训班。每次下课回家的路上都会兴高采烈地和我分享画画过程中的趣事和收获，非常开心。看着他能够在绘画的海洋中如此自由自在地徜徉，作为父母，我们也感到十分满足与欣慰。

一天放学回家后，孩子闷闷不乐地告诉我："妈妈，我不想学画画了。""怎么了，你能告诉妈妈为什么不想学了？""没什么，就是不想学了，没有意思。"孩子的这番话让我感到有些吃惊，但我没有继续追问下去。晚餐过程中，我故意和家人说："这周末孩子不学画画了，我们出去玩吧。"他停下了手中的筷子，默默地看着我。我知道他心里有些不太开心，急忙问道"怎么了？你不是说不想学了吗？不学也没有关系，我们出去玩吧！""妈妈，今天我们班小朋友参加画画比赛得奖了，我什么奖都没有得，可我都学画画四年了，我不想学了。"哦，原来是这个原因，我恍然大悟。我笑着给他说"你学画画的目的是啥？""我自己喜欢。""那你喜欢的事情都需要奖状吗？""好像不需要！""那你再想想要不要出去玩？""妈妈，我周末要去画画。"他很快就忘记了没有得奖的烦恼，一蹦一跳地去画室画画了，看着他远去的背影，我与孩子的爸爸相视一笑。

在孩子的成长过程中，我们会遇到许多问题，令我感触最深的就是关于如何给孩子选择兴趣班。当孩子还小的时候，他可能分不清楚自己的兴趣爱好是什么，这就需要家长引导。我们也同时选择了几个不同类型的兴趣班，他在尝试了一段时间后，就有了自己的感受和判断结果。家长作为孩子健康成长的第一责任人，首先就要学会尊重孩子本身的意愿，要胆大心细学会取舍。经过商量后，我们确认留下了他认可的画画班，告诉他选择了就要坚持。小小年纪的他也爽快地点头答应了，虽然那个时候的他可能还不知道坚持是什么意思。但这四年间，无论是日晒雨淋还是节假日，我们都会坚持接送，他也坚持画画，没有一次间断，也让他看到了父母的坚持，久而久之，他也形成了一种习惯知道自己什么时候该做什么事，慢慢明白了坚持的真正含义。

孩子对自己有要求、有目标是一件非常好的事情。但是孩子还缺乏一定的判断与选择能力，对于坚持做一件事的意义可能尚不明确，当在追求目标的过程中受到挫折时很容易想要放弃。这个时候作为父母，我们就需要站在孩子的立场换位思考，深入透彻地了解具体的原因，再帮他们分析事情的原因和本质。只有让他自己明白学习的初衷，才有助于激发孩子自身的内驱力，自主自发地去学习。此外，沟通也是一剂处理问题的良方，通过引导式的对话，引导孩子自省，启发孩子发现问题并妥善地解决问题，帮助孩子树立良好的处事态度，不仅能大大地促进亲子关系，同时也有助于孩子释放心理压力，让他们明白父母永远都在身后支持他，永远是他们疲惫时可安心停靠的港湾，永远是他们奋斗时坚强的后盾。这样在以后的成长过程中，孩子再遇到挫折或困难的时候他会学着和父母分享。父母也应该以同理心来倾听和理解孩子内心的真实想法，帮助孩子走出他的心理压力圈，更好地纾解压力，培养孩子直面困难、解决问题的勇气。

经过这件事后，孩子毅然决定继续学习画画，而我们也调整了相关思路，如鼓励并支持孩子参加一些难度较小的比赛，孩子通过比赛获奖不仅将平时的练习与努力化作了比赛的成果，证明了自己所学内容的价值，又能在比赛中发现绘画的乐趣，再一次激发了学习的兴趣，从而更加积极主动地学习，形成了良性的学习动力，在绘画的路上越走越远。同时我们也告诉他，没有获奖也没有关系，因为你的初衷并不是要通过画画来取得怎样的成就，只是通过画画来充实自己的课余时间，丰盈自己的精神世界，通过画画来排解学习生活中的压力，通过画画来结识志同道合的朋友。画画丰富的是自己的内心，保存初心才能在画画的路上快乐前行。

孩子听我这么讲，开心地说："妈妈，我真的喜欢画画，画画让我没有压力，让我觉得非常开心。妈妈，我觉得我们两个是好朋友。因为你很了解我。"我摸摸他的头，说："你和妈妈本来就是一个共同体，你曾经在我的肚子里住了十个月呢，我们是最亲的朋友，所以你的任何事情都可以和妈妈沟通。"孩子把我当成他无话不谈的好朋友，每天放学回家都会和我分享学校里面的趣事，分享他和同桌的小矛盾，讲讲他的小秘密。我很开心他会毫无保留地跟我分享学习生活中的日常，我也会在他需要帮助的时候适当地给他一些建议，在他遇到人际交往困难的时候给出一些指导。孩子非常高兴，在他心里始终觉得爸爸妈妈是他最好的朋友。

始终站在孩子的角度，以同理心去陪伴他，一起去经历和探索，一起成长和收获。陪伴看起来似乎是一件简单的事情，但是真正入脑入心的陪伴才是孩子探索世界的原动力，只有我们能不断提供滋养，孩子的动力才不会消失，同时也会更加激发孩子内心源源不断的动力，形成良性循环，帮助他成为更好的自己。在陪伴孩子的同时，我们也能发现他的优点，并发现我们家长在教育问题上认识的不足，不断自省，和孩子一起成长。

父母尊重孩子的感受、理解孩子的想法、认可孩子的进步，在潜移默化中渗透亲子关系中，使孩子具备共情能力，并内化到价值观，将会影响孩子的一生。有同理心的孩子在学校、在社会都能够站在他人的角度去思考问题，以同理心去处理复杂多变的人际关系时会更加得心应手。以同理心去面对更多的困难和挫折，他将变得更加自信和充容，因为他明白他的身后永远有默默支持他的家人，我们对他的肯定就是他最大的动力！

每个孩子都是不同的个体，他们会有着不同的兴趣和爱好，就像花园里争芳斗艳的花朵在绽开，作为父母，我们默默地守护他们，静静地等待属于他的那一朵，开出独一无二的美丽。

泡小西区　2019级6班　黄梓烜妈妈

纾解孩子心理压力

孩子的健康成长离不开家庭、学校、社会三方面的共同教育。

现在的孩子日常学习压力确实很大，早晨孩子很早就出门上学，课业十分繁重。随着每个家庭的物质基础越来越好，家长对孩子的要求也越来越高了，给孩子报名各种兴趣班、培训班等，让孩子产生了心理压力。然而随着社会生活节奏的加快，教师与家长疲于工作，对孩子的关注往往浮于表面，通常仅关注孩子的身体健康状态或将极大的注意力都放在孩子的学习成绩上，而对孩子的内心世界，教师与家长却知之甚少。这极易造成孩子学习成绩越来越差，出现焦虑、暴躁、孤僻、偏激等或轻或重的心理问题。

那么应该如何纾解孩子的心理压力呢？我们家有以下八大有效方法。

一、教师与家长需要认真倾听孩子的心声

要想帮助孩子克服压力，先要了解孩子心理上有什么压力，压力是从哪里来的，所以，教师与家长必须倾听孩子的倾诉。在我们家会每周定期进行家庭温馨茶话会，买上适量孩子爱吃的小零食，和孩子面对面地交谈，专心地看着孩子，认真地倾听孩子说话。只有父母肯把心交给孩子，孩子才肯把心交给父母。这样，才能了解孩子心理压力的真实情况，才能够针对问题帮助他们。认真倾听孩子的叙述，这不仅是一种很好的释放孩子心理压力的方式，还能让孩子觉得父母尊重他，有效增进亲子关系。

二、及时发现并积极缓解孩子的消极情绪

孩子虽然没有如成人一般经历社会的磨炼，但仍有时会受到挫折，比如考试成绩不理想、受到过于严厉的批评、被同学嘲笑、孤立等问题，孩子会感到压抑、恐惧、不知所措。父母平时应该多观察孩子，孩子一旦有较异常的行为时，及时开导孩子，让孩子明白人的一生必然会经历这些，要学会坦然接受。每当我家孩子情绪低落时，首先我会去跟孩子沟通，了解他心情不好的原因，及时开导，然后适当给他买一些小零食和心仪的玩具，或是带孩子去游乐园、动物园等场所放松心情，缓解孩子的消极情绪。

三、努力做到与孩子感同身受

与孩子做朋友，要时常站孩子的角度去思考他遇到的问题，积极鼓励孩子与父母分享。快乐分享可增倍，忧伤分担可减半。我们家经常鼓励孩子分享学习生活上遇到的趣事。

如果他有高兴或得意的事跟我们说，我们会带入他的情景，尽量表现得比他还开心，跟随他的情绪共舞，和他一起开怀大笑，这样他的快乐就会增加一倍。

孩子有伤心或难过的事向家长诉苦，家长也要适当表现出同情、理解的态

度，接纳他的负面情绪后，再给予他贴心的拥抱和安抚的话语。与他感同身受，这样他的忧伤情绪可以得到极大的纾解。

四、积极为孩子提供解决问题的经验

儿童时期，人生才刚刚开始，经历的事物极少，会经常遇到不知应该如何解决的难题。每当这时我们家会用一些通俗易懂的语言和孩子分享。让孩子知道父母原来也常常会有面对压力和难题的时候。通过自己的亲身经历，教会孩子遇到类似问题时应该如何去解决，为孩子树立一个很好的榜样，增强了孩子克服困难的勇气和信心。

五、家长应该树立正确的教育观

家庭教育受到外界不同因素的影响，导致教育的结果也不同，而科学的教育观能够为家庭教育的效果产生良好的促进作用。

孩子正处于认知发展尚未完善的阶段，其价值观很容易受到干扰，家长作为施教者，是孩子最早的教育者，必须树立正确的价值观。在树立正确的价值观的过程中，需要注重对人的价值的培养，应该重视对其社会价值的重要性的培养，另外应该更好地促进自我价值的认知。只有这样才能在教育孩子的过程中，学会尊重和摆正自己的位置，才能避免成人化的价值判断对孩子人生选择产生的不良影响。家长要树立正确的教育观，不能时刻以自己的标准和意愿去规划孩子的道路，要对孩子的意愿予以尊重，不能为了分数和利益对孩子施加过多的压力，家长所做的事情首先要考虑的是孩子的身心发展。家长要在日常生活中将正确的价值观潜移默化地传授给孩子，做好榜样的作用，发挥榜样的无穷力量。

只有端正教育态度，摆正教育期望，使用科学的教育方式来进行家庭教育时，才能够取得良好的效果。在处理家长与孩子的亲子关系时，只有通过尊重的态度才能更好地维系二者之间和谐的关系。家长应该以平等的心态，学会尊重和理解孩子，并主动与孩子交谈，不要产生隔阂。另外，随着年龄的增长，孩子与父母之间的语言、行为等差异都会慢慢拉大，这种差异性的变化会导致亲子之间代沟的增大。为了避免这种情况，家长应该学会倾听孩子的诉求，并通过学习一定的心理学知识和孩子积极地沟通，更好地帮助孩子处理一些困境和负面情绪，促进孩子的健康发展。家长在对孩子进行教育的过程中，需要重视孩子犯错后的处理方式，不能用简单粗暴的方式打骂孩子，需要对整个事件发生的原因和过程进行了解，并针对具体的事情解决事情，不能给孩子造成心

理阴影和价值观的扭曲。在教育孩子时，不能只注重智力上的发展，切勿存在功利化的思想，不要将孩子培养为成绩与名利的舵手，要对孩子存在合理的期望。作为施教者要知道，在对孩子进行教育和培养的过程中，应该坚持以人为本的思想理念，对孩子的培养注重培养健全的人格，对孩子的教育期望也需要合理，并且能够因材施教，注重孩子良好成长环境的培养，注重孩子长期的培养。

六、家长应该以身作则

家长作为家庭教育的施教者，其自身的道德品质好与坏对儿童的影响非常大，家长自身的道德观的培养就显得愈发重要。只有家长以身作则，树立良好的品德榜样，才能在教育中发挥出积极的作用。家长要在日常小事中给孩子做榜样，比如自己的言行举止要恰当。生活中，对人要礼貌谦让，尊老爱幼，不做违法违规的事情，家庭中父母关系要和睦，在自己的工作中，要勤恳踏实，不弄虚作假，虽然这些都是生活小事，但是却能为孩子带来难以想象的影响。因此父母如果有良好的道德观，就能够对孩子正确道德观的培养起到良好的榜样作用。

在我们家十分注重家长与孩子关系的平等性，并且给孩子充分表达自己的机会和权力，对孩子提出的观点和想法予以支持或者指导，不能随意地泯灭孩子的天性。孩子能够自己做的事情，家长千万不要代替他做。这样孩子的积极性会得到更好的发展，家长在注重民主的同时，要帮助孩子树立正确的观念，培养孩子分辨是非对错的能力。

七、主动增加与学校的互动

积极主动通过多种方式，了解孩子的学习生活情况。孩子的教育已经不再仅仅是学校的责任。家校协同育人是大势所趋，家校关系、家校合作、家校共育成为大家必须思考的问题。

首先，家长可以通过接送孩子上下学时与教师进行简短的交谈。这是一种最及时、方便和经常的家校沟通方式，使得家长可以及时在教师处得知当天孩子在校情况，以便家校随时配合，了解孩子情绪状况。其次，家长还可以通过家长会向教师了解孩子近期的学习生活情况，是家校共育的重要平台，是家长与老师面对面、近距离交流孩子状况的有效途径。同时家长之间还可以互相分享育儿经验，促进孩子健康成长。家长还可以积极参加各类亲子活动，不仅增进亲子关系，还是孩子展现自我、快乐成长的重要方式。

无论是学校还是家庭都不可能单方面做到完美的教育，双方各自有其优势和劣势，那么家庭教育和学校教育就要按照自己的优势进行教育功能的分工。学校教育与家庭教育相比，有教育目的和专业性等优势，家庭教育的优势有早期教育便利性、家庭情感的感染性、家庭成员潜移默化的榜样性等，这些都是学校教育所欠缺的，所以最好的办法就是双发各自发挥所长，相互协调，共同促进儿童的全面健康的发展。

八、营造良好的家庭氛围

家庭氛围对孩子有耳濡目染、潜移默化的教育作用。少年儿童模仿性强，这个特点决定了家庭氛围对孩子有着重要影响。为此，家长应努力创设良好的家庭氛围，促进孩子健康成长。家庭中温馨愉快的氛围能最大限度地缓解外界给予孩子的压力和紧张感，使得孩子体会到生活的美好，心情愉悦。家人之间要互相尊重、和睦相处、多关心孩子，尽量避免当着孩子面发生争执，主动陪同孩子读书、学习等，让孩子从家庭中获得极大的温暖。良好和睦的家庭氛围可以更好地促进孩子的身心健康。

此外，我们家还有一些纾解孩子压力的小技巧。比如确保孩子至少每天八小时睡眠；经常带孩子参与慢跑、散步、骑行、露营等户外亲子活动；让孩子课余时间参与他喜欢的兴趣班等，都是缓解孩子压力的有效方法。

在孩子教育上，我们从初为父母的什么也不懂到现在的侃侃而谈，可以说孩子成长的同时，我们做家长的也在进步。做家长的都是"望子成龙"，希望孩子能够健康成长、全面发展，相信只要注意教育方法，因材施教，孩子发展会越来越好。

泡小西区　2019级6班　连梓惠家长

第五章 未来发展目标及展望

教育是国之根本，关乎国家的未来与发展。立德树人，培养德智体美劳全面发展的社会主义建设者和接班人，全力推进教育现代化，建设教育强国是所有教育人共同的愿景与目标。

未来教育将伴随e时代的来临迎来前所未有的挑战与发展，学校将打破"墙"的壁垒，迎来"无边界"教育时代。更多的资源将融入教育之中，既是机遇又是挑战。面对新的形势，家庭、学校、社会更需要联起手来，有效整合资源优势，共同构建协同育人的大教育环境。

未来，泡小西区将进一步贯彻党的教育方针，坚持中国特色社会主义教育发展道路，以立德树人为根本任务，立足区域及学校实际，遵循教育规律和儿童身心发展规律，指导家长开展好家庭教育，积极发挥桥梁作用，凝心聚力，和谐共创"有温度"的育人新环境。

一、完善制度建设，保障工作实施开展

学校要整体完善家校社协同育人制度设计，充分研究父母和学校自身条件和特点，设计合理的家校社协同育人模式。当前尤其要加强对家长进行培训和家长委员会建设，研究家长学校课程、家长委员会建设、家长志愿者工作等合作共育机制建设。

第一，家校社协同育人领导及管理制度。进一步完善家校社协同育人领导及管理制度，明确职责分工，统筹管理与协调工作，着力促进家校社协同育人的有效开展。

第二，家校社协同育人评价机制。尝试将家庭教育指导与服务能力作为教师专业化的基本内容纳入培训与工作考核范畴。

第三，家长委员会建设制度。明确各级家长委员会的职能分工。发挥各级家长委员会的职能，加强横向、纵向联系和交流，更好地促进家校社协同育人。

第四，家长学校的制度化建设。联合家校社三方力量，共同商讨明确开设家长学校课程的属性、目标、任务和培训方式，根据家长需求整合三方资源，设置不同课程，开展灵活多样的教育活动。

二、加强队伍建设，提升专业指导能力

抓好两支家庭教育指导师队伍建设。

一是专业教师指导队。将家庭教育指导列入班主任及科任教师培训内容，增强教师家庭教育指导能力。二是由各学科骨干教师组成的家庭教育指导师队伍。在教育经费中单独列出家庭教育指导与服务的专项经费，抓好家庭教育指导课程家庭教育课题研究、家庭教育教材编写等工作。

与社区共同打造一支基于胜任力的由家长志愿者组成的家庭教育志愿服务队伍，深入社区扩大指导服务范围让家长充分参与到协同育人工作中。

学校将定期对教师及家长进行培训及实践活动，着力提升专业指导能力，更好服务社区家庭。

三、积极整合资源，丰富拓展课程设置

目前，泡小西区已经在四川省博物院、成都市杜甫草堂、青羊区图书馆、青羊区文化馆等单位建立了家校社协同育人实践基地。下一步，我们将与这些单位共同商讨设计家校共育活动及家庭亲子实践课程等，如场馆课程研学课程、职业课程、文化课程、家风课程、阅读课程、劳动课程等，充分利用社区资源优势服务家庭，促进和谐社区的共建共享。另外，发挥家长资源优势，借助"家长讲坛"平台，让更多家长参与到家校共育中来，既丰富孩子课外知识，拓展孩子的视野，又能激发家长的自我价值感，促进学习型家庭的建设。

四、加强沟通交流，促进家校有效合作

沟通是化解矛盾的关键所在，而良好的沟通是建立在彼此充分了解的基础上。因此，下一步，学校将以更加开放的姿态面对家长，为家长提供更多了解学校的途径和平台，将家校共育工作充分融入学校教育教学工作中。

学校将通过组织家长培训、家校共育活动等向家长明确家校合作共育的重点是立德树人和儿童行为习惯养成，与家长树立共育目标，在交流与互动中增进彼此间的尊重与信任，最终达成教育共识，有效化解家校矛盾。

未来，在建设中国特色社会主义教育现代化体系的过程中，我们还需要不断地实践、探索和研究，我们希望在学校、家庭、社会共同努力下泡小西区能

成为家长和孩子们的精神家园，让每个走进泡小西区的人都能感受学校的温度，并从中获得成长的力量。这是我们共同而美好的愿景，也是学校家校社协同育人奋斗的目标！

参考文献

洪明,2021. 学校家长教育课程建设的基本构想 [J]. 中国教育学刊. （3）：14—18+44.

廖婧茜,龚洪,2023. 家校社协同育人的责任伦理 [J]. 民族教育研究,34（1）：13—20.

刘烨,2012. 构建"家校社"三位一体的育人模式——访上海社科院青少年研究所所长杨雄研究员 [J]. 中国德育,7（5）：10—12.

马晓丽,白芸,2021. 家校社协同育人的基本内涵、关键要点与过程机制 [J]. 福建教育（24）：6—9.

裴生生,2022. 探究家庭、学校、社会三方教育合力的形成 [J]. 基础教育论坛（上旬刊）(13)：111—112.

单志艳,2021. 家校社合作育人协同机制初探 [J]. 少年儿童研究（2）：66—72.

邵晓枫,郑少飞,2022. 新形势下的家校社协同育人：特点、价值与机制 [J]. 现代远程教育研究,34（5）：82—90.

孙永鸣,2021. 新时代家校社协同育人的内涵和特征 [J]. 中国德育（18）：15—19.

晓晨,2022. 让家庭教育回归育人本位 [J]. 宁夏教育（10）：1.

熊丽,2019. 家庭教育更具决定性 [J]. 人民教育（20）：36—37.

徐靖,陶文泰,2023. 家庭教育的三阶期望：家庭、社会和法律 [J]. 湖南师范大学教育科学学报,22（1）：143—152.

张维姗,2022. 家庭教育对幼儿身心发展的影响研究 [J]. 智力（28）：5—8.

张雪松,2022. 双减政策下家校社协同育人机制的构建 [J]. 齐齐哈尔师范高等专科学校学报（2）：31—34.

支林,2020. 天津市小学家长学校课程开发研究 [D] 天津：天津师范大学：1—46.

后 记

　　《共筑有温度的育人体系》是泡小西区在家校社协同育人体系上的智慧结晶。在撰写之初，我们反复思考、研究这本书撰写的原因、定位、内容、读者群等。经过编委会的反复讨论和思考，我们认为这本书应该既是一本成果集，更是一本教科书；既是送给我们自己的一份珍贵礼物，更是我们前行之路的探照灯。它诞生于教育改革转型之关键期，起到了承上启下的重要作用。

　　本书作者主要来自泡小西区的教师和家长，他们围绕家校社协同育人、家庭教育等教育话题，从自己的角色和角度叙述在育人过程中的实践探索和思考体悟，涉及较成熟的家校社协同育人机制、家校社协同育人课程体系，以及丰富的家校社协同育人经验。本书得到了教育行政部门、妇女联合会等部门及各级教育专家的鼎力支持。在此，衷心感谢中国青少年研究中心少年儿童研究所副所长、国务院妇儿工委儿童工作智库专家洪明教授，中国教育报家庭教育周刊创办人、中国家庭教育学会家庭教育专业委员会常务理事杨咏梅老师，四川省妇女儿童权益维护中心主任、四川省家庭教育研究会赵珂会长，中国陶行知研究会家庭教育专委会副理事长、清华大学社会科学学院（认证）积极心理学指导师刘立频老师，成都市青羊区家庭教育指导中心常务副主任李良兵，成都市青羊区家庭教育指导中心高级教师李萍老师的支持与指导，感谢所有为这本书的诞生而反复修稿、精益求精的教师和家长的辛苦付出！

　　在新时代家校社协同育人之路上，泡小西区才刚起步，还有很多需要学习的地方。因而，也希望借此书的编撰让更多的教育者参与到家校社协同育人的探索中，与我们同行，共同学习、共同研究，并肩向前，为儿童的成长、国家教育事业的蓬勃发展、中华民族的伟大复兴做出应有的贡献！

泡小西区
郑　杰